"一带一路"背景下越南语教学与研究

"YI DAI YI LU" BEIJING XIA YUENANYU JIAOXUE YU YANJIU

罗文青 / 主编

黄华宪 / 副主编

国家级一流专业建设点 四川外国语大学越南语专业建设成果

重庆市本科一流专业建设项目资金支持

世界图书出版公司

广州·上海·西安·北京

图书在版编目（CIP）数据

"一带一路"背景下越南语教学与研究 / 罗文青主编；黄华宪副主编. -- 广州：世界图书出版广东有限公司，2021.11

ISBN 978-7-5192-9039-9

Ⅰ. ①一… Ⅱ. ①罗… ②黄… Ⅲ. ①越南语－教学研究 Ⅳ. ①H449

中国版本图书馆 CIP 数据核字（2021）第 212080 号

书　　　名	"一带一路"背景下越南语教学与研究 "YI DAI YI LU" BEIJING XIA YUENANYU JIAOXUE YU YANJIU
主　　　编	罗文青
副 主 编	黄华宪
策划编辑	刘正武
责任编辑	张东文
出版发行	世界图书出版有限公司　世界图书出版广东有限公司
地　　　址	广州市海珠区新港西路大江冲 25 号
邮　　　编	510300
发行电话	020-84451969　84459539
网　　　址	http://www.gdst.com.cn
邮　　　箱	wpc_gdst@163.com
经　　　销	新华书店
印　　　刷	广州市迪桦彩印有限公司
开　　　本	787 mm × 1092 mm　1/16
印　　　张	18.5
字　　　数	312 千字
版　　　次	2021 年 11 月第 1 版　2021 年 11 月第 1 次印刷
国际书号	ISBN 978-7-5192-9039-9
定　　　价	55.00 元

版权所有　侵权必究

咨询、投稿：020-84460251　gzlzw@126.com

（如有印装错误，请与出版社联系）

《"一带一路"背景下越南语教学与研究》
编辑委员会

主　编：罗文青

副主编：黄华宪

编　委：杨肖洁　王　婕　徐淋琳

前　言

　　2016 年教育部发布《推进共建"一带一路"教育行动》，在多个层面对我国非通用语教育提出了新要求，在"一带一路"倡议的推进落实过程中，尤其要加强建设我国的非通用语语言能力，使我国能够更好地参与全球治理、构建国际话语权，全方位参与国际事务。为推进、落实"一带一路"倡议，实现民心相通，首先应当培养沿线国家语言人才。因此，培养具备对象国国情知识的高素质复合型非通用语人才是当前构建国家语言能力、参与国际事务、加强国际话语权的重要环节。

　　在国家发展对非通用语教育高要求的大背景下，2019 年 12 月 5 日至 7 日，在四川外国语大学召开了"一带一路"背景下越南语教学与越南研究学术研讨会。本次会议由教育部高校外指委非通用语分指委、中国非通用语教学研究会主办，四川外国语大学东方语学院、重庆非通用语学院承办。来自全国 20 所高校的 40 余名越南语研究专家和学者出席会议，围绕"一带一路"背景下越南语教学与越南研究开展讨论。

　　开幕式于 6 日上午在培英楼放映厅举行，由四川外国语大学东方语学院院长罗文青教授主持。开幕式以四川外国语大学越南语专业十周年纪念视频和 2018 级越南语专业学生的朗诵表演《我的春天》揭开序幕。四川外国语大学副校长郑白玲教授，教育部高校外指委非通用语分指委主任委员、中国非通用语教学研究会副会长姜景奎教授分别致辞。四川外国语大学教务处处长严功军、重庆非通用语学院院长刘忠政出席了开幕式。郑白玲副校长代表四川外国语大学对莅临本次会议的各位专家学者表示热烈欢迎，并表达了学校的期望和要求。姜景奎教授介绍了非通用语教学的发展历史，分析了非通用语教学的现状，并指出目前发展面临的几点问题：服务国家战略需要的外语人才培养问题，中国非通用语各语种布点数量待平衡问题及非通用语教师教学科研水平、师资培养和学历职称的提升等问题。姜景奎教授还指出非通用语正处在崛起时期，鼓励青年投身参与非通用语的建设。

会议主旨演讲中，多位越南研究专家发表主旨演讲。广东外语外贸大学林明华教授讨论了国内外不同专家对现代越南语量词的类属问题的观点。湖南科技学院余富兆教授在历史唯物主义文艺观的基础上，介绍了越南当代文学的四代作家群，并概述其写作动机、人文主义、创作倾向的特点。广东外语外贸大学黄以亭教授梳理了越南1986年至2010年（革新开放后）的女性作家和女性文学，多角度分析出其主旨选用鲜明、反映社会现实、形象圆形化及叙事大胆等特点。信息工程大学谭志词教授提出了一种灵活有趣的教学方式。四川外国语大学罗文青教授指出，新中国成立70年以来，虽然我国高校越南语专业人才培养数量已初具规模，对越南的研究也得到了逐步加强，但是，在当今世界面临百年未有之大变局的形势下，在建设"一带一路"的背景下，我们高校不仅要重视学生语言技能的训练，也要注重思政教育和人文素养教育，要扩大对越南研究的范围和视野，要更加重视多学科的交叉和综合研究。海南热带海洋学院东盟研究院古小松院长、北京大学咸蔓雪副教授也做了演讲。

大会根据四个主题进行分组研讨，第一、二组以越南语教学为主题，贯穿学生的整个学习生涯，用不同的角度探讨了在"一带一路"背景下的越南语教学和研究：教学模式改革和教学内容的构建及评估机制；教学方法论研究；应用实践案例；海外学习效果思考；论文选题研究等。第三组以越南国情为主题在地缘政治、工业4.0经济、网络安全法、社会母道教文化等方面讨论了越南社会的突出情况，并结合中越关系、中国国情等提出启示和方法。第四组以越南文学为主题，讨论了语言学界越南语本土音的音译现象和近20年越南语汉语借词的研究、诗界中越学者对阮攸汉诗的研究、小说界20世纪20年代中国小说在越南的译介和发展情况、文化研究上日韩越茶文化比较等。代表们深入交流，丰富了越南语教学和研究的理论层次和内容，使旁听学生受益匪浅。

闭幕式由四川外国语大学东方语学院党总支书记曾珍主持。首先由中国非通用语教学研究会越南语分会副会长谭志词教授发言，他感谢主办方组织了这次会议，展现了越南语专业人才培养的蓬勃生机，他对将来的越南语教学研究发展提出四点期望和要求：（1）在新时代背景下，要主动担当，有所作为，多搭建平台。（2）老师不仅要上好课，还要积极投身越南语教学和研

前　言

究。（3）进行跨学科教学，运用创新思维，结合国情，多用语言学进行研究。（4）通过交流、研讨等互相沟通，贡献力量。国务院学位委员会外语学科评议组成员、中国非通用语教学研究会会长钟智翔教授致闭幕辞，他强调非通用语的口号"小语种，大视野；小语种，大舞台；小语种，大作为"，指出培养出的非通用语人才应具备国际视野，掌握多种语言和技能，成为"语言+"的多体系人才。最后，钟智翔教授代表全体人员祝贺四川外国语大学越南语专业成立十周年，感谢主办单位和承办单位的悉心准备。

为了记录这次会议的圆满举办，特结集出版本书。

编　者

2021年4月20日于重庆歌乐山下

目 录

教育研究

外语素养与人文精神：新时代中国高校的越南语专业教育探析 …………… 2
  罗文青

越南语专业口译课程教学内容构建与评估机制研究 ……………………… 14
  黄华宪

浅谈越南语新闻听力教学与教程编写 ……………………………………… 20
  陈继华　钟雪映　李丽娟

语言与翻译研究

越南语名量词辨析 …………………………………………………………… 36
  林明华

越南语河内音单字调的实验分析 …………………………………………… 45
  咸蔓雪

习近平新年贺词越译文本的汉越词使用研究 ……………………………… 66
  尹馨萍

文学研究

越南当代文学发展的几点认识 ……………………………………………… 86
  余富兆

越南语境中的女性社会镜像 ………………………………………………… 94
  黄以亭　林明华

《剪灯新话》与《传奇漫录》中的道士形象比较 ………………………… 102
  陈田颖

越南小说《战争哀歌》中的雨意象研究 ·· 116
  杨 静

阮攸的女性观——以《翘传》翠云话语缺失为视角 ···························· 124
  邹立力

医斑小说的女性写作解读——以《写给瓯姬母亲的信》为例 ················ 138
  杨肖洁

文化研究

元韶禅派与中国临济宗在越南中部和南部的传播及影响 ······················· 156
  谭志词

汉越含"水/nước"字俗语语义异同探析 ·· 167
  桑骏凯

浅论日韩越的茶文化 ··· 180
  余丽瑶

中越女神信仰异同浅探——以中国妈祖信仰、越南母道教信仰为例 ······· 191
  王 婕

中越楹联文化异同浅析 ·· 198
  徐淋琳

其他研究

会安与海上丝绸之路 ·· 208
  古小松

试析越南电子支付的发展现状和前景 ·· 218
  尹 驰

工业4.0背景下越南经济发展导向及其对我国投资和出口的启示 ············ 228
  廖婕妤

浅谈东南亚数字经济发展及与中国合作展望 ··· 238
  崔欣然

试论列宁新经济政策对越南经济体制革新的影响……………………………253
  陈海丽
越南对外贸易发展现状及前景展望……………………………………………265
  聂　槟　尚　锋

教育研究

外语素养与人文精神：新时代中国高校的越南语专业教育探析

四川外国语大学　罗文青[①]

【摘　要】 越南语专业作为中国外语非通用语种之一，不仅是我国重要的周边国家的语言，也是"一带一路"沿线东南亚国家中重要的语种，因此，回顾我国高校的越南语专业创办和发展历程，以及对越南研究的情况，对我们未来培养何种越南语专业人才很有必要。新中国成立70年以来，虽然我国高校越南语专业人才培养数量已初具规模，对越南的研究也得到了逐步加强，但是，在当今世界面临百年未有之大变局的形势下，在建设"一带一路"背景下，我们高校不仅要重视学生语言技能的训练，更要注重思政教育和人文素养教育，要拓宽对越南研究的范围和视野，要引进新思想、新方法，更加重视多学科的交叉和综合研究。

【关键词】 中国高校；越南语专业；教育探析

一、中国高校的越南语专业回顾

越南语在1945年被越南宣布为官方语言，我国外语界把越南语归为外语非通用语种。"非通用语种"是我国外语教学界为加强教学的组织和管理采用的一个概念，它的基本含义是指那些在国际交往中使用范围不很广泛的外国语言，它的特定含义是指除英语、俄语、德语、法语、西班牙语、日语和阿拉伯语之外的其他所有语种[②]。因此，越南语是外语中的非通用语种，

[①] 罗文青，广西玉林人，四川外国语大学越南语专业教授，亚非语言文学越南语方向硕士生导师，研究方向为越南语言文化。本文系校级越南语科研创新团队、重庆市一流本科专业建设的阶段性成果之一。本文系四川外国语大学当代国际话语体系研究院一般课题"重庆的区域形象在越南的构建与传播"（2017SISUHY014）的成果。

[②] 丁超．中国非通用语的前世今生［J］．神州学人，2016（1）．

也是非通用语种东南亚国家语言中相当重要的语种之一[①]。新中国成立70年以来，我国越南语专业的发展经历了三个阶段：

（一）初始期（20世纪40—70年代）

中越两国是近邻，两国关系源远流长，但在我国，把越南语作为一门外语专业教育，则起源于20世纪40年代。1942年，国民政府出于军事和政治需要，在云南昆明建立了国立东方语文专科学校（在今昆明呈贡），越南语是该校当时设立的8个语科之一[②]，学制2年，后改为3年。东方语文专科学校是民国时期唯一培养有东南亚语种人才的学校，当时缅甸、印度、泰国、越南均属中国战区，急需东方语文翻译人才。1945年抗战胜利后，校址迁往重庆（今重庆北碚），1946年又迁到南京。东方语文专科学校办学八年，培养出了一批优秀的越南语翻译人才和研究东南亚的人才。1949年，南京东方语文专科学校合并到北京大学东方语言文学系。由此，北京大学成为我国最早开设越南语专业的高校。

由于我国外语非通用语种专业整体建设起步较晚，越南语专业在1949年新中国成立之后才开始正式得到发展。20世纪50年代末60年代初，亚非地区民族独立运动蓬勃兴起，我国对外交往不断扩大，多语种外事翻译的人才培养十分迫切。继苏联之后，保加利亚、罗马尼亚等东欧国家，朝鲜、蒙古、越南等亚洲国家，瑞典、丹麦、芬兰等北欧国家相继与中国建交，发展与这些国家的关系，首先需要语言人才。当时我国外交工作中强调和重视发展同亚非地区第三世界国家的团结和友好关系，新中国和周边国家，特别是与东南亚各国的关系日益变得重要，急需大量有关亚非地区的外语干部。为了适应这种国际形势发展的需要，周恩来总理非常重视小语种人才的培养工作，曾多次指出，与这些国家交往时一定要尊重被压迫人民的民族感情，

---

① 韦红萍. 明朝以来培养东南亚语种人才的道路［D］. 南宁：广西民族大学，2008.

② 韦红萍. 明朝以来培养东南亚语种人才的道路［D］. 南宁：广西民族大学，2008.

重视他们本国的民族语言①。在此背景下，1964年，高教部等部门对充实和加强外语院校建设、扩大语种和教学规模、派遣包括非通用语种在内的外语留学生等工作都做了明确规划。

在此时期，一批高校相继开设越南语专业。1951年，上海外语学院（现上海外国语大学）继北大后开设越南语专业，但1952年因全国高校院系调整，该专业师生全部并入北京大学，因而停招。到2007年上外又恢复设立越南语专业，并于2008年恢复招生。对外经济贸易大学在1954年开设越南语专业，广西民族学院（今广西民族大学）在1964年开设，北京外国语学院（今北京外国语大学）在1965年开设，广州外国语学院（今广东外语外贸大学）在1970年开设。这其中有些高校最初只是开设越南语专科专业，发展几年之后升为本科专业。在越南语专业开设的初始阶段，学生规模并不大，教师队伍也不强。比如广西民族学院在此时期是4年一招，每个班10人，从1964年到2000年，共计90人。这一时期开设越南语专业的北大、贸大、广西民院、北外、广外等5所高校，是我国最早开设此语种的高校，可称之为"越南语专业老院校"，它们为我国外交、外事、经贸等交流工作培养了大批越南语专业人才。

表1 我国最早开设越南语专业的5所高校

语种	学校	开设时间
越南语	北京大学	1949年
	对外经济贸易大学	1954年
	广西民族学院（广西民族大学）	1964年
	北京外国语学院（北京外国语大学）	1965年
	广州外国语学院（广东外语外贸大学）	1970年

（二）低迷期（20世纪80—90年代）

从1991年起，中越关系正常化，对越南语专业人才的需求非常大，但

---

① 韦红萍. 明朝以来培养东南亚语种人才的道路[D]. 南宁：广西民族大学，2008.

在 1990—2000 年，新开设越南语专业的高校却屈指可数。1997 年，云南民族学院（今云南民族大学）开设了越南语专业专科，后来在 1999 年升级为本科。在此期间云南大学曾开设越南语专业，后由于省教育厅调整院系结构而停办，后来于 2013 年重新恢复该专业，并于 2014 年恢复招生[①]。除了云南这两所学校，其他学校新增开设越南语专业的并不多，越南语人才仍靠之前的 5 所老院校培养，在中越关系恢复的背景下，越南语专业人才可以说是供不应求，根本无法满足当时国家社会对此专业人才的需求。按理说这个时期应新增一批高校开设越南语专业，但由于老院校在"文革"期间教学受到影响，人才培养延续性不强，师资力量薄弱，无法增设急需专业，一直到 2000 年以后，才出现各高校新增设越南语专业的活跃期。

（三）发展期（2000 年以来）

2000 年以后，中越两国的交流合作日益频繁，促进了我国高校越南语专业教育日趋繁荣。2000—2010 年，开办越南语专业的学校增加不少，特别是广西和云南由于与越南接壤，有着天然的地理优势，这两个边境省的多所高校都新增设了越南语专业，其中一些独立院校和民办院校的开设更是如雨后春笋。2000—2019 年，广西高校新增越南语专业的有广西民族大学相思湖学院（2002）、百色学院（2005）、广西师范大学漓江学院（2005）、广西外国语学院（2005）、广西大学（2008）、广西师范学院[②]（2015）、广西民族师范学院（2015）、北部湾大学（2019）等。云南省高校新增越南语专业的学校有文山学院（2007）、红河学院（2008）、云南师范大学（2008）、云南农业大学（2010）、云南财经大学（2011）、西南林业大学（2012）等。除了得天独厚的广西、云南高校增设了该专业，为顺应时代发展和地方经济发展需求，其他省的一些高校新增设了越南语专业，如四川外国语大学（2009）、四川外国语大学成都学院（2010）、贵州民族大学（2021），上海外国语大学在 2008 年恢复越南语专业招生。当时的一篇调查报告指出"现在国内培养越南语本科层次人才的高校就有十多所，中专、大专学历层次的学校仅广西就有近三十所，全国每年学习越南语专业中专以上层次的学生要达

---

① 云南大学官网：http://www.ynu.edu.cn/。
② 后更名为"南宁师范大学"。

到五千人"[①]。这个时期应该是学习越南语专业的学生人数达到最高的时期。

各高校开设越南语专业继续发展，截至2019年，全国已发展有25所高校开设越南语专业（包括民办高校）。综合大学开设越南语专业有北京大学、广西民族大学、云南民族大学、云南师范大学、广西大学、云南大学等。外语大学开设越南语专业的有北京外国语大学、广东外语外贸大学、上海外国语大学、四川外国语大学。专业大学开设越南语专业的有对外经济贸易大学、云南财经大学、云南农业大学、西南林业大学等。南京国际关系学院、中国国际关系学院昆明分院、北京广播学院（现为中国传媒大学）、中国传媒大学南京分院等高校都先后开办越南语专业，但后来因各种原因停办。有些民办学院或专科学校也曾开设越南语专业，后来因招生困难或师资缺乏也停办了，如云南大学滇池学院、云南师范大学商学院。

根据2019年9月在云南民族大学举办"第九届全国大学生越南语演讲大赛暨越南语教学研讨会"上的统计，全国开设越南语专业并在招生的高校共计25所（含民办院校），本硕博人数2615人，其中本科在校生2541人、在培硕士研究生69人、在培博士研究生5人。这个应该是目前最准确和最新的数据。

表2　2019年全国越南语本科院校在校学生（本硕博）人数统计表
（统计时间：2019年9月20日；统计地点：云南民族大学）

序号	单位	本科	硕士	博士	人数
1	北京大学	12	3	1	16
2	北京外国语大学	20	0	0	20
3	对外经济贸易大学	20	2	0	22
4	广东外语外贸大学	51	6	0	57
5	广西大学	102	0	0	102
6	广西民族大学	196	10	2	208
7	广西民族大学相思湖学院	60	0	0	60

---

① 赖艳凌，刘志强．中国越南语翻译、专业的历史与现状［J］．广西民族大学学报（哲学社会科学版），2008（6）．

（续表）

序号	单位	本科	硕士	博士	人数
8	广西师范大学漓江学院	25	0	0	25
9	广西南宁师范学院	118	0	0	118
10	广西外国语学院	193	0	0	193
11	广西民族师范学院	202	0	0	202
12	广西百色学院	102	0	0	102
13	广西北部湾大学	37	0	0	37
14	信息工程大学洛阳校区	52	8	2	62
15	红河学院	120	0	0	120
16	文山学院	105	0	0	105
17	上海外国语大学	11	2	0	13
18	四川外国语大学	94	8	0	102
19	四川外国语大学成都学院	124	0	0	124
20	西南林业大学	126	0	0	126
21	云南财经大学	101	0	0	101
22	云南大学	79	1	0	80
23	云南民族大学	153	22	0	175
24	云南农业大学	143	0	0	143
25	云南师范大学	295	7	0	302
		小计：2541	小计：69	小计：5	
	共计：2615				

从区域上来看，广西和云南两省开设越南语专业的高校最多，其中云南有8所，广西有9所，北京有3所，东部仅上外1所，南方仅广外1所，中部仅洛外1所，西部仅川外及其分校2所。

学习越南语的学生数量越来越多，越南语专业的办学层次也越来越高，洛阳外国语学院、北京大学、广东外语外贸大学、广西民族大学等高校率先培养越南语言文化方向硕士研究生，洛阳外国语学院在2004年开始培养博士研究生，之后，北京大学开始招收越南语专业背景的博士，广西民族大学、广东外语外贸大学也开始招收博士。多所高校开始建有亚非语言文学越南语方向硕士点，2014 年四川外国语大学、云南师范大学开始招收硕士研究生。2018 年，上海外国语大学开始招收越南语方向的硕士研究生。2019 年，对外经济贸易大学、云南大学招收硕士研究生。2020 年广西大学招收硕士研究生。

招收有越南语专业背景方向的博士的高校有：洛阳外国语学院、北京大学、广西民族大学、郑州大学、厦门大学、暨南大学、广东外语外贸大学、中山大学、北京外国语大学等。

经以上梳理可见，自 1949 年以来，我国有 30 多所高校曾先后开设过越南语专业，至今 25 所高校仍保留这一专业。可见，相对其他非通用语专业的开设，我国越南语专业发展并不算晚，至今教学资源和师资队伍已相对成熟，形成本科、硕士、博士三个层次的教育体系。

二、越南研究成果概略与分析

我国高校的越南语专业教育已发展了 70 多年，也培养了大量的越南语专业人才，那么现当代对越南的研究情况如何呢？

古小松认为："70 年代中期以前，尽管我国因援越抗法抗美的需要，到过越南和懂越文的人不少，但深入和系统地从事越南研究的机构和人员却不多。只是到了 70 年代末，印支局势发生剧变，我们才真正重视和开展对越南的研究。"[①]

于向东对 21 世纪以前中国对越南研究的情况[②]做了详细的梳理和阐述。他指出"90 年代以来是中国的越南学大发展的时期"，他还指出"要更加重视多学科的交叉和综合研究"。

进入 21 世纪不过短短十几年时间，世界已发生了翻天覆地的变化。世界的发展速度令人咋舌，同样，越南研究在中国的发展也迎来了一个"高速

---

① 古小松. 越南研究要适应形势发展的需要［J］. 东南亚研究，1991（3）.
② 于向东. 中国的越南学研究状况及其思考［J］. 郑州大学学报（哲学社会科学版），2005（6）.

期",各类学术专著层出不穷,研究范围也较之前有了很大拓展,可以说这是越南研究在中国发展的"黄金时代"。在这一时期,越南研究成果在中国的发展呈现以下特点:

首先,成果数量大幅提高。笔者在当当网以"越南"为关键词进行搜索的结果显示,相关的书籍为4849件;再以"越南""研究"为关键词进行搜索,结果显示为575件商品。以中国知网为例,以"越南"为关键词精确搜索自2000年至2019年11月以来的中文文献,搜索到的一共有26326篇。这三个数据我们可以看到,现在中国对越南的研究越来越重视,成果数量日益增多,越来越多的专家学者把目光放到了越南这个区域和国别。尤其是2008年以来,发表关于越南研究的论文数量大增,到2015年达到顶峰。可见,在当前,我国对越南研究,无论是在文献数量、研究领域、研究学科分布,还是研究层次,都是具有广度和深度的。

数据来源: 文献总数: 26362 篇; 检索条件: 发表时间 between (2000-01-01,2019-11-11) 并且 (主题=越南 或者 题名=越南)(模糊匹配),: 全部; 数据库: 文献 跨库检索

总体趋势分析

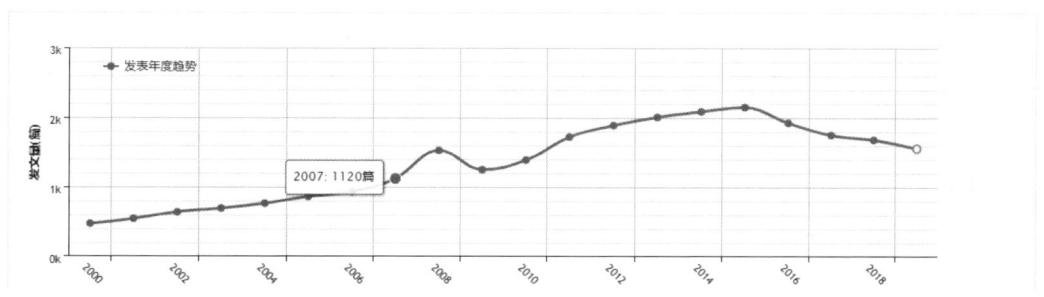

图1 在中国知网以"越南"为关键词的搜索结果

那么,高校从事越南语专业的教师,对越研究情况如何呢?我们也做了一个调查。通过对全国25所开设越南语专业的高校进行统计,讲师以上教师约70名,在中国知网分别检索姓名,搜索出的文献数量(含非第一作者文献)仅有500余篇。这个数据与2万多的关于越南研究的数字是相当远的,这说明我国高校越南语专业教师对越研究成果在所有对越研究论文中占比仍是很小一部分。虽然这可能不包含其他形式的研究成果,如专著、译著等,但是无论如何,以论文形式的研究成果在所有对越研究论文中占比仍是很小一部分。经考察,这500多篇论文,大部分侧重于越南语言、越南文

化、越南文学等领域研究。越南语专业教师对越南的研究有着天然的优势，但是也正是因为其优势，难免陷于研究领域狭窄这样一个问题中。所以，在今后的对越研究中，这样一个问题值得我们去关注和重视。

其次，研究范围更加丰富，质量更高。相较于之前对于越南的研究主要集中在语言、文化、文学等方面，现在的越南研究领域更加宽泛，涉及政治、经济、法律、军事、宗教、民族等多方面领域，且各类学术专著接连出版，更加为研究越南的学人提供了可靠的依据和资料。比如在宗教方面已出版有《越南雄王信仰研究》（徐方宇著，世界图书出版公司，2014）、《道教南传越南研究》（宇汝松著，齐鲁书社，2017）；经济方面有《越南经济社会地理》（余富兆著，世界图书出版公司，2014）、《越南海洋经济发展研究》（覃丽芳著，厦门大学出版社，2015）；政治方面有《越南革新与中越改革比较》（潘金娥著，社会科学文献出版社，2015）、《越南政治经济与中越关系前沿》（潘金娥著，社会科学文献出版社，2011）等。

再有就是研究人员的队伍不断扩大，出现专业+语言、语言+专业的复合型研究队伍。20世纪90年代后，越南学的研究已呈现出这种特点，但是在2000年后这种特点更加突出。随着经济的快速发展，各区域之间的人才流动也更加迅速。现在，做越南研究的研究人员不再局限于只会越南语的人员从事越南研究，精通多门语言的人在越南研究这方面拥有更大的优势；更多懂文史哲专业的研究人员加入越南研究的队伍中；研究人员的范围也不再仅限于研究院的研究员、高校老师等，社会上一些对越南充满兴趣的各类人员也研究越南，多角度的研究成果为越南研究增添了更丰富的内容。

虽然越南研究的发展迅猛，成果颇多，但分析了越南研究各类成果之后，我们认为还存在以下几个问题：一是国际视野不够宽广。研究内容局限在越南或者东南亚这一地区，并没有把它与世界的大发展联系起来，还没有具备全球视角下的"大视野"。二是研究人员的学科交叉和综合研究水平不足。一些研究者有语言技能却不通文史哲，一些则通文史哲但不懂语言，无法获取一手资料，对真正的越南不了解。三是研究人员出现断层，现在仍缺乏青年研究人才。纯越南语人才无法满足当前社会的需要，高校需培养出真正的复合型人才，这样越南研究人才在中国才不会断层，陷入停滞。

三、对新时代中国高校越南语专业人才培养的建议

20世纪40年代末至今，我国越南语专业持续发展，培养了一大批优秀的越南语人才，为地区和国家发展做了巨大贡献，如今"一带一路"倡议的推进及其他相关战略的实施，对越南语专业和越南研究提出了新的时代要求，各大高校也应联系实际，立足当下，增强合作，开拓越南语专业发展培养新模式，推动全国越南语专业不断完善成熟，为国家发展培养更多高标准、高水平的新时期越南语人才。

由于越南语专业招生数量短期内激增，越南语专业师资队伍还存在年龄、学历和职称结构不对称，教材建设和信息资源滞后，教学方法和手段过于传统等问题，越南语专业实践教学也存在单一、实用性不强、缺乏评价机制等不足。

越南语作为一门外语专业有其特殊的性质。外语专业应具有不同于其他专业的核心素养，并在新的时期走出一条不同于过去而又符合国家发展需要的崭新的生存之道。[①] 东南亚地区对中国非常重要，是中国的战略命脉。近些年来东南亚国家经济迅猛发展，东盟共同体的成立，区域经济合作的发展，已经成为世界各国竞相争夺的重要市场。随着国际形势的发展，东南亚地区对我国安全的重要意义更加突出，从国家安全形势的新要求及国际形势发展趋势来看，我国与东南亚国家的关系有待进一步加强，中国迫切需要创新与周边国家发展关系的思路，迅速开创与周边国家关系的新局面。加速与东南亚经济的一体化进程，与东南亚国家共享经济发展成果。在经济全球化的背景下，中国的经济发展和安全与周边经济的发展和安全息息相关。

新时代背景下，越南在"一带一路"沿线国家中有着与中国海陆河相连的重要地理优势，是国际陆海贸易新通道中重要的中转站，与中国在文化、贸易、旅游、科技和教育等领域不断深入合作。同时，新时代市场对越南语人才也提出了新要求、高要求！高校越南语教师面临新时代赋予的新使命，启发培养新时代越南语人才的新思考。为此我们对越南语专业的高校教育提出以下建议：

一是要教好学好中越关系史，这样才能使得我们在中越往来中有力地坚

---

① 郭英剑. 论外语专业的核心素养与未来走向[J]. 中国外语，2019（1）.

守住立场。此外要学好中越文化,这样才能获得文化认同,减少民族情绪的抵触。还要学好哲学,使我们能将习得的知识进行逻辑整理,得以学以致用。老师在注重学生学好语言的同时,引导学生发掘自身兴趣与潜力,鼓励学生辅修双学位或看其他学科书籍,就能为学生步入工作岗位打好了"语言+专业"的坚实基础。

二是高校越南语教师需要不断地学习各个学科的知识,提高自己的科研水平。研究越南不单单是你懂得语言就够了,更重要的是各个社会人文科学领域的知识都要略有涉猎,这样的研究才更具有广度和深度。现在都在提倡"学科交叉研究"正说明了这样做的必要性。越南语教师也要有意识引导学生学习大文科知识。

三是要站在国际"大视野"下看待问题,提高跨国文化素养意识。随着"一带一路"倡议的推进,中越两国合作的增多,我国越南语专业发展逐步成熟,各大高校不再局限于越南语专业的开设及人才培养,同时开始注重对越南的研究。因此越南语教师也要扩宽自己的事业,不要仅仅埋在"越南"或"东南亚"这一区域做研究。

四是青年教师要树立起自己的责任感。青年教师应该学习老一辈研究人员不怕吃苦、刻苦钻研的精神,静得下心来做教学研究,努力提升自己的学术研究水平,这样才能在后续时期继续为中国的越南研究助力。

在"一带一路"背景下,各大高校整合资源成立各种智库,将人才培养与越南研究相结合,如郑州大学越南研究所、浙江工业大学越南研究中心、广西师范大学越南研究院等,还有很多涵盖越南研究在内的研究院,如厦门大学南洋研究院、北京大学东南亚研究所、暨南大学东南亚研究所等,可见,在新时代下开创越南研究新模式,并出产大量富有实效的研究成果已成为当前的大势。

四、结语

新中国成立 70 年以来,虽然我国高校越南语专业人才培养数量已初具规模,对越南的研究也得到了逐步加强,但是,在当今世界面临百年未有之大变局的形势下,在建设"一带一路"背景下,我们高校不仅要重视学生语言技能的训练,也要注重思政教育和人文素养教育,要扩大对越南研究的范围和视野，要引进新思想、新方法，更加重视多学科的交叉和综合研究。

外语教育的根本性质是外语素养与人文精神的协调和融合发展[①]，怎样融合外语素养和人文精神的关系，跨越所学语言国家的文化鸿沟，开阔视野，提高跨国文化素养意识和能力是外语教学的目标之一。

高校如何抓住现在的机遇，培养更优质、更符合国家战略发展需要的越南语专业人才，这需要我们继续去探索实践，实践出真知，我们在路上，相信越南语专业的发展一定会有一个"大未来"。

参考文献

［1］丁超.中国非通用语的前世今生［J］.神州学人，2016（1）.

［2］古小松.越南研究要适应形势发展的需要［J］.东南亚研究，1991（3）.

［3］于向东.中国的越南学研究状况及其思考［J］.郑州大学学报（哲学社会科学版），2005（6）.

［4］赖艳凌，刘志强.中国越南语翻译、专业的历史与现状［J］.广西民族大学学报（哲学社会科学版），2008（6）.

［5］韦红萍.明朝以来培养东南亚语种人才的道路［D］.南宁：广西民族大学，2008.

［6］章兼中.外语教育学［M］.福州：福建教育出版社，2016.

［7］郭英剑.论外语专业的核心素养与未来走向［J］.中国外语，2019（1）.

[①] 章兼中.外语教育学［M］.福州：福建教育出版社，2016.

越南语专业口译课程教学内容构建与评估机制研究

四川外国语大学　黄华宪[①]

【摘　要】 随着"一带一路"倡议的不断推进，中越两国在各方面交流日益广泛，市场对越南语口译人才的需求越来越大，这就对越南语口译人才的培养提出了新的要求。本文拟从新时代背景下，越南语专业口译教学的特点、内容构建及评估机制等方面进行讨论，提出适应新时代需求的越南语口译人才培养的举措，为国内越南语口译教学提供有益的借鉴。

【关键词】 越南语口译；教学内容；评估机制

引言

近年来，"一带一路"、人工智能、互联网+、大数据等词汇已经成为社会生活中的高频词汇，这些新时代的热词对我们的影响无疑是巨大的。作为非通用语专业的越南语，其教育教学也必须与时俱进，适应新时代的需求。

越南语口译课程是高校越南语专业高年级阶段的主要课程之一，直接反映了学生在经过基础阶段的学习积累后的语言表达水平与汉越口译能力。在新时代背景下，越南语口译课程应顺势发展，在教学内容、教学方法及教学手段等方面快速发展，以培养出国家与社会所急需的越南语口译高素质人才。

[①] 黄华宪，男，广西桂林人，四川外国语大学东方语言文化学院越南语专业副教授，硕士生导师，主要研究方向为越南语言文化、越南国情及汉越互译。本文系2019年重庆市高等教育教学改革研究立项项目——越南语专业实践教学模式的构建研究的阶段性成果，项目编号：193156；本文系四川外国语大学2018年特色教学团队——越南语言文化教学团队阶段性成果。

一、越南语专业口译课程开设的现状

目前，越南语口译课程建设中存在许多困难，例如：教学目标不明确；教材缺乏；评估机制不尽健全；教学与学生的实践严重脱节；师资力量不仅薄弱，而且严重不足。许多担任口译课程的教师本身就缺乏丰富的口译实战经验，不知道口译课程应该怎么上，教学深度和广度把握不准，国内有好些高校甚至由于中国教师基本功不够，自身没有经历过口译学习和实践而不能胜任口译课教学，直接安排外教讲授口译课。在新时代背景下，如何进行越南语口译课程建设？如何上好口译课？是值得我们思考与急需解决的问题。

近十年来，几乎所有开设越南语专业的高校，在本科层次都从无到有开设了口译课程，部分高校在研究生层次设置了越南语口译专业硕士学位点。这显示出我国越南语专业翻译人才培养发展进入了一个新的快速发展时期。但目前公开出版的越南语口译教材只有1部，大多数高校在口译课程的授课内容上多采用编写课程讲义与教材相结合的方式。而这种自制讲义的授课方式，使得国内越南语口译的教学内容各不相同，难度各异。为了满足课堂教学的需求，教师多借用英语等通用语种口译教学的相关理论和口译训练方法，借助网络平台，搜集国内外相关资料进行授课。学生在学习的过程中，由于缺少专门教材，仅靠学生课堂听记笔记，难以系统复习和巩固相关知识点，使得教学效果大打折扣。老师在教学中也常常为在有限的课时中选择哪些理论知识点，并结合怎样的实际材料来进行各章节知识点训练而困惑。总的来说，教与学的主体双方都认为缺少明确的教学内容、教学方法及教学手段的指导。

鉴于此，笔者认为，要培养符合市场需求的越南语口译人才，就应尽快构建科学合理规范的越南语专业口译教学内容，并建立相应的评估考核机制。

二、越南语专业口译教学内容的构建

在口译教学传统时期，大部分教师的教学内容重翻译能力，轻口译技能。往往容易将口译课上成了笔译课或精读课。各高校多采用自制讲义的方式授课，与英语等通用语种专业相比较，越南语口译教学在教学材料、口译练习材料、语料库建设等方面已明显滞后。

笔者认为，越南语口译教学内容构建首先要把握几个原则。比如，注重市场导向性、内容的时效性、选材场景化和语料的口语化，不能把口译课上成了精读课、笔译课，内容不能只停留在书面语、书本上，应该更多地与市场相结合，培养既满足市场需求，又同时具备口译能力的人才。这是教学内容构建的主要原则与指导方向。

（一）做好课程思政设计

习近平总书记在全国高校思想政治工作会议上强调，要把思想政治工作贯穿教育教学全过程，实现全程育人，全方位育人。在非通用语教学课堂中，我们尤其需要把好课程思政这个关。

在越南语口译课堂教学中，要适时融入课程思政内容，培养学生的思政意识，要求学生掌握正确的翻译观，接受和理解不同语言中的美，在跨文化交流理论指导下，自觉做中华优秀传统文化的传播者，坚定对中国特色社会主义文化自信；从中国国情和主权立场出发，掌握相关词汇正确的译法，从翻译中站稳中国立场，维护国家利益；了解我国外宣基本原则，时刻注意在翻译中讲政治以及政治类材料的准确翻译。

通过口译实践材料的选择和练习，引导学生加深对中华传统文化及其对外传播和影响的认知，了解中越两国在中央和地方两个层面交流往来现状，树立对中越关系发展的信心，培养学生正确的中国观、翻译观，使学生成为具有家国情怀、具备国际视野的翻译者，实现价值塑造和能力培养的有机结合。

（二）顶天立地选内容

教学内容在课堂教学中的重要作用不言而喻。在教学中，教师多以英语专业口译教材作为理论参考，借用英语专业的口译理论与技巧，再配以越南语教学资料共同配合教学。在教学内容上缺乏科学性、专业性、系统性。服务国家战略发展的越南语口译人才培养，应解决市场对越南语口译人才的需求。因此，越南语口译课程教学内容的构建可以从"顶天""立地"两方面入手，搭建立体化教学内容。

"顶天""立地"就是要做到服务国家、满足社会，在内容构建上，既要涉及两国政治、外事外交，又要有社会现在急需的领域与行业内容，例如：工程项目、纺织、中越法律法规、人文交流等。具体来说，"顶天"是指从当前中越两国交往的维度，以两国合作较为广泛的领域，有针对性地挑选教学材料，坚持以服务国家发展需求为人才培养的根本出发点。"立地"是指结合本地区对越发展的动态与趋势，人才需求与人才要求，精选教学内容，培养学生准职业化能力，让学生学有所用，所学即用。教学内容应力求"三个真实"，即材料真实、场景真实、问题真实。例如，当前中越两国在政党交流、治国理政、工程建设、经贸、旅游、医疗卫生、教育、文化等领域合作密切，在教学内容的立体化建设中，则可以分热点专题讲解，通过新闻报道、政治资料等多渠道，收集真实案例与材料。另一方面，立足本地区域经济发展，分析区域内对越政治、经济、文化、旅游等各方面的涉外情况。在教学中，兼顾讲授与区域经济社会发展密切相关的内容，从而使学生既能把握两国间重点领域的发展，又能为区域地方经济建设服务。让各层次学生在今后的工作中，都能有展示自身实力的平台与空间，解决工作中遇到的各层次翻译问题。

（三）技巧文化两并重

教学中要重视口译技巧能力的培养与训练，口译课程的课时是极其有限的，仅靠课内、校内的教学时间是难以培养出一名优秀口译员。因此，在口译课程中，口译技巧与口译内容的教学同等重要，培养学生方法比灌输学生内容更为重要。主要技巧包括：口译听辨能力、口译笔记、译前准备、口译临场应变等相关内容。

同时，口译与文化的关系也应当是教学中的重要内容。由于中越两国文化异同的存在，在口译活动中，可能出现文化对等、文化部分对等及文化缺失的现象，在口译教学中应当引导学生探讨与思考，以便学生在日后口译活动中临场处理。

越南语专业的教学与英语等语种有所不同。学生在进入大学之前，一般没有越南语基础。学生的专业学习"时间紧，任务重，要求高"。四年里，既要解决语音、词汇、语法等基本问题，又要求学生具备一定的口笔译翻译能力，这无疑对教师的教学开展与学生的学习能力都提出了较高要求。听说读写译各项能力中，翻译能力的培养是最为困难的，需要依托其他各项能力的辅助与支持。因此，口译能力的培养绝不是短时间内能突击培养的能力。口译能力的培养需要有连续的口译教学与口译训练，需要有效的教学方法与训练方法。笔者所在学校越南语专业口译课开设于第五、第六学期，每个学期制定了相应的教学目标，保证了学生学习的科学性、连续性、能力培养的阶段性。同时，由于教学课时有限，教学过程中教师充分利用了多媒体教学平台等手段，运用"翻转课堂""慕课"等多媒体教学手段提高教学效率与学生学习效果。

三、完善越南语口译教学评估机制

我国越南语口译教学历史不长，对口译教学的评估方式尚不尽科学合理和完善。由于口译工作的特殊性，口译员缺乏足够的时间去反复推敲需要翻译的内容，没有足够的时间去考虑原文的修辞手法、文体风格等，因此，用笔译的常见标准"信、达、雅"来套用作为口译的评估标准，显然是不科学的。由于学生从零起点开始学习越南语，到大三、大四年级，越南语能力仍未达到一定的水平，教师必然不能完全照搬英语等通用语口译评估的标准来要求学生。因此，对学生口译能力的评估方式应多样、开放与全面。

过去，在评估内容上，我们重点强调学生翻译的成果，对学生公众演说能力、思辨能力、跨文化交际能力、口译技巧等内容的评估不足。因此，笔者认为在越南语口译教学评估中，应对评估内容的要求做到细致化、具体化。可以从以下三个指标来评估，即知识指标、技能指标及心理指标。具体地说，知识指标指的是语言专业知识和言外知识，占比40%；技能指标指的是口译笔记、记忆、概述能力以及应对策略等，占比50%；心理指标，主要指学生的口译焦虑、心理素质等，占比10%。例如，对于"语言准确""表达清楚""逻辑清晰"等指标，可以适当进行说明、列出大纲参考。除了每学期的期末考试之外，应在学期中多次对学生进行形成性成绩评价，通过不同的形成性评定成绩，激励学生自主学习，夯实语言基础。

除了从评估的内容指标考核之外，从评估维度来看，笔者认为应该从传统的学生译、老师评，向多维度转变，可以做到译员自评（学生自评）、生生互评、教师点评，此外，还可增加行业导师网评。当前信息技术飞速发展，可利用智慧课堂、线上教学等多种方式，将混合式教学方法引入口译课堂当中，利用录课等手段将学生们的口译成果共享到课程教学平台，组建口译教学团队，请行业导师参与教学指导与评估。因此，评价方式可力争采用360度全方位评价，包括教师评价、行业导师评价、生生互评、学生自评、实习实践单位评价等。

四、结语

新时代对越南语口译人才的需求日益增长，特别是疫情大流行与世界百年未有之大变局叠加影响下，中越两国关系也呈现了许多新的内容和特点，这势必会对越南语口译人才的知识体系和能力提出更多新的要求。而国内越南语口译课程教学在师资、教材、教学方法、教学理念等多方面须与时俱进，从培养课程师资、优化课程设置、精选教学内容、编写系统教材、建设配套语料库等方面进一步发力，科学设计学生越南语口译能力评估指标体系和课程评价体系，使越南语口译课程成为学生越南语能力输出的窗口，成为越南语专业的"金课"。

参考文献

[1]张静.英语专业口译金课建设理念与方略[J].外国语文，2020（3）

[2]杜英姝.混合教学模式下口译智慧课题的构建研究[J].成都中医药大学学报（教育版），2021（3）

[3]陈永智.浅谈口译过程中的文化差异及应对策略[J].国际公关，2019（9）.

浅谈越南语新闻听力教学与教程编写

广东外语外贸大学　陈继华
四川外国语大学　钟雪映
云南师范大学　李丽娟[①]

【摘　要】新闻听力材料的真实性较高，可以对我国高校越南语专业现有以会话、朗读为主的听力教材形成有益补充。通过音频编辑软件，可以调整语速、删减词句，再加上背景知识、生词和练习题，可以制作出不同难度的新闻材料，满足低年级的新闻听力教学需要。听力平台建设有助于提高教学效率，推动跨校教学合作。新闻听力还可以帮助提升学生的国别区域意识和分析能力，推动我国高校越南语专业人才培养改革。

【关键词】越南语；新闻听力；教程；真实性

"一带一路"倡议的提出与实施为国内高校非通用语种专业人才培养带来了新的机遇，也提出了新的要求。教育部 2014 年已经明确要推进国别和区域研究培育基地建设。国内有学者解读称，复合型区域国别人才应当培养"对这些区域和国家历史、文化、政治、经济、外交以及国民性的规律性认知"[②]。在此背景下，北京外国语大学提出了"非通用语+通用语"高层次国际化战略人才培养模式，创建"双外语+专业方向"和"双非通用语+通用语"培养体系。上海外国语大学采用"多语种+"思路，其中"多语种"指的是至少精通两门第二语言，"+"指的是互联、融合，即打破专业、学科

---

① 陈继华，男，汉族，博士，广东外语外贸大学东语学院副教授，主要研究方向为越南语言文化；钟雪映，女，汉族，硕士，四川外国语大学东方语学院讲师，主要研究方向为越南语言文化；李丽娟，女，汉族，硕士，云南师范大学华文学院讲师，主要研究方向为越南语言文化。
课题项目：2017 四川外国语大学教学改革研究项目（项目编号 JY176036）。
② 李晨阳．区域国别研究的学科化［J］．世界知识，2018（2）：73．

壁垒，促进国别、区域研究意识，以问题研究导向提升学生在某一领域的专精能力。广东外语外贸大学设立了国别区域研究博士点，但是暂时仅面向经管法学科和欧洲学招生。

在国别区域人才培养理念和路径不断得到深入的同时，也应看到外语和非外语院校、外语和非外语学科之间的显著差异。然而，不论采用哪种理念和模式，非通用语种专业本科人才培养的改革方向之一就是增加政治、经济、社会、军事、人文、法律等领域的知识，在此基础上提升国别、区域研究的意识与能力。在外语教学中，听力和阅读是相互促进的两项技能。大学、学院决定人才培养的培养理念和模式，系部决定人才培养的课程体系，而专业教师的个人实践决定教材框架、内容和教学方法。广大非通用语专业教师也应当积极思考，在力所能及的范围内开展一些有益的探索。四川外国语大学承办的"'一带一路'背景下越南语教学与越南研究"学术研讨会非常及时，为国内越南语专业提供了一个交流和探讨的机会。本文将首先介绍国内高校越南语新闻听力教学与教材现状，然后分享《越南语 VOV 新闻听力教程》（以下简称《VOV 教程》）的编写过程，最后谈谈对越南语新闻听力教学的展望，希望能够为本专业国别区域人才培养提供一点思考。

一、新闻听力教学与教材现状

（一）外语专业听力课程中的新闻听力

《外国语言文学类教学质量国家标准》把专业核心课程分为外语技能课程和专业知识课程两大板块。第一个板块包括听、说、读、写、译等课程，各外语专业对听力课程中视、听、说三种技能的侧重有所不同，体现在课程名称的差异之上：

视听说：非通用语，英语，俄语，德语，法语，日语

听说：商务英语

视听：阿拉伯语

听力：翻译，西班牙语

第二个板块专业知识课程包括国别与区域研究基础课程，多数外语专业开设了国别、区域概况课程，另外，阅读、报刊选读等课程也与之相关。

在听力课程与国别区域课程之间，我们认为存在一个可以发挥衔接作用

的板块：新闻听力教学。新闻听力教学是一种以新闻作为练习材料的听力教学方式。新闻反映了对象国和地区的政治、经济、军事、社会等领域的新事件、新动态，其内容和风格完全不同于传统的口语式、朗读式、文学式听力材料。

在外语教学中，新闻不仅可以用作听力教学的材料，还是阅读、报刊选读和概况等专业核心课程的重要材料。听力教学活动就是通过听力理解和练习促进所学知识的不断内化和巩固，最终实现知识体系的建构。[①] 这里所指的知识建构，不仅包括语言知识，还应包括语言知识所反映的国别区域知识。

在《外国语言文学类教学质量国家标准》中，最强调新闻地位的外语专业莫过于法语，新闻法语被列为核心课程之一，这也为兄弟专业提供了一些启发，即新闻可以也应当在外语教学中占据更加重要的地位，其中听力教学对新闻的需求尤为迫切。

（二）越南语专业听力教材现状与听力材料的真实性

国内高校越南语专业近年来出版了 5 本听力教材，还有一些内部印刷使用的听力教材，基本能够满足课堂教学的需要。

表 1　国内近年出版的 5 本听力教材

序号	名称	作者	年份	单位
1	越南语视听说教程	谢群芳、兰强	2019	解放军信息工程大学
2	越南语听说教程	黎巧萍	2018	广西民族大学
3	越南语视听实践教程	李太生	2015	南宁职业技术学院
4	越南语基础听说教程	王嘉	2014	北京外国语大学
5	大学越语听说教程	唐小诗	2009	广西民族大学

这 5 本听力教材的共同特点是内容充实，题型丰富，在强调语言地道、听说并行的同时保留了编者及其院校的教学风格和特色。比如，教材 1 以广

[①] 罗首元．大学英语听说策略与研究［M］．成都：电子科技大学出版社，2016：5．

播、电视材料为主，适用于大学二、三、四年级；教材 2、教材 5 贴近生活，分别以大学一、二年级学生为对象，完整覆盖该校低年级阶段；教材 3 涵盖语音、会话、新闻，突出应用导向；教材 4 设有听译板块，并使用越南语注释生词。

这些教材选用的听力材料根据语篇真实性可以分为五类：

1. 真实语篇的真实性。比如一段完整的广播节目。

2. 改动语篇的真实性。比如把一段较长的广播分解为几个较短的部分。

3. 改编语篇的真实性。比如更换了部分词汇和语法结构的语篇。信息真实，但形式不真实。

4. 模仿性语篇的真实性。语篇似乎来源于真实素材，有真实听众，但它的信息不一定真实。

5. 非真实语篇。为课堂教学而设计，教师并不试图使材料接近真实的材料。①

通常而言，为了适应听力教学需要，教材编写者或多或少会对材料进行调整，第 1 类真实性的听力材料使用不多。更重要的是，听力材料至少由文字和音频组成，有时还会由文字、音频和视频共同组成，上述分类似乎仅考虑了文字因素，实际上还可能存在文字的真实性和音频的真实性不一致的情况。比如，王嘉《越南语基础听说教程》第 18 课、第 19 课部分新闻的文字或者完全取自真实语篇（真实性 1），或者对真实语篇进行了拆分（真实性 2），或者对真实语篇进行了改编（真实性 3），但音频由越南外教朗读，目的是降低语速，把难度控制在学习者的能力范围之内，那么这些新闻音频的真实性相当于第 5 类非真实语篇。

考察现有听力材料的文字真实性，教材 1 几乎都属于前 3 类，教材 3 "综合实践"部分的新闻也属于前 3 类材料，但其他部分和另外 3 本教材主要采用后 2 类材料。选用哪种真实性的听力材料，取决于听力教学阶段及其目标。在听力教学尤其是听力入门教学阶段，非常有必要设计一些简单的日常会话，由越南专家朗读。在听力提高阶段，可以采用真实性更高的语篇，比如越南新闻、影视作品等。

---

① David Nunan，林立．听力教学实用技巧［M］．南京：译林出版社，2008：95．

我们认为，新闻听力材料的真实性应同时考虑文字和音频因素，并根据教学需要逐步提高真实性。入门阶段能找到类似于美国之音慢速英语（special English）的越南语新闻更好，这就确保了音频的真实性，然后通过调整词汇量、时长来控制新闻难度，进阶之后采用降速、减少生词等手段来控制正常新闻的难度，最后可使用正常语速新闻的部分语篇或完整语篇。

（三）越南语 VOV 新闻听力教学的可行性

如果说科学的教学思路是听力教材的神经，合理的编写框架是听力教材的骨架，那么适当的听力素材则是听力教材的血肉。会话、新闻这两种听力材料的内容和风格相差甚远，前者贴近生活，以语言学习为主要目的，后者反映国际、区域和国别事件，语言学习和信息获取并重。以英语专业为例，新闻听力比较受重视，不仅出版了新闻听力教程，还有财经新闻、专业四级和八级新闻教程，以及 VOA、BBC、CNN 新闻听力教程等。新闻听力有必要也应当成为越南语专业听力教学的重要组成部分。

越南之声广播电台创办于 1945 年 9 月 7 日，英语全称 Voice of Vietnam，简称 VOV，是越南最重要、最具影响力的媒体之一。越南之声下设 VOV1 新闻部、VOV2 社会文化部、VOV3 音乐部、VOV4 民族部、VOV5 对外部、VOV6 文艺部、VOV 电视台、VOV 交通台和 VTC 数字电视台等。越南之声广播电台的新闻和新闻评论展示了越南的政治、经济、外交、军事、文化、科技、社会等领域新动态，不仅可以帮助越南语学习者掌握词汇、句式，提升听力水平，还可以促进国别区域知识的积累，为进一步开展国别区域学习和研究打下基础。

越南之声新闻部网站 http://vov1.vn/载有大量新闻音频、视频，分为时事、国际、内政、经济、文化社会、科技、事件与评论、军队-安全等板块，具有语音清晰、语言地道、内容广泛、更新及时等特点，非常适合用于越南语新闻听力教学。尤为难得的是，军队-安全板块为慢速越南语。因此，不论是材料的数量还是难度，VOV 新闻都可以满足开展听力教学的需求。

二、《VOV 教程》的编写过程

基于共同的教学任务和教研愿望，广东外语外贸大学陈继华、四川外国语大学钟雪映、云南师范大学李丽娟组建了听力教学团队，从 VOV 新闻听力作业入手，搭建听抄与自动批改网站平台，商讨《VOV 教程》的思路和框架，然后分工收集、加工材料，完成了本教程的编写。

（一）新闻听力平台建设

第一步，搭建平台，设计友好的界面和功能。

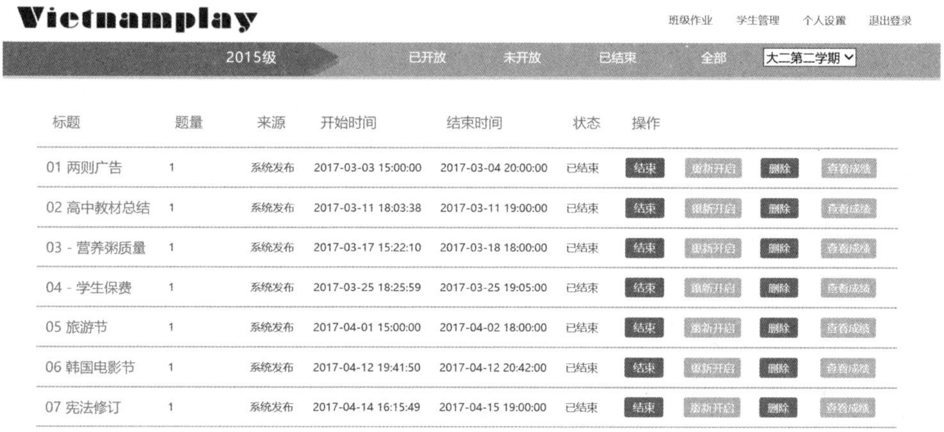

标题	题量	来源	开始时间	结束时间	状态	操作			
01 两则广告	1	系统发布	2017-03-03 15:00:00	2017-03-04 20:00:00	已结束	结束	重新开启	删除	查看成绩
02 高中教材总结	1	系统发布	2017-03-11 18:03:38	2017-03-11 19:00:00	已结束	结束	重新开启	删除	查看成绩
03 - 营养粥质量	1	系统发布	2017-03-17 15:22:10	2017-03-18 18:00:00	已结束	结束	重新开启	删除	查看成绩
04 - 学生保费	1	系统发布	2017-03-25 18:25:59	2017-03-25 19:05:00	已结束	结束	重新开启	删除	查看成绩
05 旅游节	1	系统发布	2017-04-01 15:00:00	2017-04-02 18:00:00	已结束	结束	重新开启	删除	查看成绩
06 韩国电影节	1	系统发布	2017-04-12 19:41:50	2017-04-12 20:42:00	已结束	结束	重新开启	删除	查看成绩
07 宪法修订	1	系统发布	2017-04-14 16:15:49	2017-04-15 19:00:00	已结束	结束	重新开启	删除	查看成绩

图 1　听力平台作业设置

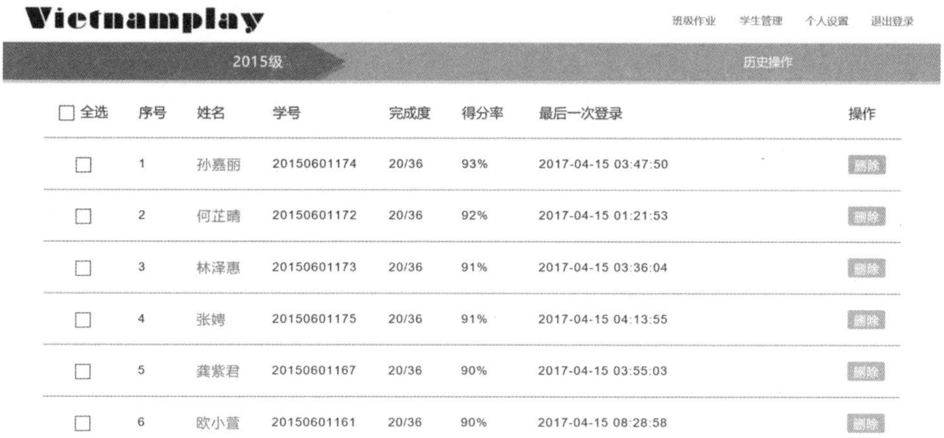

全选	序号	姓名	学号	完成度	得分率	最后一次登录	操作
☐	1	孙嘉丽	20150601174	20/36	93%	2017-04-15 03:47:50	删除
☐	2	何芷晴	20150601172	20/36	92%	2017-04-15 01:21:53	删除
☐	3	林泽惠	20150601173	20/36	91%	2017-04-15 03:36:04	删除
☐	4	张娉	20150601175	20/36	91%	2017-04-15 04:13:55	删除
☐	5	龚紫君	20150601167	20/36	90%	2017-04-15 03:55:03	删除
☐	6	欧小萱	20150601161	20/36	90%	2017-04-15 08:28:58	删除

图 2　听力平台成员设置

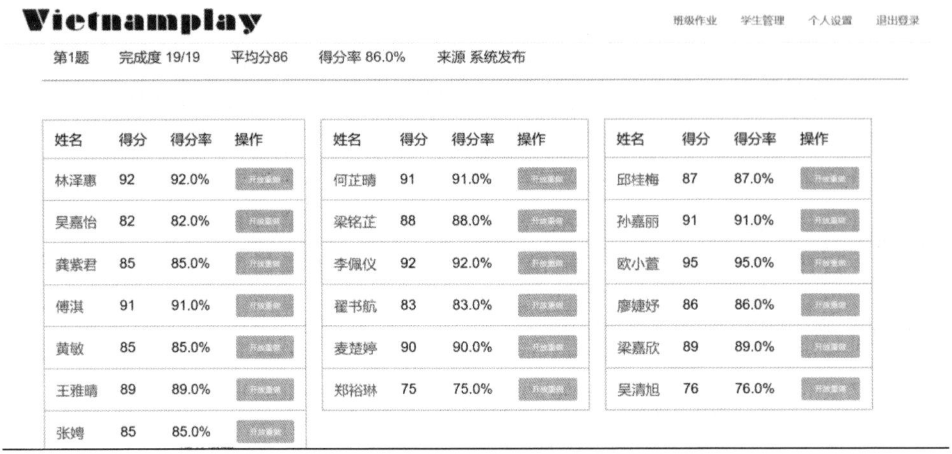

姓名	得分	得分率	操作
林泽惠	92	92.0%	
吴嘉怡	82	82.0%	
龚紫君	85	85.0%	
傅淇	91	91.0%	
黄敏	85	85.0%	
王雅晴	89	89.0%	
张娉	85	85.0%	

姓名	得分	得分率	操作
何芷晴	91	91.0%	
梁铭芷	88	88.0%	
李佩仪	92	92.0%	
翟书航	83	83.0%	
麦楚婷	90	90.0%	
郑裕琳	75	75.0%	

姓名	得分	得分率	操作
邱桂梅	87	87.0%	
孙嘉丽	91	91.0%	
欧小萱	95	95.0%	
廖婕妤	86	86.0%	
梁嘉欣	89	89.0%	
吴清旭	76	76.0%	

图 3　听力平台学生完成情况

第二步，寻找适当的音频材料，处理成文字。具体可以分为三个流程。首先，选出中、低难度音频。低难度音频均取自军队–安全板块，去除时长过短或主题重复的部分后，剩余音频放入音频库。中等难度音频主要取自社评板块，整点和半点新闻中也有一些语速较慢、词汇量要求不太高的音频。其次，使用音频加工软件剪切出合适的长度。这一点主要针对中等难度音频。教材使用的音频时长多为 50 秒至 1.5 分钟，音频库中的音频材料时长以 1.5 至 2.5 分钟为宜，确保留有足够的编辑空间。最后，请越南留学生抄写成文字。文字核对非常重要，尤其是大小写问题。越南语大小写不规范是一个普遍性问题，中央和地方各级媒体的写法经常出现不一致的地方。早在 1998 年 11 月 22 日，越南政府办公厅第 19 号决定颁布《政府与政府办公厅文件大写暂时规定》，对于多数大写情况进行了规范。2004 年和 2020 年，越南两次颁布《关于文书工作的政府决议》，其附录对行政文书的大小写进行了规范。这些规范性文件应当作为我国教材编写、教学实践的指导标准。

第三步，通过语言标注实现对学生听抄结果的自动批改。为了解决分词问题，早期采用了人工分词方法，用下划线把一个词的各音节连接起来，例如：

Sáng nay, Quốc_hội thảo_luận toàn_thể tại hội_trường và đánh_giá bổ_sung kết_quả thực_hiện kế_hoạch phát_triển kinh_tế xã_hội và ngân_sách nhà_nước.

为了降低分词工作量，广东外语外贸大学信息学院柯晓华教授研究了一种基于 N-最短路径的越南语自动分词方法①，提高了越南语文本的信息处理效率。

第四步，系统批改之后，教师和学生反馈各种不合理的情况，技术员进行修改。在此过程中，教师可下载全班的完成情况、批改情况和分数汇总。

新闻听力平台的设计目的有四个：第一，在听力教学中植入新闻，首先采用听抄新闻的方式，然后逐步采用课堂教学方式。第二，使授课教师从批改作业中解脱出来，转而关注错误总结和听力技巧提升。第三，各校教师共同出题，交流教学思想，改善教学方法。第四，尝试语言与技术相融合，为非通用语种专业的语言教学服务。在教学实践中，计算机辅助手段往往局限于简单的 PPT 演示和通过网络收发作业，缺乏真正有效的"教师纠错/学生知错/学生改错"环节。②该听力平台能够实现自动批改听抄等客观题。平台试用几年以来，基本达到了建设目标，参加试用的兄弟院校也有所增加。

同时，也发现了新闻音频和作业设计等方面需要改进的问题。首先，应当合理把握新闻材料的难度。各专业的生源情况不同，对听力材料的难度要求也不同，但目前各校使用同一套新闻材料，导致学生的分数观感差异较大，打击学习自信心。为了实现因材施教，授课教师有必要制作一套适合自己学生水平的新闻听力练习题。其次，应当提供更加丰富的新闻材料。按照 16 个教学周、每周布置一次的作业量，每个学期仅提供 16 份新闻听力作业，再加上放假、备考因素，实际上可能仅有 14 次作业。如此数量的新闻材料难以帮助学生拓宽知识面，更无法为对听力特别感兴趣的同学提供练习园地。再次，应当设计更加多样的题型。机器平台适合各种客观题，听抄只是其中一个类型。在此基础之上，制作完形、填空、判断等客观题，将更有利于学生开展听力练习，提高听力水平。

为了更好地满足听力教材对新闻材料的需要，教学团队开始着手编写《VOV 教程》。

---

① Ke Xiaohua, Luo Haijiao, Chen JiHua, Huang Ruibin, Lai Jinwen. One Novel Word Segmentation Method Based on N-Shortest Path in Vietnamese [J]. Advances in Intelligent Systems and Computing, 2019, 924: 549-557.

② 周炳兰，刘晓琼. 教师在计算机辅助英语写作中的十种角色［J］. 外语电化教学，2005（1）：65—69.

(二)《VOV 教程》的难度设计

新闻用于初学者的听力教学是否难度太大？音频材料本身对听力理解的影响程度很大。在真实语境下的低年级音频材料中，新闻的难度最大，讲座类次之，对话类难度最小。本教程采用三种方法来调整新闻音频的难度。第一，挑选合适的新闻，为每篇新闻提供生词，为部分新闻提供背景材料。第二，借助音频编辑软件删去难度较大的词汇、词组、分句甚至句子和段落。当新闻中出现较多人名、地名、术语时，可酌情删减一些不太重要的内容。遇到一些含义较为隐晦或者对背景知识要求特别高的内容，可以在不影响大意、确保语法正确的前提下予以删除。第三，借助音频编辑软件适当调整音频语速，主要是适当降低语速。一旦语速减慢、加快过多，就会造成语音失真，严重影响听感。《VOV 教程》把新闻语速调整控制在可接受范围之内，保证了听力材料较高的文字和音频真实性。

在此基础上，《VOV 教程》设计了三阶难度，每阶含 30 篇新闻材料，对应着不同的语速，最后还有新闻采访中的口语音频 30 篇。

第一阶音频均取自越南之声广播电台新闻部（VOV1）网站军队-安全板块。播音员首先以较慢速度（语速 1）朗读一段或一句新闻，然后以更慢的速度（语速 2）重复 1—2 遍。教师可剪辑其中的语速 2 部分，形成类似于美国之音慢速英语的慢速越南语新闻材料，从而大大降低了学习难度。

该阶每篇材料由背景知识、生词和练习题组成。练习题依次为填空题、选择题、判断题和听抄题。通过音频难度调整，借助背景材料和生词，本阶材料可以考虑用于本科二年级第一学期或第二学期的听力教学。

军队-安全板块新闻的不足之处在于内容较为单一，主要是国际政治、外交和军事新闻，而经济、社会、文化领域的新闻非常少。

第二阶难度取自 VOV1 网站军队-安全板块、评论板块和普通新闻。对前者语速（1）部分进行剪辑，可以形成速度偏慢、难度稍大的新闻材料。对评论板块和整点、半点新闻中速度偏慢、难度较小的材料进行剪辑，也可以形成类似的新闻材料。

该阶新闻覆盖领域较全，除越南政治、外交、军事新闻外，还有较多经济、文化、社会领域报道。除没有选择题外，每篇材料的结构与第一阶相似。本阶材料可以考虑用于本科二年级第二学期或三年级第一学期的听力教学。

第三阶难度取自 VOV1 网站普通新闻和社论。挑出难度适中的材料，加以适当编辑，形成第三阶新闻。该阶材料涉及的范围较广，完全能够满足听力教学需要。音频编辑难度不大，只需要控制好总时长，确保形成一个完整主题。

该阶新闻材料不提供背景知识，只提供生词，而练习题包括填空、听抄和简答三类，可用于本科二年级第二学期或三年级。之所以没有选用语速较快、内容较难的新闻和难度较大的社论，原因是考虑到国内多数院校的听力课程设置在二年级，学生的词汇量和听力水平达不到这个水平。

表 2 《VOV 教程》新闻难度与类型

第一阶（30 篇）		第二阶（30 篇）		第三阶（30 篇）	
领域	数量	领域	数量	领域	数量
国际问题	10	国际问题	10	国际问题	9
越南外交	8	越南社会	10	越南经济	10
越南内政	12	越南经济	10	越南社会	11

最后还有一个冲刺部分，由 15 篇新闻采访中的口语材料和 15 篇方言新闻、评论组成。这是一个拓展板块，适用于从越南留学归来的学生，旨在为有兴趣的学生提供一个检验自我、挑战自我的机会。

必须承认的是，由于相关研究的匮乏，本教程对新闻听力材料的难度划分只是基于语言经验和教学经验做出的主观定性判断，没有定量的科学依据。期待国内和越南的语言学家能够对各校低年级阶段的听力能力开展系统研究，为合理划分听力材料的难度提供科学依据。

（三）音频加工

对《VOV 教程》的新闻音频进行加工，需要使用 Cooledit, Goldwave 等音频编辑软件。下面，本文将简介运用 Cooledit 软件对音频进行编辑的基本操作。

第一步，使用 Cooledit 软件打开音频文件，就会看到声波，可以进行与

Word 文档相同便捷的可视化操作。

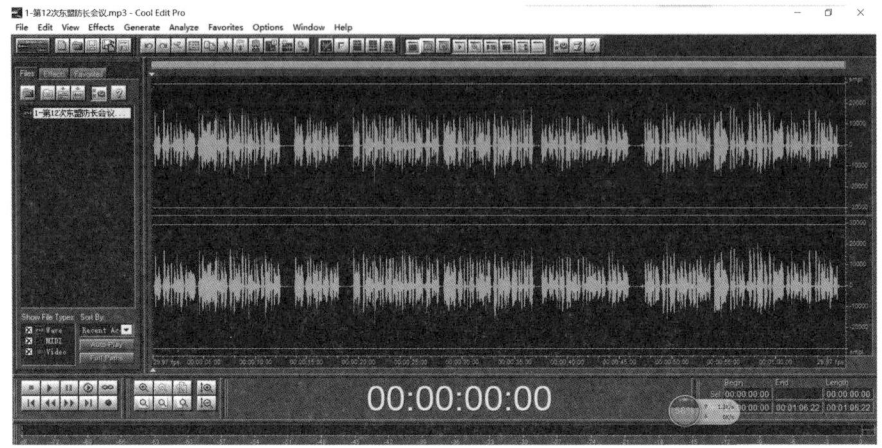

图 4　Cooledit 软件的音频声波

需要修改时，可先选中其所在段落的音频声波，然后用 Zoom 命令放大显示，以便操作。

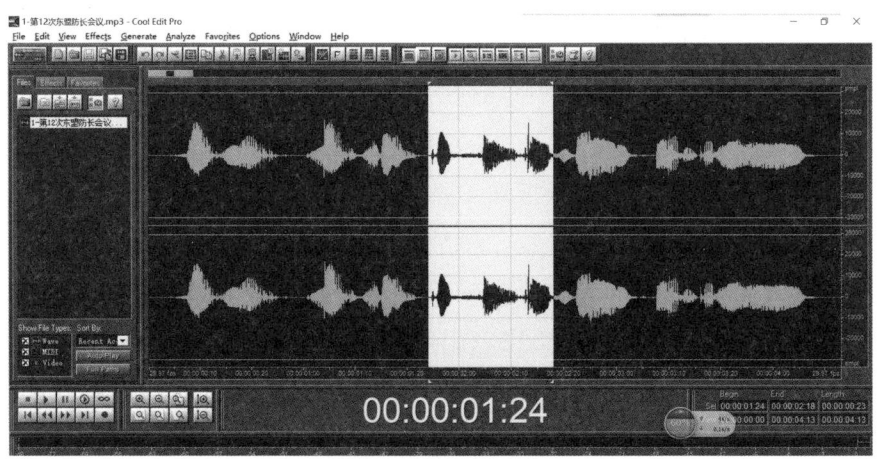

图 5　Cooledit 软件选中一段音频

然后进一步确定所需修改的具体位置，用 Cut（剪切）命令删除不需要的词或词组、分句，甚至是句子和段落。为了确保句子的语法完整性，还可以从本音频其他地方选择适当的词语进行复制，然后粘贴入恰当的位置。

对于需要调整语速的段落，选中后使用 Strech（伸缩）下面的 Slow down 命令进行减速操作，可按需要选择把语速降为原速度的 95% 或 90%。

通常，降到 90%以下时，会出现难以消除的噪声，再往下降就会出现语音变形，不利于学习。

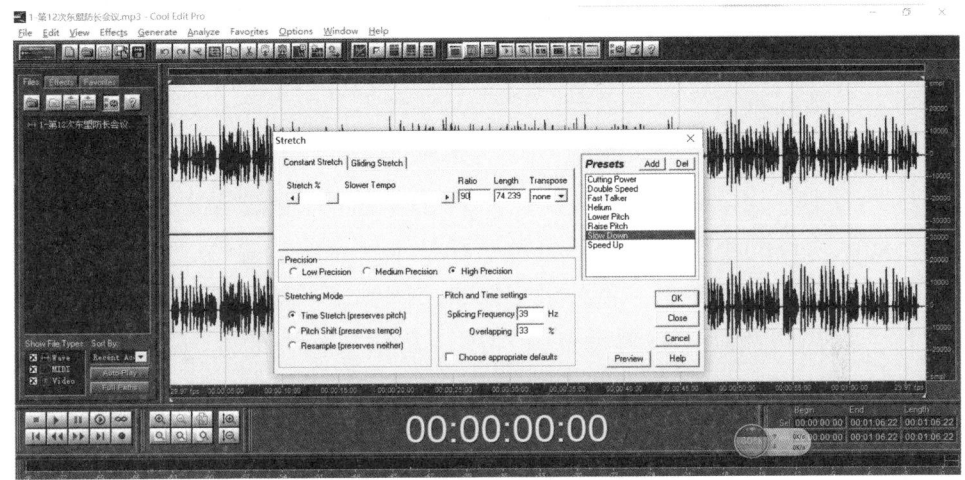

图 6 Cooledit 软件降低语速

处理完毕之后保存，就可以得到教学需要的新闻音频。关于音频软件的更多使用方法，可参见知网上的相关论文，比如赵学辉《音频编辑软件 Audacity 在大学英语教学中的应用》、刘玉玺《计算机软件对口译自主学习的促进——以 Goldwave 为例》、赵琳琳和章国英《音频编辑软件 Adobe Audition 在医学英语听力教学中的应用》、严婷《用 Cool Edit 进行简单的音频编辑》、曹春节《Adobe Premiere 的音频编辑》等。

三、越南语新闻听力教学的展望

目前，《VOV 教程》已经编写完毕，正处于出版社审校、排版阶段。《VOV 教程》编写较为仓促，与兄弟院校的听力教材相比还有较大差距。第一，制作时间比较紧张，可能导致出现一些错误或不合理的地方。谢群芳、兰强团队历时 8 年多才出版教材，王嘉则克服招生间隔长的困难，耗时十余年编成。第二，定位不够完善，目前仅设计为课前练习或课后作业，有条件时应加强课堂属性，按照课堂教学的一部分来设计，对现有教学模式形成直接补充。第三，新闻材料类型不够多样，现仅有音频和文字，有条件时应提供一些视频。第四，音频和习题的难度缺少科学依据，编写者的主观因素较强，有待国内同行和学习者的实践检验。

当然，上述不足也正是《VOV 教程》编写团队的下一步努力目标。我们还希望《VOV 教程》能与听力平台、公众号结合起来，把更丰富的题型、多样的内容与信息技术融合起来，建设一个适用更多层次院校、更多类型学习者的新闻听力学习大平台。这个大平台不是由一个院校独自完成，而是由感兴趣的兄弟院校分头实施、共同完成。

从听力平台建设到《VOV 教程》编写的整个探索过程中，我们深深感受到了团队协作的重要性以及外语教学和技术融合的重要性，它们同时也是主要的困难和阻力所在。一是技术支持难。网站新功能的实现需要技术人员的支持，然而目前缺乏能够推动这种语言与信息融合的校内、校际机制。2019 年 11 月，广州市非通用语种智能处理重点实验室在广东外语外贸大学成立，期待能打通校内渠道，为外语教学提供更多的技术支持。二是跨校合作难。新闻听力教材更新和大平台建设需要更多的师生投入，但它在各大学内部的年度考核、聘期考核和职称评审体系中难以得到体现，而在跨校层次上，各校也都存在教材出版、平台建设的指标任务，较难达成一致的目标。这是跨校教学、科研合作面临的普遍性问题，突出体现之一就是国内越南语专业跨校合编的教材非常少。我们认为，跨校合编教材有助于提高教材质量，提升教学水平。北京大学傅成劼和赵玉兰、原解放军国际关系学院祝仰修、原解放军外国语学院余富兆四位教授合编的《越南现代小说选读》（三册，2004—2005 年）提供了一个非常好的样本，值得国内同行进一步思考和探索。

对于越南语新闻听力教学而言，当下首要任务是制作和更新数量、质量、内容合适的教学音频，同时更新教学理念，充分认识新形势下把新闻植入听力教学的重要性。不少院校把听力课程交由外教负责，即便是国内教师授课，也普遍没有精力独自收集、加工新闻音频，因此希望《VOV 教程》的出版将能够满足这种需求。如果以此为契机，把新闻材料更多地植入越南语专业其他课程之中，将有助于探索培养国别区域知识与能力的路径与方法，同时也可作为开展课程思政的一个切入点，从而推动我国越南语人才培养改革。

参考文献

[1] David Nunan,林立.听力教学实用技巧[M].南京:译林出版社,2008.

[2] 黎巧萍.越南语听说教程[M].重庆:重庆大学出版社,2018.

[3] 罗首元.大学英语听说策略与研究[M].成都:电子科技大学出版社,2016.

[4] 李太生.越南语视听实践教程[M].北京:中国人民大学出版社,2015.

[5] 宋畅.英语听力与阅读研究[M].北京:中国书籍出版社,2016.

[6] 唐小诗.大学越语听说教程[M].重庆:重庆大学出版社,2009.

[7] 王嘉.越南语基础听说教程[M].北京:外语教学与研究出版社,2014.

[8] 谢群芳,兰强.越南语视听说教程[M].广州:世界图书出版广东有限公司,2019.

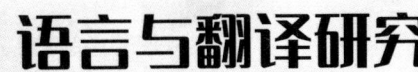

语言与翻译研究

越南语名量词辨析

广东外语外贸大学　林明华[①]

【摘　要】名量词是越南语量词最重要的次类之一。在越南语中，名量词带有显著的"辨之以类、析之以形"等语义特征，是越南人对客观事物认知方式的生动体现。从句法结构角度看，越南语名量词和名词具有独特的"亲和力"。由名词转化而来的某些名量词在现代越南语中依然"一身二任"，既当名词，亦当名量词，对之加以辨别亦如对其语义特征的辨析一样，显然都是十分必要的。

【关键词】越南语；名量词；辨析

多年来，量词一直是越南语学界潜心研究的重要课题之一。在现代越南语中，量词是否应当划为独立的词类，名量词具有哪些显著的语义特征，如何对"一身二任"的名量词与名词加以辨别等问题尤其值得关注。本文谨就此做一简要探讨。

一、越南语量词的类属问题

量词在现代越南语中分别有"loại từ""phó danh từ""danh từ đơn vị"等名称。"Loại từ"概念最早出现在越南近代学者陈重金的《越南文范》（1942）一书中，一直沿用至今。"Phó danh từ"的名称则是已故越南语言学家阮金坦在《越语语法研究》（1964）中提出来的，20世纪70年代以降基本上已不复使用，而被"loại từ"和"danh từ đơn vị"两个概念所取代。然而，准确地说，"loại từ"大体上仅相当于汉语中的名量词，"danh từ đơn vị"则相当于汉语量词。

[①] 林明华，男，汉族，广东外语外贸大学越南语专业教授，主要研究方向为越南语言、文化与国情。

在现代越南语语法教科书中，量词大多不被视作独立的词类，而被划为名词的一个次类或附类，通常称为"单位名词"（danh từ đơn vị）和"类词"（loại từ 或 danh từ loại thể）。譬如，越南国家社会-人文科学中心编著的《现代越语语法》就把"con / cái"等词称为"danh từ loại thể"，把"lít / mẫu / cân / tấn"等词称为"danh từ đơn vị"，均属名词中的次类[①]。阮友琼的《越语语法》（2001）、丁文德的《越语语法：词类》（2001）以及叶光班的《越语语法》（2013）等语法教科书也持类似观点，尽管名称和具体论述稍有区别。

在《现代越语中的名词》和《越语语法：词素、词和短语》（1996）两部专著中，越南著名语言学家阮才谨先生不仅将"danh từ chỉ đơn vị"和"loại từ"归属名词，而且认为"类词具有虚词的特点"，而"单位名词仍然是实词"[②]。他还提出名词短语"双中心"的观点，即"单位名词和名词都是越南语名词短语的中心"，甚至认为，在"một anh sinh viên"和"một cuốn sách"之类句子中，"anh"和"cuốn"才是中心词，因为在"anh nào"和"cuốn gì"之类的疑问句中，"anh"和"cuốn"是主要成分，而"nào"和"gì"只是次要成分[③]。高春浩也认为，在"phải bán cái áo đẹp nhất"这个句子中，中心词是"cái"而不是"áo"，因为"áo"可以省略而"cái"则不能省略[④]。应当指出的是，位于名量词之后的名词被省略是受特定语境制约的，脱离了特定语境的"anh nào"和"cuốn gì"之类的疑问句是难以存在的，省略了名词的"phải bán cái đẹp nhất"之类的句子没有语境的支撑将不知所云，其意义是不自足的。

与越南语言学界不同，现代中国学者大多主张将"单位词"或"量词"划为单独的词类。如黄敏中，傅成劼先生在《实用越南语语法》（1997）中

[①]［越］国家社会-人文科学中心. 现代越语语法［M］. 3版. 河内：社会科学出版社，2002：92—99.

[②]［越］阮才谨. 现代越语中的名词［M］. 河内：社会科学出版社，1975：48.

[③]［越］阮才谨. 越语语法：词素、词和短语［M］. 3版. 河内：河内国家大学出版社，1996：211—215.

[④]［越］高春浩. 越语中的名词短语结构［G］// 刘云朗. 现代越语语法问题. 河内：社会科学出版社，2008：189—190.

将该词类称为"单位词";林明华则在《现代越语语法教程》(2016)中将该词类称为"量词"。不论是越南学者心目中的"loại từ"还是"danh từ đơn vị",在《实用越南语语法》和《现代越语语法教程》两书中都归为"单位词"或"量词"。

"量词""单位词"或"副名词"等名称和将量词划为名词的次类等问题对中国语言学界并不陌生。早在1898年,《马氏文通》一书就认为量词是名词计数的别称,是名词的一类[①]。1924年,黎锦熙先生就在《新著国语文法》中也写道:"量词就是表数量的名词,添加在数词之上,用来作所计数的事物之单位。"[②]王力先生在1943年出版的《中国现代语法》中同样将量词归为名词的附类,指出"个、只、张、把一类的字,我们也把它们认为名词之一种,叫单位名词,因为它们是表示人物的单位的"[③]。吕叔湘先生在《语法学习》(1953)一书中则把量词称作"副名词",划为名词的一个附类:"副名词表示事物或行为的单位,又称为'单位词'或'量词'。"[④] 直至1956年,张志公等拟定的《暂拟汉语教学语法系统》问世后,中国语法学界才最终把量词统一确定为一个词类即"量词"。

诚如吕叔湘先生在《汉语语法分析问题》(1979)中曾经所指出的那样,讨论词类划分时,应就一些实质性问题进行探讨,"纯粹名称问题不去纠缠,比如'量词'、'单位词'和'单位名词',就不值得争论"。但他也认为:"有的语法著作里把量词也作为名词的一个附类,但是从句法功能看,量词比方位词更有理由独立成为一类。"[⑤] 中国学者将越南语"单位词"或"量词"划为单独的此类,其道理大概也正在于此。

二、越南语名量词的语义特征

名量词又称"物量词",在越南语量词中是与动量词并列的两大次类之一。

[①] 马建忠. 马氏文通 [M]. 上海:上海商务印书馆,1983:122.
[②] 黎锦熙. 新著国语文法 [M]. 上海:商务印书馆,1957:108—109.
[③] 王力. 中国现代语法 [M]. 北京:商务印书馆,1985:12.
[④] 吕叔湘. 语法学习 [M]. 北京:中国青年出版社,1953:6.
[⑤] 吕叔湘. 汉语语法分析问题 [M]. 北京:商务印书馆,1979:9—10,37.

就句法结构角度看,越南语名量词既带有名词的某些特征,即都能置于数词之后、代词之前,如"một con""hai chiếc"/"một đất nước""hai dân tộc","cái ấy""cuốn nào"/"công việc ấy""vấn đề nào"等;也都能在句子中充当补语等成分(参下述),所以当下越南语言学界和中国语法学家早期把它归为名词的次类或附类之一。然而,较之于名词,名量词具有语义相对虚化之特征,试比较"bông hoa"和"áo bông","cây bút"和"cây sầu riêng","lá cờ"和"lá cây"等词语就可窥见一斑。在"áo bông""cây sầu riêng"和"lá cây"等词中,名词"bông"(棉)、"cây"(树)和"lá"(叶子)均具有实体意义;在"bông hoa""cây bút"和"lá cờ"等组合中,名量词"bông"(朵)、"cây"(支)和"lá"(面)并不具有实体意义,而是用以作为"花""笔"和"旗子"等名词的计量单位,其语义显然已相对虚化。可能也正基于此,阮才谨先生才认为"类词具有虚词的特点"。当然,"mét"(米)、"cân"(公斤)、"lít"(公升)、"mẫu"(亩)、"ki-lô-nét vuông"(平方公里)等表度量衡的名量词语义并未虚化,所以阮才谨先生认为"单位名词仍然是实词"。

语言是人类认知客观世界的工具,也是人类文化最主要的符号载体。越南语名量词的语义特征及其与名词之间的相互制约关系,正是越南人对客观事物认知方式的生动体现。其语义特征不妨概括为"辨之以类、析之以形",以"con"和"cái"两词为例:

越南语名量词"con"用于"生命体"名词,"cái"用于"非生命体"名词。在带有"生命体"特征的名词中,"con"主要用来指"动物"而一般不用来指"人",越南语用来指人的名量词主要有"đứa""tên""thằng""bọn""lũ"等。

在汉语中,用于动物的名量词有"头""只""条""匹"等,越南语一概用"con"来表示:

表1 越南动物的名量词

汉语	越南语
一只鸟	Một con chim
一条鱼	Một con cá

（续表）

汉语	越南语
一头牛	Một con bò
一匹马	Một con ngựa
一口猪	Một con lợn
...	...

说"con"不用来指人和"非生命体"物体是就一般情况而言，不能绝对化。当"con"用来指"人"或"非生命体"物体时，它明显带有"情感投射"或"动感投射"等语义色彩。比如在"con đĩ / con mẹ / con nợ / con buôn"等组合中，指人的"con"含一定的鄙称色彩，在面对尊称的对象时，越南人绝不会使用这一名量词。原本指没有动感之"非生命体"物体的"con"，在"con sông / con thuyền / con đường / con dao"等组合中带有动感色彩，这种动感有的是因为物体本身是流动或可动的，有的是因为人的活动或使用赋予其动感或将动感投射在其之上。越南语中"con sông"与"cái ao"，"con thuyền"与"chiếc thuyền"之间的区别就是动感与非动感的区别。

如果说以上现象是"辨之以类"，通过名量词的使用来辨别"生命体"和"非生命体"以及"生命体"中的"动物"和"人"，即区分对象的种类、等次，那么表示"非生命体"的名量词不仅"辨之以类"而且还"析之以形"，即在区分物体种类的同时兼表物体的形状、外观，从"cây / cục / cuốn / giọt / hạt / lá / quả / sợi / tờ / viên"等名量词中我们不难看出这一点。其中，"cây"用以指长条形或呈树干形的物体，"cuốn"用于书籍、本子等，"hạt"和"viên"用于颗粒状的物体，"lá"用以指旗子、信件等片状物体，"quả"用以指圆形等物体。

越南语名量词"辨之以类、析之以形"的语义特征是越南人在空间顺序上对客观事物"从整体到局部""从外观到内里"认知模式的生动体现，同时也说明在越南人对客观世界的感知觉中，视觉与类推能力发挥着十分重要的作用。

在特定语境中，汉语也有"再来杯咖啡""请给我们添碗饭"之类的句子，这是数量为"一"时数词被省略的用法。在常态下，"名量词+名词"

结构一般不被汉语所认可。但是，在现代越南语中，"名量词+名词"结构却相当常见，这里仅以某些越南作家的作品标题为例：

表2 越南作家的作品标题

作品标题	作家
Bức thư gửi mẹ Âu Cơ	Y Ban
Cái sân gạch	Đào Vũ
Cách cửa khép hờ	Ma Văn Kháng
Chén trà	Cao Huy Thuần
Con ngựa trắng của ba tôi	Hồ Dzếnh
Đứa con trở về	Lê Văn Thảo
Hỡi những trái tim giá lạnh	Chu Lai
Mảnh trăng cuối rừng	Nguyễn Minh Châu
Ngọn đèn dầu lạc	Nguyễn Tuân
Ngôi nhà gỗ	Đoàn Lê
…	…

如翻译成汉语，以上例子中的名量词将一概缺席，汉语固然可以将 *Bức thư gửi mẹ Âu Cơ* 译成《寄给殴姬母亲的一封信》、将 *Chén trà* 译成《一杯茶》，但如果将 *Con ngựa trắng của ba tôi* 译为《我父亲的一匹白马》、将 *Đứa con trở về* 译为《归来的一个孩子》就显得多余甚至拙劣了。数量为"一"时被省略的数词"一"在汉语中是可以恢复的，而在越南语中，一旦将数词"một"添加到上述作品标题中去就有些不伦不类了。对于越南语中屡见不鲜的"名量词+名词"结构，越南学者刘文陵曾指出："… ngựa"和"Con ngựa"之间的区别是数量和种类方面"不确指"和"确指"之间的区别[①]。丁文德教授则认为，在名词之前使不使用单位词的对立是"个体化"和"非

---

① ［越］刘文陵. 越语量词的若干问题［G］// 语言学和越语. 河内：社会科学出版社，1998：134.

个体化"之对立①。在某种意义上,"名量词+名词"结构的广泛使用,也说明越南语名量词与名词具有独特的"亲和力"。

三、越南语名量词辨认

在越南语中,有不少名量词是由名词转化而来的,其中某些名量词还被认为是"借用"来的,由此便出现了某些词既当名词又当名量词的"一身二任"现象。比如:

表3 既当名词又当名量词的越南名词

名词	名量词
Bát (cái bát)	Bát (bát cơm)
Cây (cây cao su)	Cây (cây nến)
Đĩa (bát đĩa)	Đĩa (đĩa thịt)
Hạt (hạt dưa)	Hạt (hạt gạo)
Lá (lá cây)	Lá (lá cờ)
Quả (hoa quả)	Quả (quả táo)
Tên (tên họ)	Tên (tên ăn trộm)
...	...

为了对这种"一身二任"现象加以辨别,我们可以根据词语搭配的结构特征提出名量词的辨认规则。黄敏中、傅成劼先生在《实用越南语语法》就指出,凡是不能直接加上基数词的,或能直接加上基数词且能再加上另一名量词的,都不是单位词。比如,在"Một cái lá chuối"这个句子中的"lá"和在"Một cái hạt dưa"这个句子中的"hạt",就不是单位词②。因为在上述两个句子中,"lá chuối"和"hạt dưa"是名词,在其前面不能直接加上基数词"một",而必须在加上基数词的同时再加上单位词"cái"。这一规则其实

---

① 丁文德. 越语语法:词类[M]. 河内:河内国家大学出版社,2001:117.
② 黄敏中,傅成劼. 实用越南语语法[M]. 北京:北京大学出版社,1997:40.

是基于一个名词不能同时带上两个名量词的准则提出来的，当然足以取信。应该补充指出的是，当越南语"名量词+名词"结构加上"này""ấy"等指示代词，组成"名量词+名词+指示代词"结构时，基数词可以缺席，以上两个句子置换为"Cái lá chuối ấy"和"Một cái hạt dưa này"同样是成立的。

  与之并行不悖的另一辨认规则是，判别一个词是名词还是名量词，还可以看它能否作为某个动词的"动元"。动词配价理论认为，当某个动词被视为句子的句法-语义结构中心时，在句法层面需要有一定量的句法成分与该动词同现才能构句，同理，在语义层面该动词需要支配一定量的语义成分才能表达一个相对完整的命题。受该动词支配、与该动词同现的名词即为"动元"。单个名量词不能作为"动元"与动词同现。据此，可以断定"rửa bát""kéo sợi""nhặt lá""đặt tên""Ăn quả nhớ kẻ trông cây"等结构中，受动词支配而与之同现的"bát""sợi""lá""tên""quả""cây"等是名词而不是名量词。这一规则也契合量词一般不能单独充当句子成分的共识，在通常情况下，名量词只能和数词组成"数词+名量词"结构修饰名词，在句子中充当定语，在名词中心词被省略的情况下，"数词+名量词"结构可以充当补语，如"Tôi mua <u>hai quả</u>""Em gọi thêm <u>một món</u> nhé"等，同理，当"名量词+名词+指示代词"结构中的名词被省略时，"名量词+指示代词"结构可以用作主语，如"<u>Con này</u> hơn một ký""<u>Chiếc kia</u> giá bao nhiêu"等。

  此外，在某些场合，检验一个词是不是名量词，还可以将它和其所搭配的名词分拆开来，看看语义是否发生变化。在本文第二节举过的 3 组例子中，"bông hoa""cây bút"和"lá cờ"被分拆后，各自的语义均没有发生变化，因为它们原本就是"名量词+名词"结构，而"áo bông""cây sầu riêng"和"lá cây"则是由"中心词素+修饰词素"构成的名词，分拆开来后，其结构关系被打破，原有的语义将不复存在。

  至于"anh sinh viên / anh cán bộ"等组合中的"anh"，"bác nông dân / bác trưởng phòng"等组合中的"bác"，"người mẹ / người vợ / người chồng / người thầy / người chiến sĩ"等组合中的"người"，"nhà văn / nhà thơ / nhà báo, /nhà nghiên cứu / nhà quân sự"等组合中的"nhà"是不是"临时"或"借用"的名量词呢？用以上方法检验一下，大体上不难得出结论。

结语

尽管量词在越南语语法体系中的类属问题仍有讨论的余地，但不论是否将其划为单独的词类都不影响我们对名量词的语义特征、结构特征和实际用法等问题加以探讨。

迄今为止，越南语名量词不论在理论上还是在实际使用中还有不少问题有待深入研究。因议题、篇幅尤其是水平所限，有些问题本文尚未展开，业已展开的问题也未详加论述，以上简论难免挂一漏万，欠妥之处，敬请方家指正。

参考文献

[1] 黄敏中，傅成劼. 实用越南语语法 [M]. 北京：北京大学出版社，1997.

[2] 林明华. 现代越语语法教程 [M]. 广州：世界图书出版广东有限公司，2016.

[3] [越] 丁文德. 越语语法：词类 [M]. 河内：河内国家大学出版社，2001.

[4] [越] 国家社会-人文科学中心. 现代越语语法 [M]. 3版. 河内：社会科学出版社，2002.

[5] [越] 阮才谨. 现代越语中的名词 [M]. 河内：社会科学出版社，1975.

[6] [越] 阮才谨. 越语语法：词素、词和短语 [M]. 3版. 河内：河内国家大学出版社，1996.

[7] [越] 阮友琼. 越语语法 [M]. 河内：百科辞典出版社，2001.

[8] [越] 叶光班. 越语语法 [M]. 河内：越南教育出版社，2013.

越南语河内音单字调的实验分析

北京大学　咸蔓雪[①]

【摘　要】越南语声调对于越南语教学和研究都有着重要意义,迄今为止,对越南语声调调值尚未形成统一的观点。本研究参照汉语声调"五度标记法"的描写方式,对越南语河内音单字词的声调展开实验语音学分析,使用 Praat 语音分析软件提取越南语声调的基频值,按照 T 值归一法计算各个声调测量点的 T 值,最后得出五度调值。根据实验结果,并结合对越南语声调格局的分析,本文初步确定越南语河内音单字调的调值为:横声 44,玄声 21,问声 312,跌声 32-5,锐声 35,重声 31,锐入 45,重入 32。本文只是基于少量样本对越南语单字调调值进行了初步的语音实验分析,要得出对越南语声调调值的定论,需要运用实验语音学与统计学相结合的方法,对更大范围的语音样本展开系统分析和研究。

【关键词】越南语;声调;调值;五度标记法

越南语是声调语言。长期以来,越南语声调不仅仅是越南语教学的重要内容,也为语言学研究界所关注,在声调的起源问题、语言发生学和语言接触、语言类型学等诸多研究领域,越南语声调常常是重要的研究对象。1651年亚历山大·罗德在《越葡拉词典》中最早对越南语声调进行描写,并确定了越南语 6 个声调的调类。此后,在各种越南语教材和研究专著中,都不乏对越南语声调的描写。但迄今为止,仍缺乏对越南语声调调值的统一定论。在越南语语音教学中,对声调的描写多侧重于对调型和调域的文字描述,目前国内的高校越南语教材中仅有《大学越南语——入门篇》对越南语声调进行了调值描写。

[①] 咸蔓雪,女,壮族,文学博士,北京大学外国语学院副教授,主要研究方向为越南语语言学,重点关注越南语语音、语法、汉越语言接触及语言历史比较等问题。

相较而言，汉语与越南语语言类型相同，同属单音节语言，音节结构相近，而汉语声调早已有明确的调值描写方式，学界普遍采用"五度标记法"来描写汉语及其方言，为汉语声调教学和研究提供了直观便捷的观察模式。目前，对于汉语声调调值的研究理论和方法已经有了长足发展，学界普遍使用实验语音学、音系学等相关领域的方法来研究分析调值。本文将参考汉语的研究成果，运用实验语音学的研究方法，对越南语河内音单字词的声调展开分析，以期得出河内音单字调的调值。

一、相关研究概述

"五度标记法"是一种基于听觉感知、用五度竖线来标记声调调值相对音高走势的方法，最早由赵元任先生于 1930 年提出，后来逐步为汉语和汉藏语研究学界所接受，广泛用于汉语和汉藏语的研究。"五度"就是用垂直线表示音高，垂直线分为四段，有 5 个点，编号为 1 到 5，分别对应低、半低、中、半高、高。① 例如汉语普通话（北京话）的四声用五度制来标记，即为：阴平 55，阳平 35，上声 214，去声 51。

现代越南语采用六调标调系统，6 个声调为：横声（Thanh ngang）、玄声（Thanh huyền）、问声（Thanh hỏi）、跌声（Thanh ngã）、锐声（Thanh sắc）、重声（Thanh nặng）。用五度标记法来描写越南语声调，最早见于 1960 年商务印书馆出版的《越汉辞典》，辞典正文之前的"越南语调类调值表"列出了越南语声调②的调值：平声③55（高平），锐声 35（高升），玄声

---

① 赵元任. 一套标调的字母［G］// 赵元任语言学论文集. 北京：商务印书馆，2002：713—717. 原文最初发表于 1930 年，英文版发表于《方言》1980 年第 2 期，中译文收于《赵元任语言学论文集》。

② 本文中所说的"越南语声调"，如无特殊说明，均指越南语河内音声调。越南语语音研究中，除了专门研究越南语方言的成果，一般所说的越南语都指河内音。

③ 越南语 6 个声调的排序和中译名，在不同文献中有所不同。如第一调（Thanh ngang）过去多称"平声"，由于"平声"容易与诗歌平仄律中的"平声"相混，现在国内的越南语教材和研究成果中也逐步改用"横声"的译法。本研究中采用"横声"，但在引用文献时按照原文引用。

11（低平），问声 214（降升），跌声 135（低短高平），重声 11（低短）。①表中还有一栏与汉语调类进行对比。这种用五度制来描写越南语声调的方法，很明显是参考了汉语声调研究的成果，体现了中国越南语界对越南语声调问题的早期思考和探索。

此后，在有关越南语或越南语语音的学术专著中，不断有学者对越南语声调进行描写，其中也不乏对越南语声调进行实验语音分析的成果，但在相当长时间内，使用调值来描写越南语声调的方法并不常见。1977 年出版的 Ngữ âm tiếng Việt（《越南语语音》）是越南语语音学研究的经典著作，书中运用结构主义音位学理论对越南语的音节以及构成音节的声调、声母、韵母等各个成分进行了系统的考察，对越南语声调的描写和分析也非常详尽。书中引用了前人的语音实验分析结果，绘出了越南语声调的基频曲线图：②

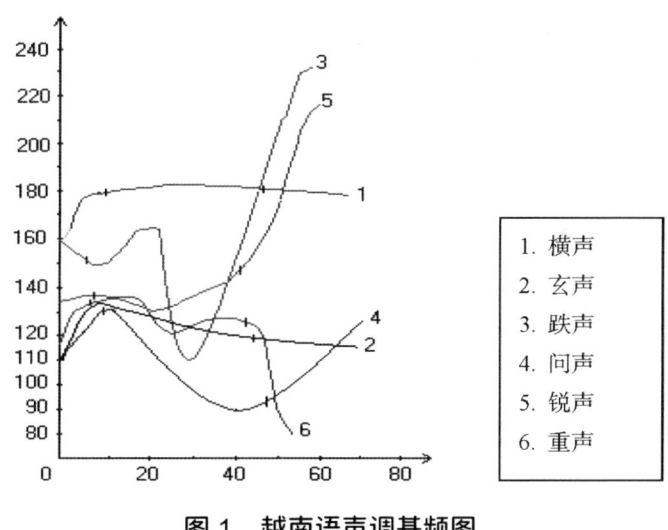

图 1　越南语声调基频图

此图较清晰地显示出越南语声调的基频范围、调型特征以及各个声调在调域中的高低分布格局，成为后来学者研究越南语声调时的重要参考。

随着越南语教学和研究的发展，学界对越南语声调的研究也逐步深入。

---

① 何成，郑卧龙，朱福丹，王德伦，等．越汉辞典［M］．北京：商务印书馆，1960：6．

② Đoàn Thiện Thuật. Ngữ âm tiếng Việt [M]. Hà Nội: Nhà xuất bản Đại học và Trung học chuyên nghiệp, 1977/Nhà xuất bản Đại học Quốc gia Hà Nội, 2007: 111.

近年来，教材和学术成果中陆续出现关于越南语声调调值的观点。我们把具有代表性的一些观点汇总如下：

表 1　关于越南语声调调值的代表性观点

越南语声调	成果名			
	《实用越南语语音》（2006）①	《越南语三域八调：语音性质和音法类型》（2014）②	《河内越语参考语法——基于系统功能观》（2015）③	《大学越南语——入门篇》（2015）④
横声（平声）	33/333	44（中平）	33（中平）	44
玄声	322	33（低平）	21（低降）	32
问声	323/32ʔ2	202（低凹型）	312（低折）	323
跌声	32ʔ5	405（张声嘎凹型）	325（高折）	325
锐声	45/35	35（高升）	24（中升）	45
重声	31/41ʔ	40（高降）	32（中降）	31
促声调		锐入 55，重入 33		

从上表可见，关于越南语声调的调值，各家之间看法差异较大。《实用越南语语音》一书中就存在不同的调值认定结果。《越南语三域八调：语音性质和音法类型》一文是根据语音实验分析的结果确定调值，该文的主要目的是基于已有的"普适调型库"确定越南语 8 个声调的调型，文中采用 LZ 归一法确定调值，提出的调值与其他观点之间存在较大差异。

我们认为，对越南语声调调值提出较为明确的标记方案，对越南语教学和研究都具有积极意义。目前运用实验语音学的方法测定声调音高并转换为

---

① Nguyễn Văn Phúc. Ngữ âm tiếng Việt thực hành [M]. Hà Nội: Nhà xuất bản Đại học Quốc gia Hà Nội, 2006: 94, 197.

② 朱晓农，阮廷贤. 越南语三域八调：语音性质和引法类型［J］. 民族语文，2014（6）：3—17.

③ 潘武俊英. 河内越语参考语法：基于系统功能观［M］. 北京：中国社会科学出版社，2015：27—34.

④ 杨健. 大学越南语：入门篇［M］. 广州：世界图书出版公司，2015：6—7.

五度调值，已经有比较成熟的操作程序。我们完全可以参考汉语的研究成果，对越南语声调展开实验语音分析。

二、语音实验的步骤

（一）发音样本的制作

语音实验首先需要根据实验目的制作词表，然后选择发音人，录制发音样本。由于条件所限，此次实验我们无法邀请合适的越南发音人录制样本，只能从此前录制的发音样本中选择。此前样本并非用于越南语单字调调值的分析，词表设计有所不同，我们尽可能按照此次单字调调值分析实验的目的，选择合适的样本。我们按照 8 个声调[①]的方案设计实验，每个声调选择 6 个音节。经过筛选，我们确定以下越南语单字词的录音样本用于此次实验分析：

表 2　越南语单字词录音词表

1. 横声	ki	no	ta	tôi	thanh	yên
2. 玄声	kỳ	hùng	nhà	khờ	điều	ngoài
3. 问声	kỷ	rẻ	đỏ	tủ	buổi	phải
4. 跌声	kỹ	vũ	đũa	bãi	hữu	miễn
5. 锐声	ký	đá	có	tớ	trái	khía
6. 重声	kỵ	mẹ	vợ	tạ	đại	loại
7. 锐入	kích	lớp	phúc	rác	mát	tiếp
8. 重入	kịch	tịt	đẹp	đợt	hiệp	việc

[①] 现代越南语有 6 个声调，而本研究按照八调来进行实验，是因为越南语的锐声和重声在闭音节（以辅音-p、-t、-k 收尾的音节）的调型和时长与非闭音节有明显差异，在越南语语音教学中常常把这类音节单列教学内容。此外，在越南语的历时语音研究中，闭音节调类可对应中古汉语入声字，越南语的八调系统与中古汉语的四声八调音系形成整齐对应，因此，我们以"锐入""重入"来称呼这两个单列的调类。

此次使用的录音样本，发音人为两名，男女各一名，分别记为 M 和 F。两人均为河内人，男性 30 岁，女性 28 岁。录音在北京大学中文系语音学实验室进行，使用 Adobe Audition 软件录制，采样率为 44100，录音通道为麦克风单声道。每位发音人每个音节连读两遍，音节之间间隔 2—3 秒，录音文件用*.wav 格式存储。我们用于实验分析的一共有 48 个音节，每个发音人有 96 个样本，这样我们一共得到 192 个发音样本用于分析。

（二）声学参数的提取

1. 确定声调选段范围

我们使用语音分析软件 Praat 提取声调的声学参数，主要就是基频值（即 F0）。Praat 软件中基频表现为 Pitch（音高）数据。在 Praat 语图上可以显示每个音节的音高曲线，但并非所有显示曲线的部分都可用于声调分析。Howie 研究了汉语普通话的声调，他认为"普通话声调的定义域，即音节里携带声调部分，不是在音节的带音段上，而是在主要元音和韵尾上"[①]。

按照这一基本观点，在语音实验中提取基频数据时，测量点只包括主要元音和韵尾。朱晓农（2010）指出，声调的起点从韵腹（元音）的起点算起。在语图（波形图）上从元音的第二个脉冲算起，或从宽带语图的第二个声门脉冲直条算起。确定声调终点的统一标准包括：（1）声波图中振幅显著下降。（2）看宽带图中第二共振峰是否还清晰，如果共振峰结构已经模糊，可以认为是声调的终点。此外，升调和降调还有各自的辅助标准：声调的终点在窄带图的基频峰点处，降调基频终点是宽带图上的基频直条有规律成比例的间隔结束处。[②] 本研究按照上述原则来确定声调的起点和终点，从而确定声调的时长。

需要说明的是，由于用于此次实验分析的样本情况不太理想，词汇选择并不完全符合声调分析的要求，一般来说，选择声母和韵母而声调不同的音节，可以降低声母韵母差异对声调的影响；且声母以清塞音为宜，因为浊音、擦音等声母对声调会有影响，韵尾类型对声调走势也会有影响。但由于

[①] 鲍怀翘，林茂灿. 实验语音学概要 [M]. 增订版. 北京：北京大学出版社，2014：170.

[②] 朱晓农. 语音学 [M]. 北京：商务印书馆，2010：281—282.

客观条件所限，我们无法专门为此次越南语单字调的实验分析重新录制样本，只能在已有样本中选择。我们在提取参数的操作中，会按照上述原则，选择最能体现声调特征的部分，剔除声调曲线中的弯头降尾部分，尽量降低辅音（包括声母和韵尾）对声调分析结果的影响。此次实验采集到的声调时长信息，也不能作为标准结果，只是为进行声调长度、调型对比提供一定的参考。

2. 基频数据的提取

确定声调的时长之后，我们对每一个样本声调都进行十等分，取 11 个点的基频数据。这样提取出来的数据基本可以观察到每一个样本的声调走向，便于把不同时长、不同调型的声调进行归一化处理。运用 Praat 的音高自动测量功能，可以提取到每一个样本的 11 点基频值。

3. 声学数据的归一化

测量所得的基频值只是以赫兹（Hz）为单位的原始声学数据，并非调值。从基频值到调值，还需要经过一系列的转换运算。由于声调存在由于性别、年龄等外部因素带来的差异，需要进行归一化处理，剔除个体差异，求出声调最稳定的常量。目前国内学者提出的基频归一方法有 D 值法、T 值法、LZ 法等。根据刘俐李（2008）的研究，在目前常用的基频归一方法中，朱晓农的 LZ 法和石锋的 T 值法与传统五度制的一致度是最好的，LZ 法优于 T 值法，但 LZ 归一法并不能直接转换出五度调值，还需要再次计算；且 T 值法更适合静态声调的描写分析。① 我们此次实验的目的是确定越南语声调的调值，主要参照系是汉语声调五度调值。因此，本研究采用 T 值法对基频数据进行归一化处理。

T 值法是相对归一的计算方式，可以把基频值转换为声调 T 值，其公式为：

$$T = \frac{\lg x - \lg b}{\lg a - \lg b} * 5$$

---

① 刘俐李. 基频归一和调系归整的方言实验［J］. 中国语音学报，2008（1）：221—227.

其中，x 为测量点的基频，b 为调域下限频率，a 为调域上限频率，计算得出的 T 值即为该测量点五度值参考标度。[①]

需要注意的是，进入公式的数值不是每个测量点上单个样品的测量值，而是在这个测量点上全组样品经过统计整理的平均值。我们提取到所有样品声调 11 个测量点的基频值后，在归一化处理中，首先计算出每组样品各个测量点的基频平均值。我们是按照 8 个声调的方案来进行实验，也就是要分别计算 8 组样品中 11 个点的平均值，由此得到 88 个平均值。这 88 个平均值中的最大值和最小值，就是上述公式中的 a 和 b 值。而 x 值，则是这 88 个点的值。我们把每一个点的均值代入公式，即可得出每个声调 11 个点上的 T 值。

根据公式计算的 T 值是 0—5 之间的一个数字。T 值跟五度值之间的对应关系为：0 到 1 之间大致可看作五度值的 1 度，1 到 2 之间看作 2 度，以此类推，可以确定每个调类上所有测量点的五度值，进而确定声调的调值。同时，我们也可以根据 T 值绘制出声调曲线。

三、实验结果

按照上述实验步骤，我们对所有发音样本进行了语音分析，提取声调基频数据，按照 T 值归一法计算平均值和 T 值，得出了越南语 8 个声调的基本数据。

（一）声调基频值的提取和计算

我们用 Praat 提取了所有样本的 11 点基频值，按照声调分组，计算每位发音人每个声调 11 个测量点的基频均值。之后再计算两位发音人各个声调的基频均值，得到综合的声调基频和时长均值，数据如下表：

---

① 石锋，王萍．北京话单字音声调的统计分析［J］．中国语文，2006（1）：33—40．本文有关 T 值公式的运算、T 值与五度值对应关系的介绍，均参考此文。

表 3　声调基频和时长均值

声调	测量点											Time（ms）
	1	2	3	4	5	6	7	8	9	10	11	
横声	191.3	192.8	193.7	194.6	192.9	192.5	191.1	192	192.1	189.8	183.2	391
玄声	152.1	151.4	149.4	147.2	145.3	143	141	138.7	136	134.4	134.3	371
问声	160.3	151.8	144.5	136.6	132.5	126.1	123.7	129	133.2	138.4	135.1	347
跌声	166.1	160.6	137		146.3	166	189.9	208.2	226.5	245	254.6	317
锐声	152.5	149	147	147	148.5	150.7	156.8	166.2	182.7	208.5	233.2	384
重声	165.1	164.2	165.4	165.8	165.5	163.7	159.7	155.4	149.2	138.9	132.5	179
锐入	206.1	206	209.4	214.2	218.3	223.3	229.5	235.3	242.3	247.8	248.7	151
重入	162.7	159.3	159.3	157.8	155.5	152.8	150.2	147.9	144.4	139.9	134.3	142

在上表中，需要注意的是跌声中间的空格。越南语的跌声是一个中间可能有瞬时间断的声调，《越南语语音》一书中的描述如下："（跌声）声调是一条曲折线。有两个变体：a）曲线起点略高于玄声，在音节中段忽然下降，在短时间内几乎垂直下降，然后迅速上升到原高度并继续上升。b）起点和终点高度与上面所说相近，但中间有间断。声音完全消失，在发音过程中发生喉塞现象。这是一个自由变体。"[①] 我们在样本中就观察到跌声的不同变体。男声发音人的 12 个跌声样本中，有 10 个声调曲线出现中断，女声发音人的 12 个样本中有 2 个有中断，在波形图上表现为振幅（音强）在音节中段变小甚至消失，看上去就像两个音节。语图表现如下：

---

① Đoàn Thiện Thuật. Ngữ âm tiếng Việt [M]. Hà Nội: Nhà xuất bản Đại học quốc gia Hà Nội, 2007: 105-106.

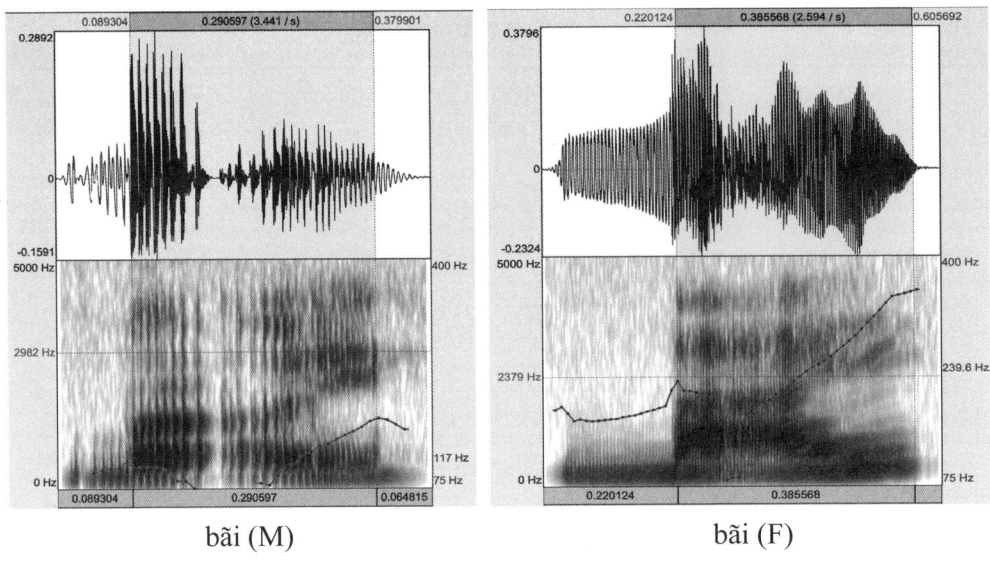

图 2　跌声语图

跌声在音节中间的瞬时中断,在基频测量结果中表现为没有 pitch 值 (undefined)。不同样本出现空白值的点也不同,发音人 M 大部分空白点落在第 4 和第 5 个测量点上(还有少量第 3 点和第 6 点),发音人 F 的跌声空白点为第 3 和第 4 点。由于发音人 M 的跌声绝大部分都出现了中断,我们不可能把发音人 F 的基频值单独纳入平均值计算。潘武俊英统计发现,跌声中间有停顿的占 80%,他认为"中间有停顿的跌声不是变体,应该是标准体,不停顿的才是变体。换言之,瞬间的停顿是跌声的重要特点"[①]。因此,我们在统计基频数据中,把两个发音人的跌声第 4 点处理为无基频数据,留出空格。

(二) T 值归一计算

我们根据以上越南语 8 个声调的基频均值,确定调域上限 a 和调域下限 b,再把所有测量点的基频均值代入 T 值计算公式,得出声调的 T 值如下:

---

① 潘武俊英. 河内越语参考语法:基于系统功能观[M]. 北京:中国社会科学出版社,2015:31.

表4 声调T值(一)

声调	测量点										
	1	2	3	4	5	6	7	8	9	10	11
T1 横声	3.02	3.08	3.11	3.14	3.08	3.07	3.01	3.05	3.05	2.96	2.72
T2 玄声	1.43	1.4	1.31	1.2	1.11	1.01	0.9	0.79	0.65	0.57	0.57
T3 问声	1.79	1.42	1.07	0.69	0.48	0.13	0	0.29	0.51	0.78	0.61
T4 跌声	2.04	1.81	0.71		1.16	2.04	2.97	3.61	4.19	4.74	4.98
T5 锐声	1.45	1.29	1.2	1.2	1.27	1.37	1.64	2.05	2.7	3.62	4.39
T6 重声	2	1.96	2.01	2.03	2.02	1.94	1.77	1.58	1.3	0.8	0.6
T7 锐入	3.54	3.53	3.65	3.8	3.94	4.09	4.28	4.46	4.66	4.81	4.84
T8 重入	1.9	1.75	1.75	1.68	1.58	1.47	1.34	1.24	1.07	0.85	0.57

根据上表T值数据,我们绘制出越南语声调的T值曲线图如下:

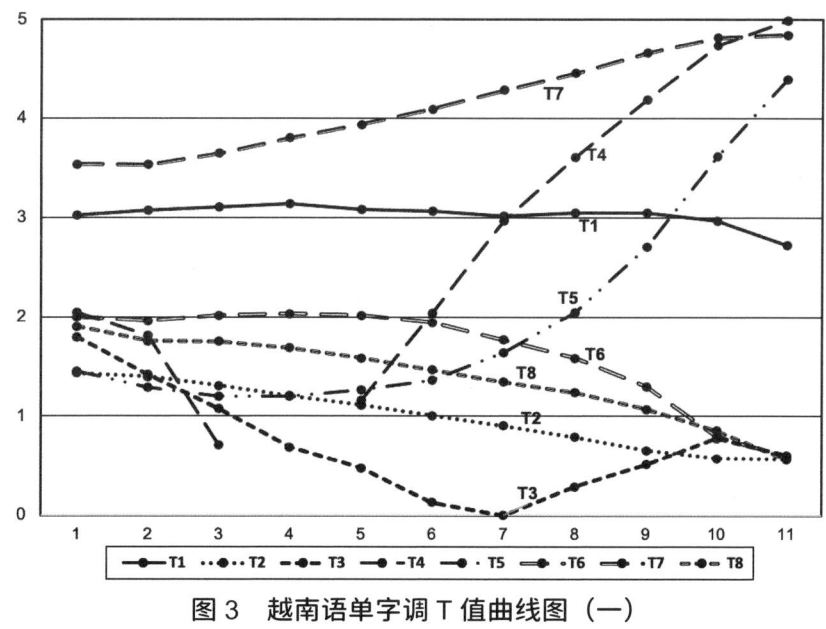

图3 越南语单字调T值曲线图(一)

我们把以上T值数据对应5度值,得出越南语单字调的调值:

表 5　越南语单字调调值（一）

声调	调值
T1 横声	33
T2 玄声	21
T3 问声	211（201）
T4 跌声	21-5
T5 锐声	25
T6 重声	21
T7 锐入	45
T8 重入	21

四、实验数据分析

我们通过以上实验计算得出的调值只是初步结果。我们观察各个声调的起点、终点、最高点、最低点、折点等表现声调特征的测量点（即声调特征点），可以进一步分析声调特征，从而判断所得调值与此前相关表述是否相符。

1. 整体上看，各个声调的升降、凹凸调型基本符合已有描述，但调值可能有细微差异。例如：横声为平调，调值 33 表现为中平，而《越南语语音》描写的横声是一个高调。在有关越南语声调的共时描写中，越南语 6 个声调按照调域高低分为两组，横声属于高调域，已是定论。[1]那么，横声调值定为 33 是否偏低呢？又如，此前描写的问声调型是终点与起点高度相同的低曲折调，[2]我们在 T 值曲线图上看到的是一条后半程上升幅度很小的凹型线，终点高度低于起点，五度值表现为 211，这样的调值是否能体现出"曲折"的特征？这些问题需要进一步分析。

---

[1] Đoàn Thiện Thuật. Ngữ âm tiếng Việt [M]. Hà Nội: Nhà xuất bản Đại học quốc gia Hà Nội, 2007: 104.

[2] Đoàn Thiện Thuật. Ngữ âm tiếng Việt [M]. Hà Nội: Nhà xuất bản Đại học quốc gia Hà Nội, 2007: 107.

2. 观察调域上限和下限数据，调域上限（即所有声调中的最高点）是跌声的终点，其次是锐声的终点，尤其是锐入，终点甚至高于非闭音节的锐声。从《越葡拉词典》开始，跌声就被描写成一个高曲折调，[①]说明"高"和"曲折"是其最明显的特征，但其"高"的特征，主要在声调后半程。《越南语语音》一书中的描写更具体，"跌声的起点高度与玄声相近，开始于低调域但结束于高调域"[②]。T值计算的结果与此相符。

调域下限是问声凹型线的最低点，按照 T 值公式计算，这个点本身就是下限取值点，因此 T 值为 0，这样就可以解释有的学者把问声调值定为404 的原因。此前的研究注意到越南语问声在最低点也伴随着喉塞现象（tắc họng），[③]朱晓农、阮廷贤（2014）认为这是弱的嘎裂音，在语图上表现为不明显的断裂。[④]我们在样本分析中也看到了部分这样的例子，主要集中在发音人 M 的问声样本，由于男声的基频较低，在问声最低点出现基频断裂的现象，如下图：

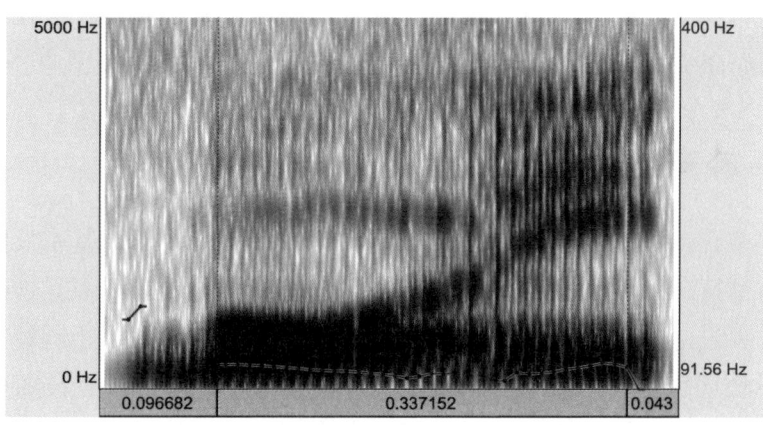

图 4　问声 buổi (M)

---

① Alexandre de Rhodes. Từ điển An Nam-Lusitan-Latinh [M]. Hà Nội: Nhà xuất bản Khoa học xã hội, 1991: 10 (phần dịch tiếng Việt).

② Đoàn Thiện Thuật. Ngữ âm tiếng Việt [M]. Hà Nội: Nhà xuất bản Đại học quốc gia Hà Nội, 2007: 105.

③ Đoàn Thiện Thuật. Ngữ âm tiếng Việt [M]. Hà Nội: Nhà xuất bản Đại học quốc gia Hà Nội, 2007: 127.

④ 朱晓农，阮廷贤. 越南语三域八调：语音性质和引法类型［J］. 民族语文，2014（6）：3—17.

但我们在发音人 F 的样本中并没有看到问声的这种现象。但本文讨论重点是调值而非发声态，问声的这种基频断裂与前文讨论的跌声瞬间中断的性质并不相同，我们还是把问声最低点 T 值记为 1，表示在五度范围内有声音的最低点，以免造成此处声调中断的误解。

3. 观察起点数据，引起我们关注的是锐声的起点，此前研究认为锐声起点高度几乎与横声相同（参看本文图 2），但我们从实验计算得出的 T 值，横声起点为 3.02，锐声仅为 1.45，即 1—2 度之间的中段，似乎有点过低。对比此前研究中给出的锐声调值，多为 35 或 45，只有潘武俊英（2015）标为 24。如果把锐声调值定为 25，也不符合此前描写的"缓升调"。此外，锐入调值为 45 是基本可确定的，这样两个锐声起点之间的差距也有点大。因此，我们对于锐声起点高度的实验结果是存疑的。

声调的终点数据基本符合已有研究成果。观察曲线图上的声调后半程，8 个声调在调域上的高低分布对立还是很清晰的：横声、跌声、锐声（包括锐入）分布在高调域，玄声、问声、重声（包括重入）分布在低调域。这与越南语音学研究对声调调域的共时分布的描写相符。[①]

五、补充实验及分析

整体上看，我们通过实验分析得出的越南语声调数据，基本反映了各个声调的调型特征，调域上的高低分布也符合此前研究成果。但具体调值上还需要进一步讨论。另一方面，由于客观条件的限制，我们用于进行实验分析的词表不够理想，样本数量也较少，发音人只有 2 人，没有覆盖各个年龄段。这样的实验结果可能不能反映出越南语的真实情况。

我们又利用其他越南语录音样本进行补充实验。这些样本来源于北大版《越南语教程》配套录音，录制于北京大学出版社的专业录音室，发音人为一男一女（是当时在京工作的越南专家），年龄在 50 岁至 55 岁之间，我们记为发音人 M2 和 F2。我们从录音材料中随机选择每个声调 3 个单字词，男女各 24 个音节（男声和女声的音节不尽相同），共 48 个样本进行语音实

[①] Đoàn Thiện Thuật. Ngữ âm tiếng Việt [M]. Hà Nội: Nhà xuất bản Đại học quốc gia Hà Nội, 2007: 103-104.

验分析。这样，我们就有了四位发音人的录音样本。我们重复上述实验步骤，得出四位发音人基频的平均值及调域上限、下限，代入 T 值公式，计算出第二组 T 值如下：

表 6 声调 T 值（二）

声调	测量点										
	1	2	3	4	5	6	7	8	9	10	11
T1 横声	3.66	3.7	3.69	3.71	3.67	3.62	3.59	3.6	3.56	3.51	3.33
T2 玄声	1.61	1.83	1.68	1.53	1.38	1.18	1.05	0.8	0.63	0.51	0.29
T3 问声	2.13	1.64	1.15	0.77	0.4	0	0.5	0.61	0.83	1.19	1.18
T4 跌声	2.35	2.32	1.63			1.06	1.55	2.51	3.57	3.94	4.35	4.59
T5 锐声	2.3	2.14	2.03	2.05	2.17	2.38	2.69	2.99	3.33	3.99	4.89
T6 重声	2.51	2.37	2.44	2.42	2.34	2.14	1.93	1.86	1.58	1.04	0.8
T7 锐入	3.63	3.92	4.02	4.19	4.33	4.44	4.57	4.7	4.87	4.98	5
T8 重入	2.08	2.01	2.01	1.86	1.74	1.59	1.42	1.32	1.2	0.96	0.88

根据上述 T 值结果，绘制第二张声调曲线图如下：

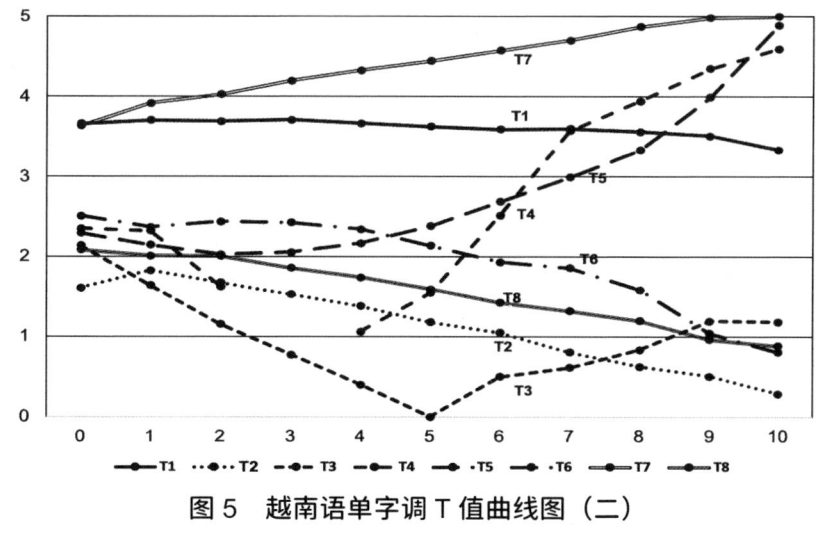

图 5 越南语单字调 T 值曲线图（二）

第二组 T 值对应五度值，我们得到越南语声调的又一组调值为：

表7　越南语单字调调值（二）

声调	调值
T1 横声	44
T2 玄声	21
T3 问声	312（302）
T4 跌声	32-5
T5 锐声	35
T6 重声	31
T7 锐入	45
T8 重入	32

我们把两组调值进行对比：

表8　两组实验结果对比

声调	调值一	调值二
T1 横声	33	44
T2 玄声	21	21
T3 问声	211（201）	312（302）
T4 跌声	21-5	32-5
T5 锐声	25	35
T6 重声	21	31
T7 锐入	45	45
T8 重入	21	32

从前后 T 值曲线图和调值对比可见，两组结果体现的声调高低、凹凸类型是基本一致的，不同的是具体数值：

1. 横声都是平调，调尾略降。两人组样本计算调值为 33，四人组样本为 44，在调域中分布的高低略有不同。我们注意到，L. C. Thompson 对于越南语横声的描述就是"中或中高调，几乎是一个平调……在音节末端略降"①。我们两次实验得出的横声调值为 33 和 44，总体符合这一描述。第二组 T 值横声较高的原因，是发音人 F2 的基频偏高。

2. 第二组调值的最高点为锐声调尾，与上一组的跌声调尾略有不同。但跌声和锐声的基本调型不变。两次实验的发音人不同，可见，在不同的个体之间，跌声和锐声的最高点存在交集。

3. 第二组调值的最低点仍然是问声的凹线低点。但是在第二组实验结果中，问声后半程的上升的幅度较第一组明显升高，结束高度为 1.18，而第一组 T 值的问声终点高度为 0.61。分析造成差异的原因，我们发现发音人 M2 和 F2 的问声曲线后半段呈现明显的上升态，而不像第一组发音人那样只有小幅上升甚至不升。这样的差异，体现的正是问声调型的代际差异。第二组发音人岁数偏大，问声后半程上升明显，这是老派的发音；第一组发音人为年轻人，问声后半程上升不明显，这是新派的发音特点。我们在多年的越南语教学中已经发现问声的这种代际变化，此次语音实验的结果也印证了越南语正在发生中的这一音变现象。因此，我们认为，补充实验发现的问声调型变化，显示出第二次实验样本具有更广泛的代表性和更大包容度，更全面体现出越南语语音的实际情况。

4. 观察起点数据，第二组调值中，问声、跌声、锐声、重声的起点上移到 3 度。这样的结果更符合已有研究中对几个声调调型的描写，如锐声调值为 35，体现其缓升调的特征。在低调域部分，问声、重声和玄声历来被认为是最低的两个声调。观察数据，可见玄声起点是所有声调中最低的。玄声整体是一个缓慢下降的低调，但由于其起点很低，在实际的发音和听觉体验中，更接近平调。从越南语声调的历时演变来看，玄声与横声是从一个平调分化出来，②在共时分布中也被视为高低相对的一组平调。因此，在调型特征上，我们把玄声归入低平调，这样不仅符合与横声形成高低相配的声调格

---

① Laurence C. Thompson. A Vietnamese grammar [M]. Seattle: University of Washington Press, 1965: 14.

② Haudricourt, Andre-Georges. De l'origine des Tons en Vietnamien [J]. Journal Asiatique 242: 69-82. 越译版 "Về nguồn gốc các thanh của tiếng Việt" 载 Ngôn ngữ 1991-1。冯蒸中译文《越南语声调的起源》载中国社会科学院民族语言研究所《民族语文研究情报资料集》第 7 集。

局，也区别于重声的低降调。

综合考察两次实验的结果，我们认为补充实验得出的 T 值曲线和调值更能反映出越南语的实际语音格局。那么，如何看待两次实验结果的差异呢？此前研究结果显示，声调调值分析结果可能会因样本和方法而异，那么我们进行调值分析和判断是否有意义，怎样才能确定调值？

石锋指出："声调格局中，每一声调所占据的不是一条线，而是一条带状的声学空间。……对于声调，可以采用这种带状的包络线来表示调位的声学空间。只要一条声调曲线位于这个声学空间中，符合这个声调的特征，就不会混同应该区别的声调。因此，我们通常所作的声调调型曲线不应只看成是一条线，而应该作为一条带状包络的中线或主线。"① 这种观点可以解释我们两次实验数据的结果差异。两次实验得出的 T 值曲线走向和声调调型特征基本相同，同一声调上具体的 T 值差异就是这个声调带状声学空间中的不同声调曲线，其背后是实际发音中声调的人际差异。但这种差异不应影响我们对于声调性质和基本特征的判断。如果不同的 T 值曲线呈现出不混同于其他声调的特征，就应该视为是可接受的结果。

六、结论

综合以上分析，我们初步确定越南语河内音单字调的调值和调型特点如下：

表9 河内音单字调的调值和调型

声调	调值	调型
T1 横声	44	高平
T2 玄声	21	低平（降）
T3 问声	312	低曲折
T4 跌声	32-5	高曲折（中间瞬时间断）
T5 锐声	35	高升
T6 重声	31	低降（喉塞收尾）

---

① 石锋，廖荣蓉.语音丛稿[M].北京：北京语言学院出版社，1994：16.

（续表）

声调	调值	调型
T7 锐入	45	高升（促声调）
T8 重入	32	低降（促声调）

我们得出关于越南语单字调调值的初步结论后，再回头观察前文提到的关于越南语声调调值的已有观点。学者们用于声调分析的样本不同，研究方法不同，因而得出不同的结果，是可以理解的。如果我们认可声调曲线是一条带状声学空间，存在一定的包容度，那么，只要声学特征相符的曲线都可以进入同一个声调的带状空间中。因此，我们对调值结果进行考察，重点是抓住体现声调高低、升降、凹凸等特征的关键点。如果我们在运算结果中看到了不符合声调特征的异常值，就要进行重新分析。例如，《越南语三域八调：语音性质和音法类型》一文中确定问声调值为 202（语音实现包括 303 或 212），终点与起点高度相同，是否符合越南语问声的特征；重声调值为 40，属高降调，起点 4，是否符合其在越南语声调格局中的分布，这些问题都是可以再进一步讨论的。如果说调值体现的是相对固定的声调音高特征，那么依据不同样本、通过不同方法得出的结果，应该能体现声调的稳定特征。正是基于这样的前提，运用各种方法对基频进行归一化处理并求出调值的工作才有可行性和现实意义。

我们运用 T 值法确定越南语声调的调值，与汉语声调研究的目的不同。汉语声调，尤其是普通话（北京话）的五度调值早已有定论，学者们运用不同的方法计算调值，一方面是与五度调值相对照，检验方法的可信度，同时也可以基于普通话五度调值，用适当的方法去研究汉语方言的调值。而越南语的声调调值尚未有定论，我们对越南语声调进行语音实验分析并确定 T 值，有助于我们更好观察越南语声调的调型特征及细节特点，可以更好指导越南语语音教学实践。

本文的主要目的是探索通过语音实验分析确定越南语声调调值的方法，实验结果表明，运用 T 值归一法确定越南语单字调的调值是可行的。本文只是提出初步的分析结果，要得出对于越南语声调调值的确切结论，还需要扩大样本数量，进行更为严格、充分的语音实验分析，并结合统计学的方法展开更深入的研究，对声调曲线的声学空间分布进行更全面细致的考察。在当代实验语音学已经取得长足发展的背景下，我们希望运用科学可信的方法来确定越南语的调值,从而为越南语的教学和研究提供参照。

参考文献

[1] 鲍怀翘,林茂灿.实验语音学概要[M].增订版.北京:北京大学出版社,2014.

[2] 何成,郑卧龙,朱福丹,王德伦,等.越汉辞典[M].北京:商务印书馆,1960.

[3] 孔江平.实验语音学基础教程[M].北京:北京大学出版社,2015.

[4] 刘俐李.基频归一和调系归整的方言实验[J].中国语音学报,2008(1):221—227.

[5] 林焘,王理嘉.语音学教程[M].北京:北京大学出版社,1992.

[6] 潘武俊英.河内越语参考语法:基于系统功能观[M].北京:中国社会科学出版社,2015.

[7] 石锋,廖荣蓉.语音丛稿[M].北京:北京语言学院出版社,1994.

[8] 石锋,王萍.北京话单字音声调的统计分析[J].中国语文,2006(1):33—40.

[9] 朱晓农,阮廷贤.越南语三域八调:语音性质和音法类型[J].民族语文,2014(6):3—17.

[10] 朱晓农.语音学[M].北京:商务印书馆,2010.

[11] 赵元任.一套标调的字母[G]//赵元任语言学论文集.北京:商务印书馆,2002.

[12] Alexandre de Rhodes. Từ điển An Nam-Lusitan-Latinh [M]. Hà Nội: Nhà xuất bản Khoa học xã hội, 1991.

[13] Đoàn Thiện Thuật. Ngữ âm tiếng Việt [M]. Hà Nội: Nhà xuất bản Đại học và Trung học chuyên nghiệp, 1977/Nhà xuất bản Đại học Quốc gia Hà Nội, 2007.

[14] Haudricourt, Andre-Georges. De l'origine des Tons en Vietnamien

[J]. Journal Asiatique 242, 1954: 69-82.

［15］Nguyễn Văn Phúc. Ngữ âm tiếng Việt thực hành [M]. Hà Nội: Nhà xuất bản Đại học Quốc gia Hà Nội, 2006.

［16］Laurence C. Thompson. A Vietnamese Grammar [M]. Seattle: University of Washington Press, 1965.

习近平新年贺词越译文本的汉越词使用研究

四川外国语大学　尹馨萍[①]

【摘　要】一年一度的国家元首新年贺词向人民表达祝福，也体现国家治国理政、政策走向和对外关系理念，是宣传国家形象的重要外宣翻译内容。本文选择2016—2020年习近平新年贺词越译文本中的汉越词作为研究对象，根据习近平主席新年贺词文本特点，分析其汉译越过程中汉越词使用的特点、趋向，探讨如何用好汉越词，讲好中国故事，为中越两国加强政治互信、民心相通添砖加瓦。

【关键词】汉越词；新年贺词；政治外宣；使用趋向

在中国文化"走出去"的新时代背景下，中国与其他国家的政治、经济、文化交流已经达到了前所未有的广度和深度，构建新时代中国特色大国外交，翻译如何"走出去"就显得尤为重要。新时代中越往来中，中国外文局出版《中国关键词》《政府工作报告》《习近平谈治国理政》等越译本是对越外宣翻译的重要成果。而每年国家元首的新年贺词是辞旧迎新之际对本国国情的高度总结，因此本文选取2016—2020年习近平主席新年贺词（下文简写为《2016—2020年新年贺词》）中文文本和越译文本作为语料，一方面对越译文本语料中的汉越词进行梳理分类，另一方面通过总结其中汉越词的使用特点、趋向，探讨如何用好汉越词，讲好中国故事。

一、汉越词的界定与研究现状

语言是在历史进程中逐渐形成和完善的，汉越词就是中越语言接触下特

[①] 尹馨萍，女，汉族，四川外国语大学亚非语言文学（越南语）在读硕士生，研究方向为越南国情与汉越互译，主持四川外国语大学研究生科研创新一般项目"中国外交模糊语越译策略研究"。

有的产物，占越南语词汇总数 60%—70%，涵盖范围广泛，作用显著，蕴含着中越语言文化交流内涵。

越南语形成和演变进程见证了越南历史的变迁，从使用汉字到出现喃字，汉语、法语并用到创造出国语字，再到现代越南语，汉越词也随之发生转变。各国学者对汉越词的研究成果丰硕。罗文青、黄惠文在《越南语中的汉越词翻译问题》（2019）中列出国内外对汉字词、汉越词、汉越读音的见解，提出广义上汉越词是指"越南语中的汉字词"，广义汉越词从语音角度可分为古汉越词、汉越词、越化汉越词和汉方言仿音汉越词。狭义上汉越词"仅是越南语汉字词中的一类词，即每个音节都有对应汉字的越南语汉字词，且这类词占绝大部分"。[1]

汉越词相关研究成果大致可以分为：

1. 汉越词翻译研究：罗文青、黄惠文《越南语中的汉越词翻译问题》（2019），陈氏娥《汉越词对汉译越的影响》（2011），罗文青《越南语专有名词汉译问题的探索——以人名地名为例》（2018），林昌耀《越南学生汉语新闻中的专名认知和翻译偏误分析》（2014）；

2. 汉越词的发展情况研究：李太生《现代越南语新词发展趋势及其越汉翻译探讨》（2008），阮江灵、亓华《重新认识汉语借词在越南语中的地位和作用》（2001），王怡辰《越南革新开放时期的汉越词发展情况》（2019）；

3. 汉越词与现代汉语对比研究：罗文青《越语双音节汉越词对应汉语倒序现象规律初探》（2008），阮氏贤《现代越南语中的汉越词与现代汉语对应词对比研究——以首字母为 K 音节的双音汉越词为例》（2018）；

4. 汉越词教学研究：农氏秋明《越南〈汉语教程〉中汉越词研究》（2011），杨绪明、阮氏和《〈汉语水平词汇与汉字等级大纲〉的可对应汉越词及其教学策略》（2018），张奇心《越南汉越词及其教学应用研究》（2018）；

5. 不同文本中汉越词的使用情况分析：胡氏贞英《汉语非文学文本越译研究——以汉语时政文本越译为例》（2011），黄氏清《越南近十年新闻语言中的汉越词研究》（2013），阮嘉科《越南通讯社〈新闻日报〉新造汉越词研

---

[1] 罗文青，黄惠文. 越南语中的汉越词翻译问题[J]. 翻译研究与教学，2019（1）：131.

究》（2017）。

由上可见，汉越词的演变、不同文本、不同领域等因素影响汉越词的使用和翻译问题。

二、以《2016—2020 年新年贺词》越译文本为例，汉译越时汉越词使用特点

汉越词为中国译者在汉越互译时带来便利，但同时也带来了不少问题。罗文青在《越南语中的汉越词翻译问题》中提到："有两类汉越词翻译时需特别注意：29%同中有异和6%词义完全改变的汉越词。汉越词虽源自汉语汉字，但它不仅仅是直接借用汉语词汇的读音，还在词义上根据越南人的思维习惯进行了没有规律的调整。"[①]反之，在汉译越时，如何选择适用的汉越词，也应考虑到上述问题。本文在《2016—2020 年新年贺词》越译文本中共统计出约 600 个汉越词（不计入重复出现的汉越词），参考罗文青、黄惠文在《越南语中的汉越词翻译问题》中的汉越词翻译分类：（1）汉越词词义跟现代汉语词词义基本相同类；（2）汉越词词义跟现代汉语词词义同中有异类；（3）汉越词词义跟现代汉语词词义基本不同类，分析其中汉越词使用特点。

（一）汉越词词义跟现代汉语词词义基本相同类

通过对《2016—2020 年新年贺词》越译文本的汉越词整理分类，其中汉越词词义跟现代汉语词词义基本相同占绝大多数，采用直译法，如下：

đồng chí	同志	hải ngoại	海外	giáo dục	教育
nhân loại	人类	lãnh thổ	领土	chuyên đề	专题
tổ chức	组织	thế giới	世界	cải thiện	改善
thời khắc	时刻	thu hoạch	收获	đấu tranh	斗争
nhân dân	人民	tăng trưởng	增长	nỗ lực	努力

[①] 罗文青，黄惠文. 越南语中的汉越词翻译问题[J]. 翻译研究与教学，2019（1）：134.

dân tộc	民族	kinh tế	经济	quy hoạch	规划
đồng bào	同胞	cải cách	改革	cảm giác	感觉
đặc khu	特区	toàn diện	全面	kỷ niệm	纪念
hành chính	行政	thể chế	体制	thắng lợi	胜利
kiều bào	侨胞	tư pháp	司法	kháng chiến	抗战
…	…	…	…	…	…

汉越词中词义跟现代汉语词词义基本相同类，为汉译越带来很大便利，但需注意汉越词在越南语文本使用中带有"正式、简练、政治"特性。越南语中有汉越词"nhân dân"、纯越词"người dân"均表示"人民"，但在政治文本中往往选用"nhân dân"而更符合政治语境。例如"人类"应选用汉越词"nhân loại"而不是"loài người"，"命运"选用"vận mệnh"而不是"số phận"等。因此政治文本汉译越时，汉越词词义跟现代汉语词词义基本相同类，可选用对应汉越词进行直译，更符合政治等效。

（二）汉越词词义跟现代汉语词词义同中有异类

通过对《2016—2020 年新年贺词》越译文本的汉越词整理分类，以下为汉越词词义跟现代汉语词词义同中有异类。

thông điệp	通牒	hạ tầng	下层	tình hình	情形
sản xuất	产出	định cư	定居	cấu trúc	构筑
sở hữu	所有	siêu tốc	超速	giảng đường	讲堂
chương trình	章程	căn cứ	基地	nhân viên	人员
đồng tình	同情	thường niên	常年	châu thổ	洲土
khả năng	可能	trụ sở	住所	công nghệ	工艺
chiến thắng	战胜	giáo sư	教授	chấn động	震动
vô địch	无敌	xung phong	冲锋	bảo tàng	宝藏
chứng minh thư	证明书	bình thường	平常	thủ phủ	省会
đăng ký	登记	duy trì	维持	tình nguyện	义工
nghiên cứu sinh	研究生	kỹ sư	技师	chủ tịch	主席

其中又可具体分为以下三类：

1. 词义扩大的汉越词翻译

词义扩大是词义演变的一种现象，汉越词中词义扩大是指一些汉语词汇输入到越南语词汇后其意义范围扩大的现象，包括了使用范围扩大、搭配能力变强等情况。[①]举例分析如下：

（1）国家主席习近平发表二〇一六年新年<u>贺词</u>。

<u>Thông điệp</u> năm mới 2016 của Chủ tịch Trung Quốc Tập Cận Bình.

Thông điệp——通牒。在习近平主席新年贺词中"贺词"二字并未直译为汉越词"hạ từ"，而是选用另一个汉越词"thông điệp"。"thông điệp"在越南语中保留"通牒"之义，但是现在常用于表示"致辞、信息"，越南国家主席新年贺词也是使用"thông điệp năm mới"，因此将"贺词"意译为"thông điệp"，符合越南表达习惯。

（2）我们愿同世界各国人民携起手来，积极共建"一带一路"，推动构建人类命运<u>共同</u>体，为创造人类美好未来而不懈努力。

Trung Quốc sẵn sàng tay trong tay với nhân dân các nước trên thế giới, tích cực cùng xây dựng "Một vành đai, một con đường", thúc đẩy xây dựng <u>cộng đồng</u> cùng chung vận mệnh của nhân loại, nỗ lực bền bỉ vì tạo dựng tương lai tươi đẹp của nhân loại.

Cộng đồng——共同，在越南语中"cộng đồng"词义扩展为"公共、社会、团体"，此处汉语"命运共同体"，使用"cộng đồng"直译，也较为符合越南语中扩展的含义，体现出全球化进程中国与外国紧密相连的命运。

（3）老百姓异地办理<u>身份证</u>不用来回奔波了，一些长期无户口的人可以登记户口了。

Người dân làm <u>chứng minh thư</u> nhân dân ngay tại ngoại tỉnh chứ không cần phải trở về quê.

Chứng minh thư——证明书，在越南语中依旧保留"证明文本"含义，但也特指越南"身份证"，因此汉语中"身份证"可译为"chứng minh thư"。

[①] 罗文青，黄惠文．越南语中的汉越词翻译问题［J］．翻译研究与教学，2019（1）：134．

（4）面对身陷苦难和战火的人们，我们要有悲悯和同情，更要有责任和行动。

Đứng trước việc mọi người rơi vào khổ đau và khói lửa chiến tranh, chúng ta cần phải tỏ lòng thương và đồng tình, càng cần phải có trách nhiệm và hành động.

Đồng tình—同情，在越南语的词义中虽然更倾向于"赞同"，但依旧保留同汉语"同情"含义。

由上可以看到，词义扩大的汉越词在汉译越时，需注意此类汉越词在当代越南语使用中所扩展的新含义。若倾向与汉语相同含义，可直译为对应汉越词；若倾向于扩展含义，则需要在越南语学习、生活中日积月累，才能选用更为贴近越南受众理解的汉越词。

2. 词义缩小的汉越词翻译

词义缩小指的是一些汉语词汇输入到越南语词汇后其意义范围缩小的现象，包括了使用范围缩小、搭配能力变弱等情况。[①]

（1）2017年，我又收到很多群众来信，其中有西藏隆子县玉麦乡的乡亲们，有内蒙古苏尼特右旗乌兰牧骑的队员们，有西安交大西迁的老教授，也有南开大学新入伍的大学生，他们的故事让我深受感动。

Năm 2017, tôi lại nhận được rất nhiều thư của quần chúng nhân dân, trong đó có bà con xã Ngọc Mạch, huyện Long Tử, Tây Tạng; các đội viên đội Ô Lan Mục Kỳ, huyện Tô Ni Đặc Hữu, Nội Mông; Giáo sư tình nguyện đến vùng miền Tây của Đại học Giao thông Tây An, cũng có các sinh viên mới tốt nghiệp xung phong nhập ngũ của Đại học Nam Khai, những câu chuyện của họ khiến tôi vô cùng cảm động.

Giáo sư—教师，"教师"指担任教学工作的专业人员，而汉越词只局限于指代汉语中的"教授"。

（2）北京体育大学研究生冠军班同学、澳门小朋友和义工老人，给我写了信。

Các nhà vô địch Thế vận hội lớp nghiên cứu sinh Đại học Thể thao Bắc

---

① 罗文青，黄惠文. 越南语中的汉越词翻译问题［J］. 翻译研究与教学，2019（1）：135.

Kinh, các bạn nhỏ và những cụ già phục vụ tình nguyện ở Ma Cao đã viết thư cho tôi.

Nghiên cứu sinh——研究生，在中国"研究生"包含硕士研究生和博士研究生，而在越南学历学位体系中"nghiên cứu sinh"特指博士研究生，"học viên cao học"指硕士研究生，因此在2020年《新年贺词》中"研究生"翻译不太准确。中越学历学位汉越互译如下：

	在读	获得学位
本科生	sinh viên（生员）——大学生	cử nhân（举人）——学士
硕士研究生	học viên cao học（高学学员）——研究生	thạc sĩ（硕士）——硕士
博士研究生	nghiên cứu sinh（研究生）——博士生	tiến sĩ（进士）——博士

从以上表格我们可以发现中越学位学历基本可以对应，但在汉越互译时并非直译为一一对应的汉越词，其中越南甚至还保留了中国古代时期使用的"举人（cử nhân）"对应学士学位、"进士（tiến sĩ）"对应博士学位，在此不做过多阐述。

3. 词性发生改变的汉越词翻译

有的汉越词在介入汉语词汇后词性会发生变化，词义也有所改变，但发生变化的词的词义与原来的词的词义有所关联。①

（1）这一年，我们隆重庆祝改革开放40周年，对党和国家机构进行了<u>系统性</u>、整体性、重构性的改革，推出100多项重要改革举措，举办首届中国国际进口博览会，启动建设海南自由贸易试验区。

Trong một năm qua, chúng tôi đã tổ chức trọng thể lễ kỷ niệm 40 năm cải cách mở cửa, tiến hành cải cách mang tính <u>hệ thống</u>, tính chỉnh thể, tính cấu trúc đối với các cơ quan của Đảng và Nhà nước, đưa ra hơn 100 biện pháp cải cách quan trọng, tổ chức Hội chợ Triển lãm nhập khẩu quốc tế Trung Quốc lần thứ nhất, khởi động Khu thương mại tự do Hải Nam thí điểm.

Hệ thống——系统，汉语中是名词，但在越南语中词性发生改变，既做名

---

① 罗文青，黄惠文. 越南语中的汉越词翻译问题[J]. 翻译研究与教学，2019（1）：136.

词又做动词。

（2）这一年，我们<u>战胜</u>各种风险挑战，推动经济高质量发展，加快新旧动能转换，保持经济运行在合理区间。

Trong một năm qua, chúng tôi đã <u>chiến thắng</u> các rủi ro và thách thức, thúc đẩy kinh tế phát triển chất lượng cao, đẩy nhanh chuyển đổi động năng từ cũ sang mới, duy trì kinh tế vận hành trong phạm vi hợp lý.

Chiến thắng—战胜，汉语中是动词，而越南语中既为动词又为名词。

对于词性改变的汉越词，因为其含义基本不变，在汉译越时可采用直译。

（三）习近平新年贺词越译中汉越词词义跟现代汉语词词义基本不同类

词义的完全改变指的是根词的原义在进入越南语后词义已经完全改变。[①]

（1）有西安交大西迁的老教授，也有南开大学新入伍的<u>大学生</u>，他们的故事让我深受感动。

Giáo sư tình nguyện đến vùng miền Tây của Đại học Giao thông Tây An, cũng có các <u>sinh viên</u> mới tốt nghiệp xung phong nhập ngũ của Đại học Nam Khai, những câu chuyện của họ khiến tôi vô cùng cảm động.

Sinh viên—生员。"大学生"在越译时未直译为"đại học sinh"，因为汉越词"học sinh"（学生）用于泛指所有年级的学生，汉越词"sinh viên"表示"大学生"。

（2）我时常牵挂着奋战在脱贫一线的同志们，280多万驻村干部、第一<u>书记</u>，工作很投入、很给力，一定要保重身体。

Tôi luôn ghi nhớ trong lòng các đồng chí ở tuyến đầu công kiên thoát nghèo, hơn 2,8 triệu cán bộ, <u>bí thư</u> thứ nhất thường trực tại các thôn làng, làm việc hết mình, rất có hiệu quả, nhất định phải giữ gìn sức khỏe.

（3）北京<u>体育</u>大学<u>研究生</u>冠军班同学、澳门小朋友和义工老人，给我写

[①] 罗文青，黄惠文. 越南语中的汉越词翻译问题［J］. 翻译研究与教学，2019（1）：136.

了信。

Các nhà vô địch Thế vận hội lớp nghiên cứu sinh Đại học Thể thao Bắc Kinh, các bạn nhỏ và những cụ già phục vụ tình nguyện ở Ma Cao đã viết thư cho tôi.

Bí thư—秘书，对应的是汉语中的"书记"，而汉越词"thư ký（书记）"才是对应汉语中"秘书"。

Thể thao—体操，对应的是汉语中的"体育"，而汉越词"thể dục（体育）"才对应"体操"。

例（2）（3）这一类情况的形成原因一是需要对该词追根溯源其语义演变过程，二是前人在进行汉越翻译时译错，但已经在越南语中普及成为固定用法，因此还需在翻译时谨慎使用此类汉越词。

（4）很多群众有了自己的家庭医生，每条河流要有"河长"了……这一切，让我们感到欣慰。

Rất nhiều người dân đã có bác sĩ gia đình, mỗi con sông đều sẽ có "Trưởng sông"... tất cả những điều này khiến chúng tôi cảm thấy phấn khởi.

Bác sĩ—博士。"医生"汉译越时选用汉越词"bác sĩ（博士）"，现代越南语中的"医生"就是"bác sĩ（博士）"，而上文提到的汉越词"tiến sĩ（进士）"才是越南学历学位中的"博士"。有趣的是，在英文中"docter"兼有"医生；博士"之意，那么汉越词"bác sĩ（博士）"如何演变为现代越南语中"医生"含义，也许这与英语与越南语的接触、融合有关。

三、《2016—2020 年新年贺词》越译文本中汉越词的使用倾向

国家元首新年贺词带有与民亲近之感又兼有政治色彩，表达内容丰富而言简意赅，是我国构建国际形象和传播中国话语权的重要政治外宣内容。根据《2016—2020 年新年贺词》越译文本中汉越词的语言风格、阐述内容、政治特性，下文分为三类，以分析在进行汉译越时的汉越词选用倾向，如下：

（一）中国特色词汇越译时汉越词的使用倾向

中国政治外宣文本翻译不是一件易事，其中涌现大量中国特色词汇，如蕴含中国历史文化沉淀的成语俗语、中国政治政策的缩略语、中国时政新词。

1. 成语越译时汉越词的使用倾向

在中国政治外宣翻译中，汉语成语俗语翻译既是亮点亦是难点。在中越特有的语言交流历史下，越南语保留了许多有着汉语基因的成语，可以与汉语成语进行直译；也有许多在现代越南已经不再普遍使用或已经发生转义的成语，此时译者需注意采取查译；对于没有对应汉越词翻译的成语，可采取意译或省译。文本一共梳理43个词条（包含成语俗语、四字格词语）。

（1）直译

自力更生	tự lực cánh sinh
安居乐业	an cư lạc nghiệp
同心协力	đồng tâm hiệp lực
万事如意	vạn sự như ý

上表中的成语越译使用了一一对应的汉越词进行直译。直译可以保留成语原有的文化意象，也让越南受众感到亲切和理解，减少文化误读。

（2）替换或意译

当汉语成语没有一一对译的汉语词成语时，可采取替换和意译，其特点为汉越词减少，纯越词增多。

坚定不移	kiên định bất di bất dịch	坚如磐石	vững như bàn thạch
坚韧不拔	kiên trì bền bỉ	激情飞扬	vui mừng ngất trời
埋头苦干	miệt mài làm việc	大江南北	mọi miền đất nước
绿水青山	non xanh nước biếc	天高水阔	trời cao nước xiếc
勠力同心	chung sức chung lòng	物阜民丰	nhộn nhịp sầm uất
和衷共济	chung lưng đấu cật	流光溢彩	tỏa sáng muôn màu

绿意盎然	xanh thắm một màu	思绪万千	đào sâu suy nghĩ
生机勃勃	tràn đầy hứa hẹn	深藏功名	giấu kín công trạng
活力四射	sức sống tràn trẻ	奔腾不息	lớp lớp không ngừng
挺身而出	hiến dâng tính mạng	风平浪静	sóng lặng gió yên
壮烈牺牲	hy sinh anh dũng	波涛汹涌	sóng nổi cuồn cuộn
天下一家	thiên hạ một nhà		

在上表 23 个成语越译中，没有采用一一对应汉越词直译，而是仍保留四字格形式，纯越词替代汉越词的翻译方法。比如"绿水青山"中，"绿"的汉越词"lục"替换为纯越词"xanh"，"水"的汉越词"thủy"替换成纯越词"nước"，而"non xanh nước biếc"也恰当地传达出"绿水青山"的含义，而且在形式上依旧保留四字格形式，增添文字艺术美感。

义不容辞	trách nhiệm không thể thoái thác
辞旧迎新	tiễn đưa năm cũ, đón chào năm mới
梦想成真	biến ước mở thành hiện thực
一诺千金	Lời hứa quý nghìn vàng
时光飞逝	Thời gian như thoi đưa
前无古人	chưa từng có trong lịch sử
只争朝夕	làm việc không ngừng nghỉ
举世瞩目	cả thế giới ghi nhận
落地生根	thực hiện đến nơi, đến chốn
轻装上阵	lên đường với hành trang nhẹ nhàng
热泪盈眶	khiến mọi người rớm lệ
历久弥新	qua lại có bộ mặt mới
欣欣向荣	phơi phới đi lên phồn vinh
初心不改	nguyện ước ban đầu không phai mờ
坚定不移	kiên định bất di bất dịch
雄浑安澜	cuồn cuộn chảy

再看上表中 16 个成语，就主要采用"汉越词+纯越词"意译，基本通过增词补充解释，不保留四字格格式，汉越词减少，纯越词增多，因此使得越南受众容易理解，但流失了汉语成语的格式美感。

2. 中国时政词汇越译时汉越词的使用倾向

中国时政新词具有一定的时效性，包含高度精简的政策性缩略语、形象比喻意象词、文采流露的典故引用等。下面结合例子分析越译时汉越词的使用倾向。

（1）缩略语

"十二五"	Quy hoạch5 năm lần thứ 12（第十二个五年计划）
00 后	sinh sau năm 2000（出生于 2000 年后）
十九大	Đại hội XIX（十九届大会）
"一国两制"	một nước hai chế độ（一个国家两种制度）
三严三实	"Ba nghiêm, ba thực"（"三严，三实"）
一带一路	Một vành đai, một con đường（一条带，一条路）
"十三五"	"Quy hoạch 5 năm lần thứ 13"（第十三个五年计划）
港珠澳	Hồng Công-Chu Hải-Ma-cao（香港-珠海-澳门）
京津冀	Bắc Kinh-Thiên Tân-Hà Bắc（北京-天津-河北）
鄂豫皖苏区	khu cách mạng Hồ Bắc - Hà Nam - An Huy（湖北-河南-安徽革命区）

上表主要分为数字缩略语和地名缩略语。纯数字缩略语"十二五""十三五""00 后"，如果直接只翻译数字会让越南受众摸不着头脑，而且越南数字表达一般使用纯越词，因此此类翻译一般较少使用汉越词，而是采用了解释说明译出"中国第十二个/十三个五年计划"；"一国两制""一带一路""三严三实"采用"汉越词+纯越词"的翻译方法。此外应注意到中国地名简称越译问题，如"京津冀"，实际上这分别是北京、天津、河北的简称，很多外国友人是不知道的，因此不能用汉越词直译为"Kinh Tân Dực"，而应当具体翻译为省市的全称"Bắc Kinh-Thiên Tân-Hà Bắc"。

（2）政策类新词

小康社会	xã hội khá giả
大同	đại đồng
朋友圈	"bạn bè"/nhóm bè
依法治国	quản lý đất nước theo pháp luật
不忘初心	không quên ước nguyện ban đầu
打虎拍蝇	đả hổ diệt ruồi
长江经济带	vành đai kinh tế sông Trường Giang
粤港澳大湾区	vùng vịnh lớn Quảng Đông - Hồng Công - Ma Cao
长三角一体化	nhất thể hoá vùng châu thổ sông Trường Giang
撸起袖子加油干	sắn tay áo cùng nỗ lực
"世界大同，天下一家"	"Thế giới đại đồng, thiên hạ một nhà"
中国制造、中国创造、中国建造	Trung Quốc chế tạo, Trung Quốc sáng tạo, Trung Quốc kiến tạo
获得感、幸福感、安全感	cảm giác được hưởng lợi, hạnh phúc và an toàn

比如"打虎拍蝇"未全使用汉越词"đả hổ phách nhăng"来一一对应翻译，是采用"汉越词（đả hổ diệt）+纯越词（ruồi）"的越译方法，因为纯越词"ruồi"指在越南生活中常见的蚊子、飞虫意象，而汉越词"nhăng（蝇）"在日常生活中不再使用。

（二）专有名词越译时汉越词的使用倾向

政论文本中往往存在大量的专有名词，如国家名称、地名、领导人姓名、职务称谓等，特别是在全球化进程中各国语言接触下产生的新词汇，需要更准确和统一的翻译。罗文青在《越南语专有名词汉译问题的探索——以人名地名为例》提出越南语中人名、地名的专有名词大致可分为两类：一类是外来语为原语的专有名词，另一类是以纯越南语（包括越南少数民族语言）为原语的专有名词。前者的情况又分两种，一种是汉语为原语的，这种情况在越南语中最多；另一种是其他语言为原语的。① 对《2016—2020 年新年贺词》越译文本中梳理和观察专有名词在汉译越时使用汉越词的倾向，如下：

1. 人名

习近平	Tập Cận Bình	王继才	Vương Kế Tài
马英九	Mã Anh Cửu	黄群	Hoàng Quần
屠呦呦	Đồ U U	张超	Trương Siêu
吉好也求	Cát Hảo Dã Cầu	宋月才	Tống Nguyệt Tài
节列俄阿木	Tiết Liệt Nga A Mộc	姜开斌	Khương Khai Bân
赵顺利	Triệu Thuận Lợi	王杰	Vương Kiệt
陈玉芳	Trần Ngọc Phương	张富清	Trương Phú Thanh
陆奕和	Lục Dực Hòa	黄文秀	Hoàng Văn Tú
林俊德	Lâm Tuấn Đức	杜富国	Đỗ Phú Quốc

由于汉越词的存在，中国人名在汉译越时往往较为简单，大多采用对应的汉越词进行直译。但中国是一个多民族国家，除了汉族、回族使用汉语，其他少数民族均有自己的语言。如上表中人名"吉好也求""节列俄阿木"是两位来自四川彝族的居民，他们的名字来自彝语取名，而越译本中依旧选用一一对应的汉越词直译为"Cát Hảo Dã Cầu""Tiết Liệt Nga A Mộc"，这并不符合越南的人名表达，容易引起误解。笔者认为更应该采用原语的音译。此外汉语文本中的其他国家的人名，应当采用查译原语，适当采用音译或其他翻译方法。

2. 地名

中国地名汉译越时一般采用对应汉越词翻译，但得注意特殊情况，一是上文提到当遇见中国省市简称时，如"京津冀"，应翻译出该省市全称，以统一和标准化中国地名越译；二是得注意港澳台地区的地名翻译，参考

---

① 罗文青．越南语专有名词汉译问题的探索：以人名地名为例［J］．外国语文，2018（5）：115．

《2016—2020年新年贺词》越译文本中"港珠澳—Hồng Công-Chu Hải-Ma-cao""香港—Hồng Công""澳门—Ma-cao""台湾—Đài Loan"。由于特殊历史背景，一些地名以形成国际通用翻译，不适合多加更改。此外在文本中出现的其他国家地名"日本—Nhật""新加坡—Xin-ga-po""达沃—Đa-vốt""日内瓦—Giơ-ne-vơ"适用于音译。

3. 组织、会议、工程名称

在政治文本中常常会提及各种各样的国际组织、会议活动，还有工程成果，这也是政治文本中的一个翻译难点，这需译者有广博的时事政治知识积累。例如国际会议名称以字母缩写"G20""BRICS""APEC"出现，这需要通过查译或者直接使用该缩写，此时汉越词使用较少。而对于中国会议名称越译，往往需注意地名翻译，例如"博鳌亚洲论坛年会"中"博鳌"是海南省一个小镇名，可使用汉越词直译，因此中国会议名称越译往往使用较多汉越词。

诺贝尔奖	Giải Nô-ben
冬奥会	Thế vận hội mùa Đông
奥运会	Thế vận hội Ô-lim-pích
二十国集团领导人峰会/G20	Hội nghị Thượng đỉnh các nền kinh tế phát triển và mới nổi hàng đầu thế giới G20
金砖国家领导人厦门会晤/BRICS	Hội nghị Thượng đỉnh Nhóm BRICS tại Hạ Môn
亚太经合组织领导人非正式会议/APEC	Hội nghị Thượng đỉnh Diễn đàn Hợp tác Kinh tế châu Á-Thái Bình Dương APEC
达沃斯世界经济论坛年会	Hội nghị Thường niên Diễn đàn Kinh tế thế giới Đa-vốt
亚洲文明对话大会	Hội nghị Đối thoại giữa các nền văn minh châu Á
博鳌亚洲论坛年会	Hội nghị thường niên Diễn đàn châu Á Bác Ngao
上海合作组织青岛峰会	Hội nghị Thượng đỉnh Tổ chức Hợp tác Thượng Hải tại Thanh Đảo

中非合作论坛北京峰会	Hội nghị cấp cao Bắc Kinh Diễn đàn Hợp tác Trung Quốc-châu Phi
北京世界园艺博览会	Hội chợ Sinh vật cảnh thế giới ở Bắc Kinh
中国国际进口博览会	Hội chợ triển lãm Nhập khẩu quốc tế Trung Quốc
"一带一路"国际合作高峰论坛	Diễn đàn Cấp cao Hợp tác quốc tế "Một vành đai, một con đường"
中国共产党与世界政党高层对话会	Đối thoại Cấp cao giữa Đảng Cộng sản Trung Quốc với các chính đảng trên thế giới

此外还有中国科技成果名称越译，其中往往以中国历史人物、典故命名，使用汉越词直译较多，例如《西游记》中"悟空""嫦娥"在越南也是家喻户晓的人物，使用汉越词直译也会使得越南受众深感亲切。示例如下：

复兴	Phục Hưng	悟空	Ngô Không
朱日和	Chu Nhật Hoà	墨子	Mặc Tử
嫦娥	Hằng Nga IV	神州	Thần Châu
北斗	Bắc Đẩu	天宫	Thiên Cung
南仁东星	Nam Nhân Đông	长征	Trường Chính
长征	Trường Chinh 5Y-3	慧眼	Huệ Nhãn
雪龙	Thuyết Long 2	海翼	Hải Dực

此外需注意近些年来越南媒体报道中对中国人名、地名、公司等专有名词越译时，倾向"拼音"译法。黄氏清在《越南近十年新闻语言中的汉越词研究》中得出越南媒体"对比较熟悉的一些专名，一般使用汉越音形式来翻译；翻译的时候遇到一些陌生的专名，直接使用汉语拼音"[1]。如"Wang Zhonglei（王中磊）""Làng Huaxi（华西村）""Tập đoàn thép Baogang（包钢）""Baotou（包头市）"等。

---

① 黄氏清．越南近十年新闻语言中的汉越词研究［D］．南宁：广西民族大学，2013：21．

四、结论

上文通过对 2016—2020 年习近平主席新年贺词越译文本中汉越词进行梳理：

一方面以《2016—2020 年新年贺词》越译文本中的汉越词为例，探讨在汉译越过程中选用汉越词问题。现代汉语词词义基本不同类的汉越词需译者借鉴前人的总结和日常学习的积累；最易出错的是和现代汉语词词义同中有异类，译者应随机应变，根据整体语境进行甄别和选用；同含义的汉越词和纯越词，在政论文中更加倾向于选择汉越词，以更显庄重、严谨、政治性；汉越词词义转变往往反映着时代的变化，汉越词在越南语中仍不可或缺，作用显著。

另一方面从政治文本语言风格、蕴含内容出发，从三个视角出发探讨：一是汉语成语越译时汉越词的选用倾向，可以发现对于现代越南生活中还普遍使用的汉源成语采用汉越词直译，有利于文化输出，而对于其他可以采用替换和意译，相比之下汉越词使用降低，纯越词增多；二是中国时政词汇越译时汉越词的选用倾向，数字缩略语和地名缩略语越译时应采用解释说明方法，数词大多使用纯越词，中国地名简称应全称翻译；三是专有名词越译时汉越词的选用倾向，难点是翻译混乱不统一和不规范，"外语→汉语→越南语"翻译模式中汉越词使用倾向日益降低，使用"外语→汉语→外语/越南语"的查译上升。

囿于笔者经验和实践存在不足，本文仅论及固定语料中的汉越词使用特点和倾向，希望为汉越互译学习者提供参考，共同探讨如何用好汉越词，讲好中国故事，为中国政治外宣越译贡献力量，为中越两国增强政治互信做出贡献！

参考文献

[1] 陈氏娥. 汉越词对汉译越的影响 [D]. 南宁：广西民族大学，2011.

[2] 黄氏清. 越南近十年新闻语言中的汉越词研究 [D]. 南宁：广西民族大学，2013.

[3] 胡氏贞英. 汉语非文学文本越译研究以汉语时政文本越译为例

[D].武汉：华中师范大学，2011.

[4]林昌耀.越南学生汉语新闻中的专名认知和翻译偏误分析[D].昆明：云南民族大学，2014.

[5]陆海波，黄东超.谈对外宣传的特点及其越语翻译[J].视听，2009（12）：13—15.

[6]李太生.现代越南语新词发展趋势及其越汉翻译探讨[J].东南亚纵横，2008（5）：67—70.

[7]罗文青.当代越南语汉字词汇使用现状研究[M].广州：世界图书出版广东有限公司，2018.

[8]罗文青，黄惠文.越南语中的汉越词翻译问题[J].翻译研究与教学，2019（1）：131—141.

[9]罗文青.越南语专有名词汉译问题的探索：以人名地名为例[J].外国语文，2018（5）：114—119.

[10]罗文青.越语双音节汉越词对应汉语倒序现象规律初探[J].广西民族大学学报，2008（4）：165—168.

[11]梁远，祝仰修，[越]黎春泰.现代越南语语法[M].广州：世界图书出版广东有限公司，2012.

[12]农氏秋明.越南《汉语教程》中汉越词研究[D].上海：上海师范大学，2011.

[13]阮嘉科.越南通讯社《新闻日报》新造汉越词研究[D].广州：华南理工大学，2017.

[14]阮江灵，亓华.重新认识汉语借词在越南语中的地位和作用[J].民族语文，2001（1）：33—37.

[15]孙文桂.中国时政新词汇越南语翻译方法探析[J].广西青年干部学院学报，2018（3）：46—48.

[16] Nguyễn Tài Cẩn. Nguồn gốc và quá trình hình thành cách đọc âm Hán Việt [M]. Hà Nội: Nhà xuất bản Đại học Quốc Gia Hà Nội, 2004.

[17] Phùng Hiếu. Tôn Tử Binh Pháp Tinh tuyển nghệ thuật thương trường [M]. Hà Nội: Nhà xuất bản Thời Đại, 2010.

[18] Trần Thị Thanh Liêm. Từ điển Thành ngữ Hán Việt [M]. Hà Nội: Nhà xuất bản Lao động, 2009.

[19] Trương Văn Giới, Lê Huy Thìn, Giáp Văn Cường, Phạm Thanh Hằng. Từ điển Chủ điểm Hán Việt Hiện đại [M]. Hồ Chí Minh: Nhà xuất bản Tổng Hợp Tp. Hồ Chí Minh, 2004.

文学研究

越南当代文学发展的几点认识

湖南科技学院　余富兆[①]

【摘　要】 越南全国统一后，特别是革新开放以来，在社会、政治、经济、文化等各个领域里都有了很大的发展并取得了令人瞩目的成就。随着社会的发展，其文学也在不断地发生着变化，涌现了一大批新的作家、诗人。当代文学作品在思想内容和艺术风格上出现了与以往明显不同的特点。许多作品深刻地描写了艰苦、复杂的社会生活，不回避两次抗战中的痛苦和牺牲。作家们带着强烈的社会责任感和历史使命感，深入社会生活，关切个人命运，生动地反映了人民群众生活的各个层面，大胆地披露、解剖并批判了战后越南社会上出现的各种消极现象。许多贴近时代、直面现实的优秀作品，都以其深刻的思想性和鲜明的时代感受到广大读者的欢迎。

【关键词】 当代越南；文学发展；几点认识

一、引言

1975年南方解放，越南实现了国土统一。国家的统一为经济社会发展创造了前提条件。但是，长期分裂造成了南北经济社会的巨大差异。这种差异为国家深度统一及统一后的经济社会发展带来了较大的困难。"抗美救国战争胜利结束后，党要集中全部力量来实现的另一个巨大的历史任务被放在了首位，这就是在全国范围内进行社会主义建设，使国家富强，所有的人具有自由、温饱和幸福的生活。"[②] 越南全国统一后，特别是革新开放以来，越南在社会、政治、经济、文化等各个领域里都有了很大的发展并取得了令世

[①] 余富兆，男，汉族，博士，湖南科技学院外国语学院教授，研究方向为越南语言文学。

[②] 阮文灵. 党信民民信党是一切革命胜利的源泉[N]. 越南文艺报，1990-02-10（3）.

人瞩目的成就。

越南文学随着社会的发展发生了明显的变化，及时地反映了国家统一后当代越南人的心态世相。"从1975年后，我们的国家从根本上转向了和平生活。人们开始从不正常的战时环境回到了正常的生活环境。历史的新要求，人们及个人全面、丰富的精神需求迫使文学要转型。"[①] 文学与其他的精神表述形式相比，有自己的特色。这种特色就是敏感性和及时性。当不少人没有感觉到问题，或对问题只有朦胧的感觉时，作家能够很快感觉问题，并以文学的方式表达出来。文学的这种功能特性，在越南当代社会实践中有着充分的体现。可以说在越南当代的思想氛围中，最重要的社会思潮和思想探索，常常是以文学的方式最早提供给世人的。

二、越南当代文学的四代作家群

"文学的发展始终与社会为之创造的条件和背景密切联系。"[②] 文学作品是作家高度个性化的精神劳动产品，同时又是社会生活的反映和时代的产物。一切时代的优秀文学作品都汇聚着那个时代的风云雷电，辉映着那个时代先进生产力的发展要求，体现着那个时代先进文化的前进方向，激荡着那个时代最广大人民群众的心声。

越南当代文学根据其发展可以分为1975—1985年的文学转型期、1986—1991年的文学创作繁荣期和1992年后的稳步发展期这样三个阶段。1975—1985年是越南文学的转型期，现实主义思潮复兴，悲剧意识、民间精神（或称民间意识、民间视角）开始显现；1986—1991年是当代文学的繁荣期，文学创作呈现多元化，现实主义、人本主义、民间精神、悲剧意识、孤独意识等文艺思潮和创作方法同时并举；1992年后是越南文学的稳步发展期，各种文艺思潮和创作方法进一步完善。

在越南文学新的发展时期，新的作家、新的作品层出不穷。归纳起来，在越南当代文坛上活跃着四代作家。

第一代作家群：主要有在1975年以前就已经崭露头角的麻文抗、阮明

---

① 阮登孟. 新形势下的文学批评［N］. 越南文艺报，1987-08-29（7）.
② 文艺报. 为了越南现代文学的发展［N］. 越南文艺报，1989-06-10（2）.

洲、黎榴、朱文、阮氏玉秀、阮潘赫、庄士熙、阮凯、春韶、阮坚、春刚、武暴、阮光创、英德、武秀南、友挺、武氏常、鸿儒、胡方、阮本等，以及在 1945 年八月革命前就已经在文坛上有"一席之地"的苏怀、裴显等老作家。他们虽然在 1975 年以前就已经创作了很多作品，且已经有了一定的知名度，但仍然在辛勤耕耘，特别是麻文抗、阮明洲、黎榴、阮氏玉秀等作家。他们在越南文坛的真正地位是在当代文学创作中奠定的。

第二代作家群：他们是越南当代文学发展的中坚力量，主要有阮孟俊、阮辉涉、杨秋香、黎明奎、夜银、陈垂梅、范华、陈氏长、范氏明舒、暴雨、贤芳、屈光瑞、钟中鼎、徐元静、陈文俊等。他们一般都出生在 20 世纪 40 年代末或 50 年代，有着差不多相似的经历，从少年时代起就接受了革命和抗战的影响，有的甚至直接参与了抗美救国战争，具有一定的"革命资历"。他们是踌躇满志的一代文学新人。他们以文坛上的新一代主人的身份和热情，携着他们对现实积极干预的作品走上了越南当代文坛。

他们和第一代作家们一起，依凭着特有的群体优势，自然而然成为越南当代文学创作的主力军。他们大多数人心系国家民族的未来，自觉地充当人民大众的代言人，敢于以执政者的诤友身份为民请命，揭露和批判种种社会弊病。他们自觉认定，文学创作要与劳苦大众血肉相连，倾听群众的呼声，走在时代的前列和敏锐地感受生活的需要，探索真理，以极大的革命热忱投身于火热的战斗。他们密切注视着国家政策上的抉择与变化，支持革新开放政策，对社会上的消极现象展开了无情的批判。他们中的许多作家，如阮孟俊、阮辉涉、杨秋香等人的作品经常引起争议，但拥有广泛的读者。其中，杨秋香因她的长篇小说《盲目的天堂》[①]遭到批判，最后被封杀，其作品不允许在越南出版发行。

第三代作家群：他们是一些 20 世纪 50 年代末、60 年代出生的人。他们的创作比较受欢迎。较有代表性的作家有谢维英、范氏怀、胡英泰、伊斑、范玉进、赖文龙、河汪、阮氏秋惠、阮氏荫、阮明西、谭琼玉、武氏好、武氏春霞、潘氏王英等。他们都是科班出身，受过学校正规教育，接触过世界文学的精华。他们的创作较为自由。其中，在 90 年代最受大中专院校学生和青年欢迎的是阮氏秋惠的短篇小说集《后天堂》和潘氏王英的短篇

---

① 杨秋香. 盲目的天堂［M］. 河内：妇女出版社，1988.

小说集《当人们年轻时》。

第四代作家群：他们都很年轻，是刚刚在文坛上出现的新人，是 20 世纪 70 年代及以后出生的人，是文坛新秀。他们是陈青霞、如平、阮氏福、韩月、陈氏玄庄、封蝶、阮氏洲江、杜秋贤、阮方连、周秋蘅、阮氏明华、厢月明、刘山明、黄石草、陈雅瑞、阮庭秀、潘庭明、阮进达、冯文开、阮玉思等。他们的特点是热情高涨，活力四射，观察细微，及时展示当代生活气息。其中最有争议，也是最有影响的要数南方作家阮玉思。她的小说集《无尽的田野》曾引起广泛的讨论。

我们发现第三代和第四代作家是"阴盛阳衰"，女作家占总数的 75%[①]。所以，有人戏称越南当代文学带有女性面孔。在文学创作中，作家人数和作品数量并不能完全说明什么，但要想有高质量的作品，起码要有一定的数量为基础。

三、作品感应时局，迅速反映生活

1975 年，长达 30 年的战争结束了。但几十年来的战争使越南伤痕累累、满目疮痍。人民群众的生活极度贫困，时刻与种种经济困难做斗争。越南社会在新的形势下出现了许许多多的新情况、新问题。在新的社会历史发展时期，越南社会发生了一系列重大变革。"国家的生活在大的转折之后经历了一系列的深刻变动，随之在社会意识和人的意识深处都发生了许多的变化。"[②]这一系列重大变革牵动了社会关系、生产方式、生活方式、观念形态的变化，特别影响到心理结构、道德规范、价值尺度和文化传统。无数的新事物、新矛盾和新问题吸引着作家们的视线。新的生活需要出现新的作家，新的作家需要寻找表达他的深刻感受的新的形式。

作家们深入生活，用不同的色彩和情调表现了各种心态世相，从宏观到微观、从表层到深层、从局部到整体揭示出革新与保守、现代与传统、文明与愚昧、理智与情感之间的种种冲突，出现了《余下的距离》《园中落叶》《遥远的时代》《星星移位》《人多鬼杂之地》《战争哀歌》《下季的种子》等

---

① 裴越胜. 今天的短篇小说［J］. 文学研究，2004（1）：73.
② 赖元恩. 与同时代文学共存［M］. 河内：越南青年出版社，2003：166.

一批具有较高思想价值和艺术价值的优秀文学作品,深受读者的关注和喜爱。

在抗美救国战争中和全国统一后成长起来的新一代作家的作品"多样化,充满生气"①,如阮孟俊的《余下的距离》《面对大海》,麻文抗的《园中落叶》《没有结婚证书的婚礼》,朱文的《星星移位》,黎榴的《遥远的时代》,杨秋香的《盲目的天堂》《梦想的彼岸》,阮氏玉秀的《下季的种子》,宝宁的《战争哀歌》(又名《爱情的不幸》),阮克长的《人多鬼杂之地》,阮潘赫的《云散》,阮凯的《岁末的会晤》,黎明的《孤岛》,蔡伯利的《他们与谁共时》,阮晓长的《厂长的风格》,丛典的《空间》,武辉英的《外边的生活》,陈征武的《沱河对话》,范氏怀的《天使》,黄明祥的《又见河流》,阮光韶的《野草》,谢维英的《老苦》等长篇小说和阮明洲的《芦苇》等中篇小说都是越南当代文学中很出色的作品。

通过阅读上述作品,我们感觉,一方面,文学作品反映现实社会生活;另一方面,文学作品也预示着社会生活的发展。

除了我们提到的这些长篇小说和中篇小说外,在越南当代文坛上更多的是几代作家创作的大量的短篇小说。越南当代短篇小说及时地反映越南社会生活和艺术领域的方方面面。还有尹黄江、武克严的《以公理的名义》、春程的《海之夏》、刘光武的《我和咱们》、必达的《憧憬的顶点》、怀交的《历史与人证》等话剧作品和春琼、林氏美夜、意而、黎达、黄兴、阮光韶、阮眷、韦垂玲、文琴海、阮平方、陈进勇、阮有红明、潘玄书等人的诗集深受读者喜爱。这些作品让我们读到了当代越南人的生活、心理和价值取向,了解了当代越南社会生活。

越南当代文学变革的基础源于文学的自我意识,即文学对自己在社会中的作用、文学与政治之间的关系以及文学对人的意义等方面的觉醒。1987年越共中央政治局 5 号决议指出:"文学是文化中特别敏感的部分,体现人们对真、善、美的向往,有培养公民情感、心灵、人格、思想政治素质,建

---

① 友挺. 对正在走来的文学一代的期望[N]. 越南文艺报,2006-05-20(6).

设社会道德环境,树立社会主义新人的作用。"①河内国家大学潘巨棣教授认为:"政治局 5 号决议给文学创作活动吹来了一股新鲜的空气,把文学创作活动推向了一个新的高潮。"②

越南当代文学许多作品深刻地描写了艰苦、复杂的社会生活,不回避两次抗战中的痛苦和牺牲。越南当代文学意识到了文学对人的作用,许多作家深入个人命运,披露、解剖各种消极现象,生动地反映了人民群众生活的各个层面,激烈地批判了战后越南社会上出现的一些比较凸显的非道德的问题。越南当代文学的创作方法和创作风格比以前更加丰富多样。作家们"多角度地认识、感受和反映以往的两次抗战现实生活和当前的改造和建设社会主义斗争的实际"③。因此,造就了作品内容和人物性格的丰富多样。越南当代文学正在帮助人们认识新的生活实际和认识自我。

四、结语

原越南作家协会主席友挺认为:"面对国家的巨大变革,面对当前诸多的社会问题,也许读者们从来没有像现在这样要求、期待着作家们。因此提高作品的质量,努力创作出好的成规模的作品,不仅仅是对青年作家的要求,也是我们全体作家的首要任务。"④新的社会环境为社会生活注入了新的生机。越南社会的全面革新推动了越南知识界和文艺界新的思维方式、新的研究方法和创作手法的产生。作家、诗人、剧作家、批评家们精神风貌更加高昂,社会责任感和历史使命感明显增强,纷纷在自己的作品中体现革新思想。许多贴近时代、直面现实的优秀作品,都以其深刻的思想性、鲜明的时代性和强烈的艺术感染力受到广大读者的欢迎。

---

① 越共政治局. 革新和提高文学艺术和文化的管理领导水平,发挥创作性,把文学艺术和文化推向一个新的发展阶段[N]. 越南文艺报,1987-12-19(2). 即由阮文灵代表政治局签署的 5 号决议。

② 潘巨棣. 文学革新与符合规律的步骤[N]. 越南文艺报,1992-11-28(3).

③ 何春长. 继续奋斗提高文化文学艺术活动的质量[N]. 越南文艺报,1985-08-17(2).

④ 友挺. 对正在走来的文学一代的期望[N]. 越南文艺报,2006-05-20(6).

参考文献

[1] 陈平原. 中国小说叙事模式的转变 [M]. 北京：北京大学出版社，2003.

[2] 陈思和. 新时期文学概说 [M]. 桂林：广西师范大学出版社，2001.

[3] 曹文轩. 中国八十年代文学现象研究 [M]. 北京：作家出版社，2003.

[4] 曹文渊. 小说风云 [M]. 桂林：漓江出版社，1988.

[5] 蔡仪. 文学概论 [M]. 北京：人民文学出版社，1982.

[6] 范家进. 中国现当代小说点击 [M]. 北京：文学艺术出版社，2005.

[7] 尹昌龙. 重返自身的文学 [M]. 广州：广东人民出版社，1999.

[8] [法] 莫里斯·布朗肖. 文学空间 [M]. 顾嘉琛，译. 北京：商务印书馆，2003.

[9] [英] 弗吉尼亚·伍尔夫. 论小说与小说家 [M]. 瞿世镜，译. 上海：上海译文出版社，2000.

[10] [英] 拉曼·塞尔登. 文学批评理论：从柏拉图到现在 [M]. 刘象愚，陈永国，等译. 北京：北京大学出版社，2000.

[11] Đại học Quốc gia Hà Nội, Trường viết văn Nguyễn Du, Tạp chí Văn nghệ Quân đội. 50 năm văn học Việt Nam sau Cách mạng tháng 8 [M]. Hà Nội: Nhà xuất bản Đại học Quốc gia Hà Nội, 1996.

[12] Đặng Anh Đào. Một hiện tượng mới trong hình thức kể truyện hiện nay [J]. Tạp chí văn học, 1991 (6).

[13] Bùi Công Hồng. Văn học tham gia chống tiêu cực [J]. Tạp chí văn học, 1988 (5) - (6).

[14] Bùi Việt Thắng. Văn xuôi gần đây và quan niệm con người [J]. Tạp chí văn học, 1991 (6).

[15] Bích Thu. Những thành tựu của truyện ngắn sau 1975 [J]. Tạp chí văn học, 1996 (9).

[16] Hữu Thỉnh chủ biên. Việt Nam nửa thế kỷ văn học (1945-1995) [M].

Hà Nội: Nhà xuất bản Hội Nhà văn, 1997.

［17］Hoàng Trinh. Một nền văn học của dân tộc. của nhân dân. của thời đại [J]. Tạp chí văn học, 1996 (7).

［18］Huy Cận. Sự phát triển của văn học mới Việt Nam nửa thế kỷ qua [J]. Tạp chí văn học, 1996 (7).

［19］Lã Nguyên. Nguyễn Minh Châu và những trăn trở trong đổi mới tư duy nghệ thuật [J]. Tạp chí văn học, 1989 (2).

［20］Lại Nguyên Ân. Sống với văn học cùng thời [M]. Hà Nội: Nhà xuất bản Thanh niên, 2003.

越南语境中的女性社会镜像

广东外语外贸大学 黄以亭 林明华[①]

【摘 要】文章主要从"女作家众生相""女性社会镜像"和"社会文化规约下的女性叙事"等角度总览国家社科基金项目"革新时期的越南女性文学"的研究,对项目的研究理论和方法、研究对象以及研究要旨等做整体、系统又概括地介绍,为国内学术界对越南女性文学的研究乃至中越两国女性文学的相互比较、互为观照提供更新、更全面的佐证。

【关键词】越南;女性文学;社会镜像

从女性主义、文学和语言学相嫁接的多维度对越南女性文学展开系统、全面、"叙与论"相结合的研究,这在国内尚属首次。此前国内外学界对越南女性文学的研究多集中在少数代表性作家及其代表作的内容、主题、艺术特色等一般性分析、论述方面,着重探讨文学与意识形态、文学与社会现实和人性问题等关系,研究相对零散、单一,论域广度和理论深度也明显不足。

有鉴于此,《革新时期的越南女性文学》将1986—2010年的越南女性文学置于革新开放的历史背景下和革新文学发展进程中加以深入解读,从"文学主题""文学形象""叙事策略""文化解读"等角度对之进行全面论析,为国内学术界对越南女性文学的研究乃至中越两国女性文学的相互比较、互为观照提供更新、更全面的佐证,也让越南女性文学为更多的国内读者所了解和认知成为可能。

[①] 黄以亭,女,汉族,博士,广东外语外贸大学东方语言文化学院教授,主要研究方向为越南语言文学;林明华,男,汉族,广东外语外贸大学教授,主要研究方向为越南语言文化。

基金项目:国家社科基金项目"革新时期的越南女性文学"(项目编号:13BWW027)。此文为该项目成果简介(有修改)。

全面梳理 1986—2010 年近 25 年间越南女性文学的发展脉络，从 1986 年到 1990 年最初几年的"小试牛刀"，经历中间 10 年呈现"井喷式"的繁荣发展景象，到步入 21 世纪后日趋成熟、理性和多元化，发现其间越南女性文学无论是作品的主题和内容、人物形象塑造还是文学的艺术特征，均深受革新开放后经济社会的持续发展、思想禁锢的逐步解除和对外开放的不断深化的影响。

一、革新时期越南女性文学的土壤

1986 年 12 月正式启动的革新开放，是在越南经济社会陷入危机时倒逼出来的。革新开放使越南逐步摆脱了严重的经济社会危机，开始进入工业化、现代化建设时期，确立了以"社会主义定向的市场经济"作为社会主义过渡时期总的经济模式，进而迈向更加深入、全面地融入国际经济的新阶段。不特如此，越共"六大"所倡导的"全面革新"精神，像一股春风吹遍了越南大地。越南党和政府对文艺工作的"松绑"以及一系列相关政策、措施的出台，为越南作家营造了思想解放的宽松环境，逐渐开创了文学创作的新局面。

越南的革新开放与文坛的转型蜕变相伴而行，而这种转型和蜕变的表现便是在文坛雄踞了数十年的革命浪漫主义热潮开始退减，对各个特定社会历史时期的重大事件和英雄人物的宏观叙事也逐渐消失在人们的视野中。文学重新回到日常生活的轨道上，更多地描绘普通百姓千变万化、多姿多彩的平淡生活。爱情、婚姻、情欲、性别差异，以及与人民生活息息相关的柴米油盐、市场经济体制下的那些或明或暗的各种复杂关系，日益得到文艺工作者们的关注且被他们纳入到创作视野中。对过往历史的反省，那些从无意识中、从深心处涌起的感触，那些既私隐又普遍的个人需求等一股脑儿地出现在文学作品中，使文学回归其原初的本质：反映人类和人性世界的审美意识形态。

迄今为止，国内外学术界对"女性文学"的界定仍众说纷纭，莫衷一是。我们采用中国学者戴锦华的观点——女性文学最为直观的定义是女性所创作的文学。并认为，"女性文学"是女作家以鲜明的女性观照，颠覆、消解男权文化和男权意识对女性主体意识的统治与压迫，体现女性生活经历，表达女性主体意识，反映女性身份诉求，彰显女性书写特征的文学作品。革新时期的越南女性文学正是这样的文学。

二、革新时期的越南女作家众生相

在革新开放的历史背景下和革新文学发展进程中，一大批女作家相继涌现，以风采各异的姿态活跃于越南文坛。其中既有杨秋香（Duong Thu Huong）、黎明奎（Le Minh Khue）、黎明（Le Minh）、阮氏玉秀（Nguyen Thi Ngoc Tu）等在革新之前便为读者所熟知的女作家，更有李兰（Ly Lan）、陈垂梅（Tran Thuy Mai）、武氏好（Vo Thi Hao）、范氏怀（Pham Thi Hoai）、范氏明书（Pham Thi Minh Thu）、夜银（Da Ngan）、段莉（Doan Le）、依斑（Y Ban）、潘氏黄英（Phan Thi Vang Anh）、阮氏秋惠（Nguyen Thi Thu Hue）、武氏春霞（Vo Thi Xuan Ha）、阮氏谙（Nguyen Thi Am）、阮氏英书（Nguyen Thi Anh Thu）等战后成长起来的中青年作家，还有21世纪初崛起于文坛的一批新生代女作家，如国内的丰蝶（Phong Diep）、杜碧翠（Do Bich Thuy）、杜黄耀（Do Hoang Dieu）、阮玉思（Nguyen Ngoc Tu）、潘越（Phan Viet）和移居海外的梅宁（Mai Ninh）、范海英（Pham Hai Anh）、黎明霞（Le Minh Ha）、顺（Thuan）、段明凤（Doan Minh Phung）等人。因为她们的相继崛起和女性文学的逐步繁荣，曾经一度消沉的文坛才在男性作家和女性作家的合力下重新恢复了郁郁生气，展现出勃勃生机。

不论是从硝烟弥漫的战场走出来，带着战时的旧伤和对战争的思考，积极迎接和面对社会转型的前辈作家，还是在革新开放的社会转型时期成长起来，既传承父辈优良传统又勇于探索和突破、敢于直面现实生活的中青年作家乃至浸染全球化思维、注重个体体验和超前意识大胆创新的新生代作家，也不论是描写战争年代还是革新时期的现实生活，女作家们都能以敏感细腻的笔触，深入刻画女性生活的多面化与多重性，形象描绘她们的心路历程和感情世界，将女性长久以来被忽略的经历和被压抑的感受在文学作品中再现出来。杨秋香的《看不见的天堂》（*Nhung thien duong mu*）和《梦幻的彼岸》（*Ben kia bo ao vong*），武氏好的《燃烧的架子》（*Gian thieu*）和《地狱之舞》（*Vu dieu dia nguc*），依斑的《我是女人》（*I am dan ba*）、《有魔力的女人》（*Nguoi dan ba co ma luc*）和《写给母亲瓯姬的信》（*Buc thu gui me Au*

Co)，范氏怀的《天使》(Thien su)和《曼娘》(Man nuong)，阮氏秋惠(Nguyen Thi Thu Hue)的《后天堂》(Hau thien duong)和《未婚少妇》(Thieu phu chua chong)，潘氏黄英的《有孩子》(Co con)和《当人们年轻时》(Khi nguoi ta tre)，黎明奎的《夏季高峰》(Cao diem mua ha)、《远离城市的一个下午》(Mot chieu xa thanh pho)和《门槛前的告别语》(Loi chao truoc nguong cua)，黎明的《姐姐》(Nguoi chi)、阮氏玉秀的《绿荫下的故事》(Cau chuyen duoi tan la rop)等一大批作品，都是女性生活的逼真写照，她们所描绘的女性人生画卷，既体现着作家对女性命运的思考，也闪耀着对女性诉求的人文关怀。

革新时期的越南女性文学既是当代越南文学的重要组成部分，也是世界女性文学的重要组成部分。

三、越南语境中的女性社会镜像

抗美救国时期，"社会主义革命与社会主义建设""解放南方""统一祖国"等关乎民族前途、国家命运的时代主题规范了越南文学宏观叙事的主基调。越南统一之后不久，日益深重的经济社会危机不仅使广大民众面对物质生活与精神生活的双重困境，也使文学创作陷入迷茫无助之境况。革新开放给越南文学带来了"第二次解放"。社会变革给人们带来的冲击与变化不仅表现在制度层面和物质层面，它还影响并改变了人们的精神生活，包括人们对现实生活的价值判断和对文学作品的审美观念。越南女性文学在反映女性群体参与革新开放、投身社会建设、追求自身发展的同时，也将原来对社会群体和宏大事件的关注逐渐转移到与个体息息相关的世俗生活上来。原先被宏观叙事和集体无意识所淹没的或被边缘化的活生生的女性遭际与诉求、爱与恨、希望与幻灭，更加多面地展示在女性作家的作品之中，由此逐渐完成了女性文学主题的变奏。

然而，展现这些变奏的主题的女性作品，无一不植根于越南的现实土壤之中，受越南语境所规约。如以战争为题材的《笑林幸存者》(Nguoi sot lai cua rung cuoi)、《命运》(So phan)、《只有 A 字的信》(Nhung buc thu chu A)等作品，从不同的角度描写了战争对女性的肉体与精神的双重摧残，揭示了战争给许多家庭带来的苦难和悲剧，叙述了战争对人性的摧毁和战争创伤医治中闪烁出来的人性光芒。以革新时期的女性人生为题材的《西贡缝纫店》(Tiem may Sai Gon)、《日记》(Nhat ky)、《后天堂》(Hau thien duong)、《季末雨》(Con mua cuoi mua)等作品,分别以女性寻梦、奋斗、家庭生活、感情波折等凡人琐事,讲述了社会变革对女性群体带来的冲击以及她们对人生、对爱情的新诉求。《梦魇》(Bong de)和《我是女人》(I am Dan ba)等作品则以大胆的性描写去揭示性欲与爱情、与男权、与人性等一系列剪不断理还乱的敏感问题。《来,让我们一起遗忘》(Nao, ta cung lang quen)、《小改啊》(Cai oi)、《风暴》(Con giong)、《西子湾畔的篝火》(Nhung dom lua tren vinh Tay Tu)等短篇,描述了现代社会的生活形态、观念冲突、家庭纠葛乃至同性恋等人生百态。

在形象塑造方面,与革新开放前文学作品中女性人物形象非此即彼的扁平化——无论是高大上的"女英雄式"、拯救人间的"天使式"还是腐化堕落的"妓女式"形象相比,革新时期女性文学作品摒弃了千人一面的公式化,结合人物自身所处环境,从人物的生活细节、心理活动、对话和独白等角度挖掘人物性格特征,刻画她们面对战争造成和遗留下来的各种家庭、社会问题时的困境,站在社会转型期的十字路口时的挑战和考验,思考和探索她们为生存而做出的选择与遭遇的结局。比如,《皇宫之火》(Lua hoang cung)和《井底之月》(Trang noi day gieng)分别塑造了两个生活在不同时代但有着相似命运的女性人物,她们都是被封建男权思想禁锢的女性,一个被囚禁在深闺宫苑中,一个被囚禁在自己描绘的幻象中,她们都把希望寄托在异性的身上,视男人为自己人生的主心骨、命运的掌控者。两者唯一的不同,在于她们命运的终结方式。《皇宫之火》中琼诗姑娘把自己交给了充满阳刚之气的义军壮士,这一举动超越了当时封建制度和思想对女性的限制,具有相当的积极和进步意义。《井底之月》的阿杏则把自己交付给一尊神灵塑像,在自我麻痹的精神世界中度过余生。再如《未婚少妇》(Thieu phu chua chong)中的小媚为了改变命运,积极争取自己想要的生活和幸福,她的身上有现代女性有主见敢作为的气质,但她不顾亲情、不惜破坏亲姐姐的家庭,横刀夺爱的做法,有违传统文化的规约,让她受到了惩罚和报应。上述作品中的女性人物设计和塑造,均体现了作家对女性遭际和命运的关照,其中既有对之同情、为之抱不平的关切之情,亦有恨其软弱轻信、罔顾人伦的道德批判。对于人类的另一半,女作家们亦给予了相应的关注。《男人的本领》(Ban linh dan ong)和《有妻》(Co vo)通过人物的心理活动和男人"经典"的想法，再现现实生活中男人的性格特点。作者用男人面对家庭琐事、身体病痛时的处理方法、手段和心理特征，突显男性人物的性格特点和形象特征。通过大量的内心独白，以男性视角为切入点描写和塑造男性人物，进而观察两性婚姻、感情生活中男女之间的性别差异，比传统女性作品靠女性发出呐喊来阐述作者创作意图要更多层次多角度，也更有说服力。

这些女性形象既受传统的规约，也是对传统的颠覆和重构；既受男权的压迫，也与男权相抗争；既赢得社会赞誉，也被社会所丑化，既有独立自主的主体意识，也在社会的重重压力下丧失了自我。即便是被"边缘化"和"去英雄化"的男性形象，在女作家的作品文本中也显得更接地气，他们在现实生活中的原有面貌也被反映得更为充分。这一切，共同构就了越南语境中的女性乃至两性社会镜像。

四、社会文化规约下的女性叙事

越南传统文化推崇儒家"忠孝仁义""三从四德"等思想理念。八月革命胜利以后，女性地位日益提高，女性形象在文学作品中的呈现虽变得丰富多样，但由于战争年代的政治需要，女性多被塑造成救国救民的英雄，无视性别差异的女英雄形象在文学作品中大量涌现。此现象看似标志着男女平等，但实际上它并没有带来真正意义上的女性解放。单一、扁平、片面的女性形象也未能真切地反映女性在现实生活中的方方面面。革新之后特别是到了世纪之交，女作家在短篇小说领域几乎独占鳌头，然而对她们作品的研究仍未得到重视，女性写作要么被隐而不彰，要么被断章取义。

要在这种文化统领下的社会中立足并为女性群体代言，女作家们必须要思考在作品中以何种策略叙事、传递怎样的叙述意图，才能真正发出属于女性群体的声音，为女性争取最大限度的利好。在社会、经济和文化转型期，女作家们淡化宏大叙事，专注身边生活细节和平凡人生，以第一人称叙事为主，结合不同人称的运用改变叙述视点，侧重以人物内心独白、心理描写与间接描述为主，通过意识流、魔幻化、多声复调等现代或后现代叙事手法，解构传统叙事，隐藏叙事意图、弱化叙述声音，以此赢取言说的机会和权利，谱就女性书写的交响乐。

在笔者考察的 34 位女作家作品文本中，以第一人称展开叙事的作品为数不少。"第一人称叙事"具有极强的张力。一方面，叙述者可把自己对人物、事件、环境等的价值判断毫无保留地呈现在故事中，拉近与读者的距离，让读者对叙述产生信赖感。另一方面，由于叙述者的视角在通常情况下是有限制的"个性视角"，叙述者对事件的评判和态度易产生"主观色彩""认识偏见"等，它影响读者对故事真实性的判断（比如，读者在阅读时不禁要问：她讲述的故事有可能发生吗？），使之前建立和培养的信赖感减弱，产生距离，形成冲突，叙事因此充满张力。诚如乔纳森·卡勒所言，"文本就是作者建构的东西，它的意义不是陈述，而是它做了什么，它给读者什么潜在的影响。"第一人称叙事造成的叙述张力便是这种影响所在。《后天堂》（Hau thien duong）、《写给母亲瓯姬的信》（Buc thu gui me Au Co）、《梦魇》（Bong de）等作品中对疏离传统的女性故事和她们离经叛道行为的叙述方式，便是佐证。第一人称叙事是女作家为发出女性群体"集体型叙述声音"而采取的叙述策略之一，它是向传统社会文化发起挑战时采取的一种暂时的、有限度的妥协和背负传统的反叛。

"魔幻化""意识流""多声复调"等叙事手法是对"第一人称叙事"个人型声音的强化。那些难以言说甚至无法言说的事实真相和思想，潜藏在"元小说"式的谋篇布局或者晦涩难懂的语词当中。《绿衣少女画像》（Buc tranh thieu nu ao luc）、《巨蝶之夜》（Dem buom ma）等作品中展示了超然人物性格的多面性、多重性，描绘生活中各种细微而又不易察觉的情绪。《雨中的海》（Bien trong mua）、《浮夸的故事》（Phu phiem truyen）等作品以"议"为主，弱化情节构筑和人物形象塑造，既颠覆了传统叙事模式，又反映了现代人看似平淡、趋同而实际上复杂多变的精神世界。《曼娘》（Man nuong）是打破沉闷无趣的同一性格局、追求个性发展的佼佼者。《十天》（Muoi ngay）、《哑剧》（Kich cam）、《有孩子》（Co con）等作品则是现代女性将自身置于传统文化规约和社会生活习俗的中心思考女性身份时的心思和心理的自然流露与呈现。《氏路的末日》（Ngay cuoi cung cua Thi Lo）、《贞女魂》（Hon trinh nu）、《未婚少妇》（Thieu phu chua chong）等作品通过不同人称的运用改变聚焦点和观察视角，除了体现女性在社会现代化进程中的命运遭际，反思性别关系，也呈现了东西方文明、传统与现代文化等各种思想观念相互碰撞的画卷，形成多声共鸣的场景。

五、结语

　　革新时期的越南文坛深受社会变革、经济发展和文化观念改变的多方影响，浸淫其中的女性文学借此进入历史大语境并获得长足发展，在某种程度上表达女性群体对男权思想和观念的解构与评判，映照其重构女性意识与身份认同的诉求，同时，彰显女性群体致力性别平等的终极关怀，一度成为一种文化现象。

　　陈顺馨认为，作为文化现象的女性话语，除了是女性群体在整体人类的历史、生活和社会中所能占用的有限空间的一种反映外，也可以把它理解为一种解构男性权威的方式。革新开放为越南社会和文学发展提供了较为开放、自由、宽松的环境。越南女作家凭借一系列的文学文本，通过对现实中男女两性群体的集体生存状态的"原画复归"，借助女性化叙事策略，反映市场经济下与社会民生关系密切的社会现实、新旧观念之间的矛盾冲突以及女性在此间的遭际，展示了具有典型性特征的两性形象，表达女性对两性平等和两性关系的关切，呈现个体意识和个人欲望，肯定自我的生存价值，冲出被客体化的窠臼，使长期处于边缘地位的女性话语进入主流场域，获得言说的权利。

《剪灯新话》与《传奇漫录》中的道士形象比较

北京大学 陈田颖[①]

【摘 要】越南传奇小说《传奇漫录》是对明朝瞿佑作品《剪灯新话》的仿作，比较两部作品，二者呈现出许多共同特征。透过其中的"道士"形象，可以看到《剪灯新话》与《传奇漫录》之间有紧密的联系，同时又反映各自时代特征与民族特色。

【关键词】《剪灯新话》；《传奇漫录》；道士；同异

一、前言

自古以来，中越两国山水相连，文化相通。特别是在文学史上，中国古典文学对越南古代文学的影响尤为突出。可以说，两国文学作品层层相应，难解难分，如青心才人版《金云翘传》之于阮攸版《金云翘传》，《玉簪记》之于《潘陈传》等。

其中，《剪灯新话》之于《传奇漫录》的比较研究，是学界热点之一。《剪灯新话》是明初钱塘文人瞿佑的代表作品。该书受唐传奇小说影响，收录古今怪奇之事，一经问世便受欢迎，效仿者纷纷[②]，出现了一系列"剪灯"体小说，如李昌祺的《剪灯余话》、邵景詹的《觅灯因话》等。直到正

[①] 陈田颖，女，汉族，北京大学外国语学院亚非语言文学专业 2018 级硕士研究生，主要研究方向为越南语言文化。

[②] 鲁迅．中国小说史略［M］．上海：上海古籍出版社，2006：134．原文为"文题意境，并抚唐人，而文笔殊冗弱不相副，然以粉饰闺情，拈掇艳语，故特为时流所喜，效仿者纷起，至于禁止，其风始衰"。

统七年（1442）朝廷禁毁①《剪灯新话》，"剪灯"热潮才平息。

《剪灯新话》在中国虽渐趋淹没，但在朝鲜、日本、越南等国影响甚广。被誉为"千古奇笔"的越南第一部汉文传奇小说集《传奇漫录》，便是模仿《剪灯新话》而作。20世纪80年代末，台湾学者陈益源校点《传奇漫录》后，以《剪灯新话与传奇漫录之比较研究》②为题，从作者、作品问世与传播、作品内容、写作技巧与影响等方面依次列举了二者的承袭关系，具有相当的学术价值。

《剪灯新话》与《传奇漫录》两部作品均含有较多道教因素，尤其是其中相应选篇《牡丹灯记》与《木棉树传》的道士形象各富两国特色，对比鲜明。本文拟一一列举《剪灯新话》③与《传奇漫录》④中出现的道士角色，并对道士形象进行对比分析，透过两部作品的作者生平，结合历史上道教在越南的传播与发展，探究两国道士形象有同有异的原因。

二、《剪灯新话》与《传奇漫录》创作背景

（一）作者生平

《剪灯新话》的作者瞿佑（1347—1433），字宗吉，号存斋，祖居钱塘（今浙江杭州）。他生于元末乱世，年幼时随父避乱，但他聪慧过人，十四岁时便得到了当时的东南文坛领袖杨维桢的赏识，赞其"此君家千里驹

---

① 中央研究院历史语言研究所校．明英宗实录［M］．北京：中华书局，2016：1805—1807．原文为"正统七年，二辛未，国子祭酒李时勉言：'近有俗儒，假托怪异之事，饰以无根之言，如《剪灯新话》之类，……乞敕礼部……凡遇此等书籍，即令焚毁，有印卖及藏习者，问罪如律……'"。

② 陈益源．剪灯新话与传奇漫录之比较研究［M］．台北：台湾学生书局，1991．

③ 本文涉及的《剪灯新话》引文均出自瞿佑．剪灯新话［M］．上海：上海古籍出版社，1994．

④ 本文涉及的《传奇漫录》引文均出自孙逊，郑克孟，陈益源．越南汉文小说集成：4［M］．上海：上海古籍出版社，2010：1—174．

也"①。他曾屡试不中，得举荐于洪武十一年（1378）出任仁和（今杭州）训导，后调任河南宜阳训导。建文年间为国子监助教兼修国史。永乐元年（1403）任周王府右长史，达到他的仕途顶峰。永乐六年（1408）因罪入狱，五年后出狱流放保安十年。洪熙元年（1425）瞿佑得英国公张辅援助获释，在英国公家主持家塾三年，后归居故里，以著述度过余年。

《传奇漫录》的作者阮屿，字号不详，生卒年月亦不详，洪州嘉福县段林社人。目前有关他的生平，可考史料中最早的是大安何善汉于莫朝宣宗永定初年（1547）秋七月为《传奇漫录》所作的序，其中提到：

"公前朝进士翔缥之长子也，少劭于学，博览强记，欲以文章世其家。粤领乡荐，累中会试场。宰于清泉县，才得一稔，辞邑养母，以全孝道。足不踏城市，凡几余霜，于是笔斯录以寓意焉。"②

可见阮屿同样是自幼聪慧，并且会试中举，但出任清泉县令才一年便辞官回家奉养母亲了，之后未复出，而是长期隐居乡下，开班授业，不踏足城市一步，也因此被潘辉注称为"逸士"。③

（二）成书年代与动机

据学者陈益源考证，现今《剪灯新话》的各存本中都附有瞿佑的一篇自序，落款为"洪武十一年岁次戊午六月朔日山阳瞿佑书于吴山大隐堂"，包括《重校剪灯新话后序》提及"抑是集成于洪武戊午岁，距今四十四祀"，由此可确定《剪灯新话》成书撰序于洪武十一年（1378），当时瞿佑三十二岁。

瞿佑的才情之高，毋庸置疑。《两浙名贤录》等典籍评价瞿佑为"学博才赡，风致俊朗"。但年少成名，才华横溢的瞿佑几次参加科举却不中。这对起初积极入仕的他无疑是个打击，以至于他后来得到举荐却以照顾年迈的母亲为由而放弃出仕。《剪灯新话引》中提到："宗吉家学渊源，博及群集，

---

① 崔江，乔光辉. 论瞿佑及《剪灯新话》[J]. 淮阴师范学院学报（哲学社会科学版），2002（5）：651—655.

② 孙逊，郑克孟，陈益源. 越南汉文小说集成：4[M]. 上海：上海古籍出版社，2010：11.

③ 潘辉注. 历朝宪章类志二[M]. 河内：教育出版社，2007：512.

屡荐明经，母老不仕，得肆力于文学。"①正是这一时期，他潜心于文学，并作《剪灯新话》。《剪灯新话》也极有可能是瞿佑的发愤之作，他曾满怀报国壮志，但科举失意，在此情境下作《剪灯新话》更多是为了排遣、慰藉自我。

由于阮屿生卒年的不可考，对《传奇漫录》的问世时间，学界同样是各番揣测。陈益源根据何善汉题的序与《传奇漫录》卷四的《金华诗话记》，对照黎贵惇为阮屿所撰小传"以远任辞，归家侍养。后以伪莫篡窃，誓不出仕。居乡授徒，足不踏城市，著《传奇漫录》四卷"，②推测应该是在16世纪30年代成书，较瞿佑的《剪灯新话》晚了一个半世纪。

阮屿任清泉县令仅一年便辞官回乡奉老，从"后以伪莫篡窃，誓不出仕"可大致断定，莫登庸篡权的时代背景下，阮屿不愿为其效力，愤而辞官归隐。他对朝政已彻底失望，专心于著书育人。

三、《剪灯新话》与《传奇漫录》中的道士形象对比分析

（一）道士角色概况

《剪灯新话》共四卷，每卷五篇，加上附录《秋香亭记》，凡二十一篇。其中或故事掺杂道教成分，如《水宫庆会录》末尾余善文"弃家修道"；或发生地点与道教相关联，如《金凤钗记》中崔生命道士建醮的琼花观；或角色与道教相关，如《滕穆醉游聚景园记》中隐士滕穆"后终身不娶，入雁荡山采药，遂不复还"。明确提及道士的篇目有《三山福地志》《金凤钗记》《牡丹灯记》《绿衣人传》。

《三山福地志》中，元自实于三山福地遇道士，道士"曳青霞之裾，振明月之珮"，知晓过去与未来事，既开解自实因果自有报应，为其解惑，又为自实指出一条生路；《金凤钗记》中的道士只是简单带过，"建醮三昼夜"

---

① 瞿佑. 瞿佑全集校注［M］. 乔光辉，校注. 杭州：浙江古籍出版社，2010：649.

② 黎贵惇. 黎贵惇全集：2 见闻小录［M］. 河内：社会科学出版社，1977：卷五 6—7.

为兴娘超度；《牡丹灯记》中事实上涉及两位道士，一位是玄妙观魏法师，擅长符箓，先授朱符给乔生暂避祸端，后来又指点乡人寻铁冠道人除祟，另一位是法术灵验的铁冠道人，他隐居深山，在众人恳求下不得不下山，结坛作法，捉拿邪祟后又对他们进行审判，事毕拂袖而去，不复可见；《绿衣人传》中有道士"衣裾褴褛，至门求斋"，吃完将钵倒扣在桌上，众人翻转不动，唯贾似道亲自举起，钵上题诗暗示他未来的命运。

《传奇漫录》同样为四卷，但无附录，凡二十篇。其中角色或多或少与道教相关，如《范子虚游天曹录》中的处士杨湛，《徐氏仙婚录》中的魏夫人，《昌江妖怪录》中的神医，《那山樵对录》中的隐士，《沱江夜饮记》中的胡处士，《李将军传》中的术士等。明确提及道士的篇目有《木棉树传》《茶童降诞录》。

《木棉树传》中，道人夜宿木棉树旁的古刹，询问老叟知妖物作祟后，开坛画符，为民除害，并不收钱财，拂衣而去；《茶童降诞录》中的道士"弊袍破履，盘跚而进"，自称天锡的故人，点明天锡的前尘往事，并规勉他善恶祸福因果报应的道理，助他化险为夷。

（二）道士形象对比之同

何善汉在所作序中提及"观其文辞，不出宗吉藩篱之外"，并注明"瞿宗吉著《剪灯新话》"，可知阮屿作《传奇漫录》时，有借鉴、模仿瞿佑的《剪灯新话》。陈益源在比较《剪灯新话》与《传奇漫录》内容时也曾指出，故事内容似曾相识，但二者并非一一对应的关系，除《木棉树传》几乎是《牡丹灯记》的原版再现，其余篇章是阮屿在借用的基础上，又做了很多巧妙的变化与安排，从而构成了完整的新故事。为了佐证这一点，下文列举两部作品中相关篇章的道士形象内容。

表1 《牡丹灯记》《木棉树传》内容之同比较

《牡丹灯记》	《木棉树传》
（铁冠道人）径至西门外，结方丈之坛，踞席端坐，书符焚之。	（道人）乃召乡人，具严坛法椅，书符三道，一钉之树侧，一沉之江中，一则当空焚碎。
道人曰："此间有邪祟为祸，惊扰生	宣行毕，即厉声曰："此间淫祟，久

(续表)

《牡丹灯记》	《木棉树传》
民，汝辈岂不知耶？宜疾驱之至。"	矣凭陵，假尔神兵，翦除凶丑，法无稽滞，火速奉行！"
受命而往，不移时，以枷锁押女与生并金莲俱到，鞭箠挥扑，流血淋漓。……即见三人悲啼踯躅，为将吏驱捽而去。	继闻空中有鞭挞泣哭声，众人仰视，见牛头馼卒，可六七百人，枷二人去矣。
道人拂袖入山。明日，众往谢之，不复可见，止有草庵存焉。	乡人以财厚赠，道人拂衣不顾，竟入深山去矣。

表2 《三山福地志》《绿衣人传》《茶童降诞录》内容之同比较

《三山福地志》	《绿衣人传》	《茶童降诞录》
	又尝斋云水千人，其数已足，末有一道士，衣裾褴褛，至门求斋。主者以数足，不肯引入，道士坚求不去，不得已于门侧斋焉。	常设祈安道会，峨星冠而曳霞裾者，数百人余。继有一道士，弊袍破履，盘跚而进，把门者不纳，强之至再，阍者禀命。
笑而问曰："翰林识旅游滋味乎？"自实拱而对曰："旅游滋味，则尽足矣。翰林之称，一何误乎？"		道人曰："相公今日官居鼎鼐，地起楼台……想极平生，犹不及紫微之乐乎？"公曰："鼎鼐之居，粗尝窃宠；紫微之乐，未究来由。"
乃于袖中出梨枣数枚令食之，曰："此谓交梨火枣也。食之当知过去未来事。"自实食讫，惺然明悟，因记为学士时，草西蕃诏于大都兴圣殿侧，如昨日焉。		且以灵丹一粒授之。饮则毕，则惺然有悟，渐渐记前生事矣。
遂请于道士曰："某前世造何罪而今受此报耶？"道士曰："子亦无罪，但在职之时，以文学自高，不		公请其故，曰："公为宰相，无他过咎；只缘当途日久，颇用爱憎，今则产怨已深，冤魂塞露矣！"

(续表)

《三山福地志》	《绿衣人传》	《茶童降诞录》
肯汲引后进,故今世令君愚憨而不识字;以爵位自尊,不肯接纳游士,故今世令君漂泊而无所依耳。"		
自实因指当世达官而问之曰:"某人为丞相。而贪饕不止,贿赂公行,异日当受何报?" 又问曰:"某人……异日当受何报?" 又问:"某人为监司,而刑罚不振;某人为郡守,而赋役不均;某人为宣慰,不闻所宣之何事;某人为经略,不闻所略之何方,然则当受何报也?"		公曰:"吾闻天道公明,如持衡握镜。……谁云投李报琼?自是种瓜得豆!此吾所以深惑而终不解也。"
道士曰:"彼乃无厌鬼王,地下有十炉以铸其横财,今亦福满矣,当受幽囚之祸。" 道士曰:"彼乃多杀鬼王,有阴兵三百,皆铜头铁额,辅之以助其虐,今亦命衰矣,当受割截之殃。" 道士曰:"此等皆已杻械加其身,缧绁系其颈,腐肉秽骨,待戮余魂,何足算也!"		道人曰:"不然!善恶之积微而彰,报应之机迟而果。阴功显处,必须善果圆成;阳福散时,必待恶根滋蔓。或将伸而预屈,或欲挫而先骄。有行而贫,或是前生业障,不仁而富,定为宿世善缘。虽云深远难知,实则毫厘不爽。故勿以一偏立论,以一瞬观天也。"如是凡数千言,皆寓规勉,公甚欣纳。
道士因言:"不出三年,世运变革,大祸将至,甚可畏也。汝宜择地而居,否则恐预池鱼之殃。"自实乞指避兵之地。 道士曰:"福清可矣。"又曰:"不若福宁。"	得好休时便好休,收花结子在绵州。	公又问乌蹲之说,道人愀然不乐,屏人谓曰:"后五年,公尝有海滨之行,吾恐于其时,重遭其祸!"公曰:"奈何?"曰:"无伤也。吾本字君房,脱有急,但焚香一瓣,以字

(续表)

《三山福地志》	《绿衣人传》	《茶童降诞录》
		呼之，吾至，亦一助也。"
其后张氏夺印，达丞相被拘，大军临城，陈平章遭掳，其余官吏多不保其首领，而缪君为王将军者所杀，家资皆归之焉。以岁月记之，仅及三载，而道士之言悉验矣。	然终不喻"绵州"之意，嗟乎！孰知有漳州木绵庵之厄也！	后天锡果因言事忤之。 方记道士之言，依教呼之。

通过上述二表《剪灯新话》与《传奇漫录》相应篇章道士形象的对比，可知《木棉树传》与《牡丹灯记》几乎吻合，而《茶童降诞录》中的道士则混合了《三山福地志》道士知过去事与《绿衣人传》道士衣衫褴褛上门警谕的事迹。在两部作品中，道士或开坛画符，或驱除邪祟，或知前尘未来事，或归隐深山，或大隐隐于市。因此可以佐证《剪灯新话》与《传奇漫录》之间有千丝万缕、不可割裂的承袭关系。

（三）道士形象对比之异

"任何文本都处于若干文本的交汇处，都是对这些文本的重读、更新、浓缩、移位与深化。从某种意义上讲，一个文本的价值在于它对其它文本的整合和摧毁作用。"① 乔光辉在解读《剪灯新话》与《传奇漫录》的互文关系②时，也提出比较文本不应只满足于仿作的承袭与借用，尤应挖掘出仿作的自身特色。下文拟就学界公认的高度相似的《牡丹灯记》与《木棉树传》中道士形象上的差异，探究阮屿的《传奇漫录》所体现的自身特色。

---

① 秦海鹰. 互文性理论的缘起与流变 [J]. 外国文学评论，2004（3）：19—30.

② 乔光辉.《传奇漫录》与《剪灯新话》的互文性解读 [J]. 东方论坛（青岛大学学报），2006（3）：47—52.

表3 《牡丹灯记》《木棉树传》内容之异比较

《牡丹灯记》	《木棉树传》
居人大惧,竞往玄妙观谒魏法师而诉焉。法师曰:"……闻有铁冠道人者,居四明山顶,考劾鬼神,法术灵验,汝辈宜往求之。"众遂至山,攀缘藤葛,蓦越溪涧,直上绝顶,果有草庵一所,道人凭几而坐,方看童子调鹤。众罗拜庵下,告以来故。道人曰:"山林隐士,旦暮且死,乌有奇术!君辈过听矣。"拒之甚严。众曰:"某本不知,盖玄妙魏师所指教耳。"始释然曰:"老夫不下山已六十年,小子饶舌,烦吾一行。"	陈开禧庚午岁,有道人宿树傍古刹,时江寒月淡,万籁具寂,见二人,裸逐笑哄。移时,俄就禅关扣问。道人疑其怀春男女,乘月相招,且丑其为人,闭门坚卧。翌日,就村中老叟,备言所见,且叹民风偷薄。叟曰:"吁!此妖物依凭古树,于今有年,安得斩邪之剑,为斯民断此恶荄也!"道人沉吟良久,曰:"我以济人为业,事有至此,已曾面觏,若不垂法手,是见溺而不援也。"
道人呵责良久,令其供状。将吏以纸笔授之,遂各供数百言。……道人以巨笔判曰……判词已具,主者奉行急急如律令。	有顷,云霾涨浮,咫尺不辨;洪波震荡,声动天地。俄而风止,稍稍开霁,则木绵已拔,枝柯碎烂,如裂麻之状。

通过细节对比,《牡丹灯记》中众人主动往深山求助铁冠道人。铁冠道人隐居山中,且起初拒绝相助,众人点明是魏法师指教才肯行动,铁冠道人完全超脱世俗,置身世外,甚至在事后将透露其行踪的魏法师弄瞎,此行径也颇具深意,反映其强烈的避世意愿。《木棉树传》的道人则是行至此处,亲眼见妖物,主动斩邪祟。可见其中的道人更具主观能动性,以救世济人为业,恰符合了注解中对道人的定义"蹈修真而执平者"。此外,《牡丹灯记》中以较多的笔墨写铁冠道人对乔生三人的审判,铁冠道人此时俨然成了地府判官。而《木棉树传》中却重点置于道人的施法过程与法术威力,足见其道法高深,也侧面增加了故事的可信度。

四、《剪灯新话》与《传奇漫录》道士形象同异的原因

道士形象在《剪灯新话》与《传奇漫录》中的刻画从表面上看似乎趋于一致,但落实到篇章的细节,落实到人物的具体行为,二者又体现出明显的差异。欲探究差异出现的原因,便不得不通过道教传入越南后的发展,并结合作者的时代背景而进行解读。

（一）历史上中国道教传入越南

道教传入越南最早可考的史料是《三国志》中的记载："昔南阳张津为交州刺史，舍前圣典训，废汉家法律，尝著绛帕头，鼓琴烧香，读邪俗道书，云以助化，卒为南夷所杀。"① 可知早在汉建安年间交州最高行政长官张津已信道而辅教化。

张津卒后，士燮担任交州太守期间，信奉道教的名医董奉曾游历交州，并以药丸符水使士燮起死回生②。此外，东晋末年越南民间道教组织已形成并初具规模。信奉天师道的卢循在孙恩败亡后带领起义的道军转战到合浦、交州一带。据《资治通鉴》所载："循余众犹三千人，李逊余党李脱等结集俚獠五千余人以应循。庚子，循晨至龙编南津。"③ 是时信奉李八百的民间道教组织，其首领多化名为李脱，④ 因此此处记载中的李脱可能代指在交州的民间道教信徒。

至隋唐时，道教在中国本土已趋成熟，南传至越南也表现出鼎盛之势。在此期间，崇尚道术的高骈任静海军节度使，在安南大力传播道教。《旧唐书》中记载了高骈以法术开道凿港之事，"骈视其水路，自交至广，多有巨石梗途，乃购募工徒，作法去之。"⑤ 越南神怪小说《岭南摭怪》中还描绘了高骈因风水地理修大罗城、以符术压安南龙精地灵的神话事迹。除了道教传说广为流传，交州也广修道观，州内名观林立，如白鹤通圣观便是修建于此时并一直保存至14世纪，足见道教在越南的影响力大增。⑥

公元968年，丁部领建大瞿越国，越南北属时期结束，但道教在越南的

---

① 陈寿．三国志［M］．北京：中华书局，1971：1110．
② 吴士连．大越史记全书［M］．陈荆和，校合．东京：东京大学东洋文化研究所，1986：133．原文为"丙午四十年，王薨。初，王尝病。死三日，仙人董奉与药一丸，以水含服，捧其头摇捎之。少顷即开目动手，颜色渐平。复明日，旋能起坐。四日复能误。遂复常"．
③ 司马光．资治通鉴［M］．北京：中华书局，2011：3705．
④ 房玄龄．晋书［M］．北京：中华书局，1974：1575．原文为"时有道士李脱者，妖术惑众，自言八百岁，故号李八百。自中州至建邺，以鬼道疗病，又署人官位，时人多信事之"．
⑤ 刘昫．旧唐书：卷一百八十二［M］．上海：中华书局，1936：12．
⑥ 王卡．越南访道研究报告［J］．中国道教，1998（2）：3—5．

传播与发展并未结束。从公元 10 世纪中叶至 15 世纪初，越南的思想文化仍受中国影响，道教也得到较大发展。李太祖迁都升龙后，在城左修太清宫①，成为后来李、陈二朝官方祭祀的重要道教场所。《大越史记全书》中记载了李神宗在道观参与的设醮仪式，"夏四月……帝幸五岳观，庆成金银三尊像……冬十二月，设度人会于迎仙堂。设庆成大醮于延生殿。"②

陈朝时，道教影响仍不减。陈太宗即位不久，于建中三年"试三教子"，考查"儒道释各承其业者"，可见道教同样得到统治者的敬重。现存的《白鹤通圣观钟记》还记载了南宋亡国道士许宗道在越南帮助陈朝军民抵抗元军的事迹，"时有大宋国福建路福州福清县海坛里道士许宗道，同流附舶，乘兴入南……相留宗道于门墙，以阐扬于道教……遂率左右单骑前驱，才历蛮獠，辍军后至，八刻之内，彼此不逢，直至御前，朝侍驾右，卒集军士，斩馘唆都……"③

纵观自公元初年至 15 世纪，道教在越南走过漫长的传播与发展历程，越南道教受中国道教影响很深，但越南道教对中国道教思想、理论吸收不多，阴阳卜筮之术、风水堪舆之说却深得越南人欢迎，这也使得道教与越南本土信仰结合，易于在民间广为流传。譬如《木棉树传》中的道人刻画，较《牡丹灯记》中更多强调其施展符箓的过程及法术的威力，这反映了道教在越南的传播以符箓法术为主，而非理论思想。《传奇漫录》中的道士角色形象，往往隐于民间，或擅符箓，或知前尘未来事，这与越南道教的传播内容与路径是相符的。

而到陈末胡季犛篡权后，越南再度沦为中国属地，黎利蓝山起义驱逐明军，于公元 1428 年建立黎朝。1527 年莫登庸篡夺帝位，建立莫朝。自后黎朝起，儒家学说成为官方统治思想，道教发展相对受限。这一时期，正是阮屿亲身经历的时期，也是《传奇漫录》问世的时期。

---

① 吴士连. 大越史记全书 [M]. 陈荆和，校合. 东京：东京大学东洋文化研究所，1986：209．

② 吴士连. 大越史记全书 [M]. 陈荆和，校合. 东京：东京大学东洋文化研究所，1986：278—279．

③ 王卡. 越南访道研究报告 [J]. 中国道教，1998（2）：3—5．

（二）作者的情怀寄托

《牡丹灯记》中的道士，其名讳为铁冠道人，相较于其他道士，是一个更为具象化的人物。如果对铁冠道人这一名讳做考证，可发现其原型极有可能为史载辅助朱元璋大败陈友谅的铁冠道人张中，相传其以应试不第，遂纵情山水，遇异人授兵书神数，预言祸福，毫发不爽。同样是应试不第，张中佯狂玩世，却遇异人因而神机妙算，不知这让科举坎坷的瞿佑是否颇有感触。

瞿佑作《剪灯新话》时，已是洪武初年，明朝已建立，多年战乱的社会正休养生息，逐渐恢复中。据说张中在明朝建立后，莫名投水而亡，实则策杖出关。铁冠道人归隐民间这一举动，势必是瞿佑所认同的。在他笔下，无论是《牡丹灯记》中的铁冠道人，还是《三山福地志》《绿衣人传》的道人，或隐居深山，凡人不得见，或隐于民间，来去无隐。因为他们早完成了使命，已是功成身退时，便也不适合再入世。

相较于瞿佑所处的明初，阮屿作《传奇漫录》时则是"伪莫篡窃"的时代，政局动荡不安，失序的社会背景在阮屿笔下便成了鬼怪横行的时期，如《木棉树传》中的程忠遇与叶卿二鬼"稍不如愿，祸害寻作"一方，且败坏民风。阮屿笔下的道士，行走于民间，不求钱财，斩妖伏魔，维护世道，正是阮屿的个人情感寄托体现。在莫登庸篡权的背景下，阮屿本人不愿为其效力，选择归隐乡下，教书育人，但他对时局仍然是关心的，《传奇漫录》中《那山樵对录》《沱江夜饮记》等篇都明讽胡废帝，暗嘲莫登庸，表达了他对伪莫政权的强烈不满。他渴望有行侠仗义的道士，施展神通，一如历史上崇尚道术的高骈，一如抗击元军的许宗道。人行大道，号曰道士。阮屿期待有道之人可以匡扶正义，维护世道。这也可以理解为何《木棉树传》中的道人是主动出手相助，正因其以济人为业。他们仍身负拯救苍生的历史使命，因而他们需要入世。

《牡丹灯记》与《木棉树传》中道士处世的不同态度，事实上都是作者个人情感的真实反映，也是时代需求的体现，两部作品皆是应时之作。

五、结语

阮屿的《传奇漫录》作为瞿佑《剪灯新话》的仿作，必然与原作有各种形式的唱和，从文辞、结构、情节乃至风格、思想都一脉相承，这也是历史上中越文化交流的体现。但《传奇漫录》能够被越南人称为"千古奇笔"，自然不是简单机械地模仿原作，其意义与价值也并非孤立于文本中。

围绕"道士"这一形象，以此为线索结合道教在越南的发展与作者生平比较两部作品，我们也清晰地发现，阮屿彻底解构了原作，并将其本地化，重新打造了属于越南的传奇小说，他对道士、对风俗、对社会有自身的理解，他想借此作品传达的理念也更多集中在教化功能上，可见《传奇漫录》虽受《剪灯新话》影响，但篇章中透露的强烈的民族意识、特有的写作方式表明其完成了对原作跨时空、跨民族的解读。

因此，《剪灯新话》与《传奇漫录》的比较研究，也值得我们更多落足于细节处，尝试窥一斑而探全豹，发现隐藏在字里行间的更丰富的历史。

参考文献

［1］崔江，乔光辉．论瞿佑及《剪灯新话》［J］．淮阴师范学院学报（哲学社会科学版），2002（5）：651—655．

［2］陈寿．三国志［M］．北京：中华书局，2010．

［3］陈益源．剪灯新话与传奇漫录之比较研究［M］．台北：台湾学生书局，1991．

［4］房玄龄．晋书［M］．北京：中华书局，1974．

［5］黎贵惇．黎贵惇全集：2 见闻小录［M］．河内：社会科学出版社，1977．

［6］刘昫．旧唐书［M］．上海：中华书局，1936．

［7］鲁迅．中国小说史略［M］．上海：上海古籍出版社，2006．

［8］潘辉注．历朝宪章类志二［M］．河内：教育出版社，2007．

［9］乔光辉．《传奇漫录》与《剪灯新话》的互文性解读［J］．东方论坛（青岛大学学报），2006（3）：47—52．

［10］秦海鹰．互文性理论的缘起与流变［J］．外国文学评论，2004（3）：19—30．

［11］瞿佑．剪灯新话［M］．上海：上海古籍出版社，1994．

［12］瞿佑．瞿佑全集校注［M］．乔光辉，校注．杭州：浙江古籍出版社，2010．

［13］司马光．资治通鉴［M］．北京：中华书局，2011．

［14］孙逊，郑克孟，陈益源．越南汉文小说集成：4［M］．上海：上海古籍出版社，2010．

［15］王卡．越南访道研究报告［J］．中国道教，1998（2）：3—5．

［16］吴士连．大越史记全书［M］．陈荆和，校合．东京：东京大学东洋文化研究所，1986．

［17］徐象梅．两浙名贤录［M］．杭州：浙江古籍出版社，2012．

［18］中央研究院历史语言研究所校．明英宗实录［M］．北京：中华书局，2016．

越南小说《战争哀歌》中的雨意象研究

云南民族大学　杨　静[①]

【摘　要】《战争哀歌》(Nỗi buồn chiến tranh)是越南当代作家保宁的长篇小说，曾获英国《独立报》最佳外国小说奖，并4次获得诺贝尔文学奖提名，先后被翻译成法语、英语、日语，最近由北大夏露老师将其翻译成中文译本并出版，受到了许多人喜爱。作者以其高超的写作能力，为我们生动地讲述了越战时期的爱情悲歌，对小说中雨意象进行解读，更能让人领会小说的风采与独特魅力。

【关键词】战争哀歌；雨意象；越南小说

越南小说《战争哀歌》是作家保宁的第一部长篇小说，于1990年以《爱情的不幸》(Thân phận của tình yêu)为名首次出版，一经出版就在越南文坛引起强烈反响，并在1991年获得越南作家协会奖，先后被翻译成15种语言，并在22个国家出版发行。保宁受汉文化影响很深，特别是中国古典文化，保宁儿时曾随母亲一同前往中国看望当时正在北京大学讲授越南语的父亲，加之其曾祖父和祖父都是儒士，精通汉语，都曾参加过科举考试，保宁曾在夏露老师翻译出版的中文版《战争哀歌》中文版自序中写道："家中藏书量很大，而且种类丰富，我识字不久就有机会阅读翻译成越南语的中国文学作品，从司马迁的《史记》到中国古典文学的四大名著，以及20世纪的中国文学作品，尤其是鲁迅的作品，我都读过不少。"由此可见中国文学对保宁有着一定的影响，在小说《战争哀歌》中，保宁十分娴熟地运用雨意象进行写作，赋予了雨意象超强的表现力以及深厚的意蕴和情感表达。

根据雨意象在小说《战争哀歌》中的呈现形式，将其分为以下几类进行

[①] 杨静，女，白族，云南民族大学亚非语言文学专业在读研究生，研究方向为越南语言文学。

分析探究。

一、推动故事情节发展的雨意象

  小说最重要的构成要素——人物、情节、环境，这三个要素在小说中关系密不可分，相辅相成。环境描写可以粗略分为自然环境和非自然环境。"雨"的描写在《战争哀歌》中作为自然环境描写对于情节发生和发展起到了引发或者推动作用，例如在小说开篇主人公阿坚战后回到了昔日战场之一的"招魂林"回收阵亡将士骸骨，文中有这样一段关于雨的环境描写：Ngày nắng. Đêm mưa. Mưa nhỏ thôi, nhưng mưa... Mưa... Nửa đêm mưa xuống. Một màn mờ mỏng, dịu như sương, êm lặng rơi hầu như không thành tiếng... Chảy rào rào buồn buồn, miên man như là dòng thời gian trôi thành tiếng, nghe nửa tỉnh nửa mơ.①（天气阴晴不定。白天阳光灿烂，夜晚却总下雨。淅淅沥沥的小雨，下个不停……夜，又下起了雨。这回是毛毛细雨，轻柔如雾，悄悄坠落，几乎没有声响……绵长的细雨，令人忧伤，又如时间的长河在缓缓流淌，让人坠入半梦半醒之间。②）此时主人公重返当年战场，回收战友们遗骸，与白天时环境形成强烈对比，夜晚招魂林下起了蒙蒙细雨，这雨从现实进入了主人公的心头和梦中，就如同一只无形的手，将主人公拉回到1969年的丛林战场，为后文的情节发展拉开了序幕。这部小说叙述手法十分独特，故事情节并不是按单纯的时间顺序或倒叙进行书写，情节发展呈跳跃式发展，一些特殊场景和事物会成为触发主人公阿坚"跳跃时空"的因素。有两方面的原因使得"雨"这一因素成为触发阿坚"跳跃时空"的因素：一是客观实际，降雨在越南这样一个处于热带地区的国家来说十分丰富，特别是在小说中越战主要战地——越南南部山地以及丛林这些降雨量非常大的地区，战争总是伴随着降雨。二是心理层面，上文中连绵不断的雨也象征了主人公阿坚心中那剪不断、理不清的愁思与哀伤，蒙蒙细雨也为夜晚的招魂林增加了几分阴森可怖，为主人公展开后续惨痛回忆奠定了环境

---

① Bảo Ninh. Nỗi buồn chiến tranh [M]. TP. Hồ Chí Minh: Nhà Xuân Bản Trẻ, 2011: 5.
② 保宁. 战争哀歌［M］. 夏露, 译. 长沙：湖南文艺出版社, 2019: 5.

基础。

二、营造意境的雨意象

雨意象作为一种自然环境描写隐喻人物的内心世界，暗示着人物内心活动。同一种典型意象在不同环境描写中所表现的象征寓意是不同的，甚至是矛盾的。同样是"雨"这一意象，既可以是希望和生命的象征，也可以是人物内心环境寒冷、凄惨、萧瑟的体现，从视觉、听觉、触觉甚至嗅觉味觉中渗透出来，从单纯的自然现象中脱离，被作者赋予强烈的、直观的精神感染力。

作者保宁通过对雨的不同描写，营造出了全然不同的氛围，表现出人物截然不同的内心世界。以下将列举文中几处特别具有代表性的雨意象进行总结与分析：

（一）渲染凄惨绝望氛围的雨意象

《战争哀歌》作为一部战争文学，对于环境描写十分细致，特别是自然环境，常常让读者有置身于其中的感觉，文中一个下雨的场景，将战争灰暗以及绝望体现得淋漓尽致：Trong trời thì cứ mưa, ngày này qua ngày khác. Cuộc chiến có vẻ như bị vùi lấp trong biển mênh mông mù mịt mùa mưa, thế nhưng nếu cứ để tâm lắng nghe mãi tiếng mưa rơi trên mái rừng và tối như vòm hang thì người ta chỉ có thể nghĩ tới chỉ duy nhất nó mà thôi: chiến tranh, chiến tranh.[①]（天总在下雨，日复一日。战事似乎要被这雨季里连绵无边的雨海淹没掉了。不过，你若留心倾听森林上空雨滴掉落的声音，凝望雨季里阴暗灰沉的天空，你唯一能想到的就是两个字——战争。[②]）"天空总在下雨，日复一日"让读者脑海中有了强烈画面感，短短几个词，就让读者脑海中的整个画面变得灰暗，作者写的是战事似乎被连绵的雨海所吞没，但让人厌倦的不只是雨，更是那如同连绵不断的雨一般，一场接着一场，没完没了，令人感

[①] Bảo Ninh. Nỗi buồn chiến tranh [M]. TP. Hồ Chí Minh: Nhà Xuấn Bản Trẻ, 2011: 18.

[②] 保宁. 战争哀歌 [M]. 夏露，译. 长沙：湖南文艺出版社，2019：15.

到绝望的战争！作者在此处并没有直接将激烈的、炮火连天的战争放在读者眼前，却通过雨来调动读者视觉以及听觉，营造出一幅毫无生气的、死气沉沉的、令人绝望的画面，连绵不断的雨，落在了战场上也重重地压在了读者心头。

阿坚在战后回到了家中，却无法再融入这个他曾经无比热爱的城市——河内！青年时青梅竹马的阿芳不复当年的纯洁，变成了一个纵情享乐的女人，从爱人变成了一个令阿坚感到陌生和痛苦的女人，周围一切的人和事都因为战争发生了翻天覆地的变化，这令阿坚感到痛苦和孤独，他失去了自己存在的意义，就如同孤魂一般飘荡在河内街头。虽然战争已经结束，并且他们也取得了最后胜利，但是战后的阿坚甚至整个河内整个越南却没有显露出战胜的喜悦，有的只有战争留下巨大的创伤以及无尽的悲伤，阿坚透过房间玻璃看到河内的雨夜：Dưới đường, những ngọn đèn khuya sang rải thành một rẻo rời rạc nhòa mờ luồn mưa đan, chạy xa hút về khoảng trống của hồ nước ở cuối phố. Bên kia long đường bóng đêm lay động theo những vòm cây tối đen làm hiện lên dập dờn những mái nhà, nhọn và tù. Suốt dọc phố hầu như không còn một khuôn cửa sang đèn, không một bóng xe cộ cũng tịnh không một bóng bộ hành.①（楼下，正在淅淅沥沥下着雨，零星的街灯在雨幕中晃动，灯光十分暗淡……黑漆漆的树丛在风雨中飘摇……整条街上，几乎没有一户人家亮着灯，没有一辆车驶过，甚至连一个步行的人影都没有。②）夜晚冰冷的雨为我们描绘了冰冷、荒芜的河内，那么令人感到惆怅，那么令人感到悲伤。

（二）象征美好与希望的雨意象

阴郁绵延的雨是压抑忧郁的，雨后初霁则充满着希望与美好。文中主人公在战争结束后再一次回到了"梦坡"，那个远远看上去仿佛逃过了时间筛选的地方，逃过了战争的哀伤，但当阿坚走近以后才发现，早已物是人非，昔日给予温暖的干妈，因为在战后一日内接连收到自己两个儿子皆阵亡的消息，悲伤过度病故了，只留下干妈的小女儿——阿兰。在阿坚和阿兰去祭拜

---

① Bảo Ninh. Nỗi buồn chiến tranh [M]. TP. Hồ Chí Minh: Nhà Xuân Bản Trẻ, 2011: 85.

② 保宁. 战争哀歌［M］. 夏露，译. 长沙：湖南文艺出版社，2019：72.

干妈时这样写道：Sau trận mưa chiều màu cỏ xanh mướt nước trên Đồi Mơ thắm hồng ánh đỏ của vừng ráng.① （由于那天下过一场大雨，梦坡上的绿草变得湿漉漉的，反射着阳光，亮晶晶的。②）雨后的梦坡是那样的美好，仿佛不曾遭受战争的不幸，如同阳光一般的存在，照进了阿坚那颗因为战争而变得麻木灰暗的心中，带给他片刻的温暖与光明，是他绝望时内心的避难所，就如同阿兰在送别阿坚时说的那样：Bỗng dưng một ngày nào anh gặp cảnh ngộ không may, thấy đã hết ngả để đi tiếp thì xin anh hãy nhớ ngay rằng, dù sao cũng còn một nơi, cũng có một người… Đồi Mơ đây là nơi anh đã lên đường chiến đấu lập nghiệp, mai sau nếu anh muốn cũng sẽ là một nơi, một chốn anh về.③（假如突然有一天，你遇到什么不幸，感到走投无路，那么请你记住：无论如何，还有一个地方，还有一个人，在这梦坡，在这个你曾经战斗过的地方等你。④）在战后无尽的灰暗绝望中，梦坡永远是那么美好的存在，雨后的梦坡就像阿兰在阿坚心中的样子，虽然经历了战争创伤，但依然是美好的是温暖的，同时也是哀伤的。

三、刻画人物形象的雨意象

人物是小说的中心，环境围绕服务于人物而展开，故事情节也是以人物为主体而发生的，所以人物性格的塑造对于一部小说来说十分重要。典型人物是在典型环境中产生的，作家茅盾认为人物与环境是不可割裂的，要在发展和矛盾中去观察人物和环境，因为人物性格不是单一的，不是静止不变的，正如《战争与和平》作者托尔斯泰在对小说人物进行塑造时，并没有从一开始就将人物的性格和盘托出，而是随着情节的发展，通过环境的影响将人物的性格渐渐地丰富起来。环境对人物性格的影响也可分为两种情况，一种是对人物性格产生了决定性影响，在《战争哀歌》中"战争"这一社会环

---

① Bảo Ninh. Nỗi buồn chiến tranh [M]. TP. Hồ Chí Minh: Nhà Xuân Bản Trẻ, 2011: 66-67.

② 保宁. 战争哀歌［M］. 夏露，译. 长沙：湖南文艺出版社，2019：56.

③ Bảo Ninh. Nỗi buồn chiến tranh [M]. TP. Hồ Chí Minh: Nhà Xuân Bản Trẻ, 2011: 69.

④ 保宁. 战争哀歌［M］. 夏露，译. 长沙：湖南文艺出版社，2019：59.

境作为故事发生的大背景对典型人物阿坚的性格产生了决定性影响,使得阿坚的性格发生了剧烈变化。另一种则是提供了一个有利于表现人物性格的背景,对于主人公性格起到揭示作用。例如,文中有一段关于主人公阿坚在雨中垂钓的场景描写起到了这样的烘托作用,通过联想构图来表现人物形象,让人物性格更加鲜明,更具有画面感:Một buổi chiều mùa thu mưa dầm chán ngày, Kiên đang ở bên suối ngồi câu. Mưa chiều hôm ấy không to mà đều đều, âm âm, buồn thảm. Dòng lũ căng nhức sôi réo lên, ầm ầm lao chảy như chực cuốn văng đi cả đôi bờ.①(那是一个潮湿的、百无聊赖的秋日午后,阿坚正在溪边钓鱼。那场雨下得不算大,是没完没了的细雨,阴阴的,令人愁肠百结。流水倒是湍急而喧闹,好像要冲垮两边的溪堤。②)阿坚刚入伍时,战友给他取过一个外号叫他"愁神",这个绰号随着战事愈发惨烈,越来越贴合阿坚,他在没有战事的日子里冒着雨,满面愁容地一个人去河边钓鱼,身处雨季里的招魂林,他打不起精神来,总是一副垂头丧气的模样。在秋天的午后,虽然处在战时,但是丝毫没有表现出战争的激烈,死亡气息笼罩着整个营地,饥饿、疾病、看不到尽头的战争更是让战士们濒临崩溃,充满了厌世情绪。阿坚这个人物在书中成了悲伤的代表,在阿坚父亲弥留之际曾对阿坚说过:新的时代将会来临,将会是一个辉煌的时代,不会再发生巨大的不幸,但是悲伤不会消失,悲伤会延续下去,代代相传。正如他父亲所说的一般,父辈的悲伤在阿坚身上延续了下来,仿佛诅咒一般,从青年时期一直延续到他生命的尽头。雨中垂钓并没有直接对阿坚性格进行一个直接的展现,但是却为阿坚的忧愁哀伤以及麻木搭建一个表现的背景,主人公阿坚雨中独自一人坐在溪边钓鱼,木然地望着流水,希望流水能够将他的痛苦一并带走,是那样的麻木又是那样的忧伤,以秋雨为媒介,通过极其富有画面感的描写,刻画出阿坚那刻在骨子里的哀愁,使得人物的性格更加的鲜明。

---

① Bảo Ninh. Nỗi buồn chiến tranh [M]. TP. Hồ Chí Minh: Nhà Xuấn Bản Trẻ, 2011: 19.

② 保宁. 战争哀歌 [M]. 夏露, 译. 长沙: 湖南文艺出版社, 2019: 17.

四、象征苍凉悲惨命运的雨意象

悲凉的氛围也预示了主人公的苍凉命运,在阿芳彻底走出阿坚的生活之后,他陷入了浑浑噩噩的生活之中,没有办法再去大学上完他未完成的学业,房间是空荡荡的,他的内心也是如此,但在经历了无数个绝望的夜晚后,阿坚找到了生命的意义:沿着过去的情感道路,在经历一次过往的战争生活,叙述那些被人埋没的人的故事,抒写他们已经褪色的爱情,点亮人们曾经的梦想。这成了他的救赎,也是他的唯一的解脱方式。越往回走,阿坚就愈发觉得,这就是他得以从战场上生还的原因——写作,这也成了他的天命,于是在小说最后,阿坚离开了,在他的小说完成之后就离开了,没有人知道他什么时候离开的,他就像不属于这个世界的游魂一般,没有人关心他的离开,也没有人去好奇阿坚到底去了哪儿,只留下散落一地的稿纸,他并没有将这部作品公之于众,只是完成了对自己的救赎之后,便消失了。文中是这样描写阿坚离去后的场景的:Hôm anh đi, phòng để ngỏ. Vào lúc rạng mai gió bấc tràn về bung màn cửa sổ. Bụi xám mưa phùn thổi vào buồng, phù lên chút ít đồ đạc sơ sài...①(他那天离开的时候,没关房门。天亮以后,窗帘被东北风刮得飞舞起来,蒙蒙细雨夹着轻尘飘进了房间,洒落在简陋的家具上。②)随风飘散的细雨就像阿坚的人生一样,充满了凄凉,战后归来的阿坚没有归属感,如同孤魂一般游离在社会的边缘。萧瑟的冬雨,混乱冷清的房间,这是阿坚留给人们最后的背影,通过联想方式暗示了阿坚悲惨、孤独、苍凉的结局。

保宁在这部作品中对环境的描写是非常成熟以及成功的,让人有跟随主人公阿坚一同走过战争的感触,"雨"在文中摆脱了单纯作为自然景物的作用,具有了更深层、更加丰富的内涵,成了推动故事情节发展的重要因素,以静态方式来对环境产生改变从而展现人物心理变化的过程,更是为人物搭建了一个背景,能够更加生动完整地展现人物形象,同时保宁笔下的"雨"还含蓄暗示了主人公苍凉的命运。对雨意象这个媒介的充分使用体现了保宁

---

① Bảo Ninh. Nỗi buồn chiến tranh [M]. TP. Hồ Chí Minh: Nhà Xuấn Bản Trẻ, 2011: 334.

② 保宁. 战争哀歌 [M]. 夏露, 译. 长沙: 湖南文艺出版社, 2019: 283.

是一位文笔出色的作者，也让我们看到了他的创作极富特色与个性。

参考文献

［1］保宁．战争哀歌［M］．夏露，译．长沙：湖南文艺出版社，2019．

［2］范晓燕．论唐宋诗词中"雨"的审美意象群［J］．深圳大学学报（人文社会科学版），2002（1）：52—58．

［3］吴娟．中学语文教材中雨意象教学探析［D］．沈阳：辽宁师范大学，2017．

［4］庄超颖．论张爱玲小说的雨意象［J］．福建师范大学学报（哲学社会科学版），2010（6）：77—83．

［5］周健．论小说三要素之间的多边关系［J］．大连教育学院学报，2008（2）：54—56．

［6］Bảo Ninh. Nỗi buồn chiến tranh [M]. TP. Hồ Chí Minh: Nhà Xuấn Bản Trẻ, 2011.

阮攸的女性观
——以《翘传》翠云话语缺失为视角

广东外语外贸大学　邹立力[①]

【摘　要】本文以阮攸《翘传》中翠云的话语缺失为视角，运用福柯提出的话语控制原则之一——对说话主体的控制，与翠云形象分析相结合，剖析翠云作为传统封建女性代表的话语缺失过程，深入探究其话语缺失背后蕴含的封建父权社会运行仪规，指出了阮攸借文学来维护封建女性观的方式。

【关键词】《翘传》；翠云；话语缺失；女性观

引语

翠翘的故事原为中国古代传说，后由青心才人编写成《金云翘传》一书，在当时中国社会引起了一定反响。该书在越南、日本等中国周边国家也有不少改写本，其中越南诗人阮攸的长篇叙事诗《翘传》至今仍在越南乃至国际上拥有重要地位。

自 1959 年黄轶球汉译本《翘传》在我国出版以来，国内学术界便开始了对《翘传》的研究。至今国内学术界对《翘传》的研究包括翻译、介绍、版本考证、对比研究以及对其艺术成就等方面的研究。就对其艺术成就方面的研究来说，关于语言、文化、文学创作手法等方面的研究较多，从女性视域出发的研究较少。即便是从女性视域出发的研究也主要集中在对翠翘的研究上，如：《民族叙事与女性话语——越南阮攸的创作及〈金云翘传〉的经

---

① 邹立力，女，汉族，广东外语外贸大学硕士研究生，研究方向为越南语言文学。

典》^①一文主要通过对中越翠翘形象的对比分析,论证阮攸《翘传》所体现的越南文学民族化的独特轨迹。《王翠翘的形象与女性命运——兼论〈金云翘传〉在亚洲的传播和影响》^②一文对越南阮攸版本《翘传》的分析也主要从翠翘的形象入手,提出了"在阮攸的笔下,不是王翠翘的女性命运,而是王翠翘的非常命运,因才高而致祸的命运才是作者关注的重点"的观点。总体来看,国内学术界对《翘传》的研究主要集中在翠翘身上,对翠云的关注较少。

越南学术界对翠云有一定的关注和认知,主要分为两种倾向。其一是认为翠云缺乏感情,没有共情能力。翠云在淡仙墓前笑姐姐痴,面对家难无动于衷,甚至接纳翠翘与金重结合等行为都是淡漠、缺乏共情能力的体现。如:王重的《母题翠云》^③一诗中"家生变故,却似局外人(Nhà có việc, coi như người ngoài cuộc)","不必相恋亦可成婚(Chẳng yêu đương cũng lấy được chồng)"等诗句体现了作者对翠云缺乏感情的批判。其二则是认为翠云宅心仁厚,道德高尚,富有牺牲精神。翠云替姐姐翠翘与金重成婚以及提出姐姐与金重应再续前缘等行为都是顾大局的体现。如《翠云:造化的公平还是生活的悲剧?》^④一文认为翠云正值大好年华,却因替姐姐成婚而放弃追求幸福的权利是牺牲,十五年后,将自己的丈夫拱手相让于姐姐亦是一种巨大的牺牲。越南学界对翠云认知的两种倾向都仅将翠云作为一个人物来评价,而没有视翠云为一个文学人物,深入研究其行为背后蕴含的作者的价值观以及体现的社会价值取向。

本文以阮攸《翘传》中翠云形象及人物话语的文本分析为切入点,考察该文学人物在《翘传》中的话语缺失问题及其成因,探寻其背后的深层寓

---

① 黄玲. 民族叙事与女性话语:越南阮攸的创作及《金云翘传》的经典[J]. 苏州科技学院学报(社会科学版), 2011(6): 40—45.

② 蒋春红. 王翠翘的形象与女性命运:兼论《金云翘传》在亚洲的传播和影响[G] // 东方丛刊:第二十五辑. 南宁:广西外国文学学会, 1998: 15.

③ Vương Trọng. Mô típ Thuý Vân [DB/OL]. (1991) [2020-08-27]. https://www.thivien.net/Vương-Trọng/Mô-típ-Thuý-Vân/poem-hA3aFDMGCK_4Q8VnwVTvUQ.

④ Mai Văn Quý. Nhân vật Thúy Vân: sự công bằng của tạo hóa hay bi kịch của cuộc đời? [DB/OL]. (2014-02-22) [2020-08-27]. http://nguvan.hnue.edu.vn/Sinhvien/Nghiencuu/tabid/116/newstab/252/Default.aspx.

意，论证《翘传》中隐含的作者的女性观，为深入解读这一越南古典文学作品提供新的视角与方法。

一、翠云——封建女性形象代表

《翘传》中的主要人物为金重、翠翘和翠云三人。翠云作为翠翘的妹妹、金重的妻子，在人物关系中具有重要地位。翠翘在外流落期间，翠云承担着替翠翘履行与金重盟约的角色，翠翘与家人重聚、与金重完婚后，翠云依旧扮演着操持家业、生儿育女的角色。翠云的存在，一定程度上维系了金重与翠翘、与王家的关系，对整个故事的走向起着不可或缺的作用。

（一）闺阁中的翠云形象

1. 无才的端庄淑女形象

翠云作为诗中的关键人物之一，在全诗 3254 句中，作者却仅用 4 句诗直接描写其个人形象，所占比重极低。诗文的第 15—22 句初描二翠形象，承担着塑造读者对"二翠"初印象的重任。其中写道翠云"trang trọng khác vời（端庄非凡）"[①]、"hoa cười ngọc thốt đoan trang（音似玉玲，笑颜如花）"，"trang trọng（庄重）"和"đoan trang（端庄）"两词着重强调了翠云的端庄淑女形象。

对比对翠翘的描写则更突显了两姐妹之间的差别。诗人着重描写了翠云的外貌与性格。对翠翘的描写长达 16 句，其中 6 句述其才华，配合"Sắc đành đòi một, tài đành họa hai（论容颜，足以倾国倾城，比才华，亦可风骚独领）"一句，塑造了一个才貌兼备的佳人形象。两相对比，对翠云才华描写的缺席显然旨在弱化其才华，塑造出一个端庄贤淑、无过人才华的妇女形象。

淡仙墓前，翠云劝翠翘莫要为古人白白流泪的情节再次衬托出翠云与翠翘形象的鲜明对比。翠翘作四绝凭吊淡仙可谓才情过人。此时，翠云的一句"Chị cũng nực cười, khéo dư nước mắt khóc người xưa（姐姐实在好笑，泪多

[①] 赵玉兰.《金云翘传》翻译与研究［M］.北京：北京大学出版社，2013.（本文所引《翘传》诗文及译文均出自该书）

竟哭古人，自寻烦恼）"愈发显其不解风情。阮攸用这样鲜明的对比来进一步体现翠云的无才，固化了翠云及其所代表的传统封建女性的无才形象。

2. 谨遵父命的温顺女儿形象

"三从"即"未嫁从父，既嫁从夫，夫死从子"①，越南学者陶维英的《儒教批评随笔》、陈重金的《儒教》中都有提及"三从"观念。不少学术论文也关注其对越南女性的影响，如《儒教三从四德说及其对现今越南女性的影响》②一文就"三从四德"说对越南女性从古至今的影响做了深刻剖析，认为越南本有尊重妇女的传统。但在封建时期，受儒教思想及统治阶层利益的影响，"封建阶级利用手中的专制权力，威胁并惩戒了企图挣脱儒教宗法和礼教制度束缚的妇女"，妇女权利被层层剥削。可见"三从"观念对越南封建女性有着重大影响，其教义否定了女性的自主决定权，将女性的一生都置于男性的监管之下。其中"未嫁从父"一句规定父亲为女性出嫁前的监管者，充分体现了父权的力量。

在翠翘托缘情节中，面对托付，翠云没有直接表态，而是把决定权交给了父亲。通过翠云转交婚姻决定权的行为（详见下文具体分析），阮攸塑造了一个自觉将自己置于父母监管下，遵从"未嫁从父"约束的封建女性形象。

（二）婚姻中的翠云形象

因家庭变故，翠云与金重结为夫妻。这桩婚姻，于翠云是代姐履约，于金重则是替翠翘照顾家庭，在此背景下缔结的婚姻只关乎责任，无关个人情感。其中，翠云表现出了恪守妇德，与丈夫相敬如宾，勤恳操持家业，无妒忌之心的形象。

---

① 佚名. 仪礼[M]. 彭林, 译注. 北京：中华书局，2012：391.

② Nguyễn Thị Vân. Thuyết Tam Tòng Tứ Đức Trong Nho Giáo Và Ảnh Hưởng Của Nó Với Người Phụ Nữ Việt Nam Hiện Nay [D]. Hồ Chí Minh: Học Viện Chính Trị Quốc Gia Hồ Chí Minh, 2014: 55. "Giai cấp phong kiến đã sử dụng quyền chuyên chính để đe dọa và trừng trị những người phụ nữ muốn thoát ra khỏi vòng trói buộc của chế độ tông pháp và lễ giáo Nho giáo."

金云完婚之日，"Tuy rằng vui chữ vu qui, vui nào đã cất sầu kia được nào（新婚之喜杯中酒，难解金重心中愁）"两句诗清楚体现出翠翘的阴影时刻笼罩着二人，似乎完婚的不是金重与翠云，而是翠翘的爱人和翠翘的替身，是翠翘的爱人与翠翘的家庭。就情节走向而言，金重与翠云的婚姻是将两个家庭牢牢联系在一起的纽带，为翠翘最后的回归埋下了伏笔，甚至可以说，他们的婚姻服务于翠翘最后回归。翠翘重回家庭后，金重与翠翘琴棋书画、赏花观月，翠云却仍然担负着操持家业和延续香火的责任。由此可见，阮攸将婚姻中的翠云，塑造为一个恪守妇德、尽心操持家务、承担生育责任且毫无妒忌心的所谓"理想妻子"形象，体现了阮攸潜意识里对现实中女性的认知。

在阮攸的时代，翠云可谓男性文人眼中的"理想妻子"，她为家庭而牺牲追求爱情的权利、付出的劳动、承担的生育责任与痛苦以及压抑的情感需求都被视作理所应当。至于翠云的内心感受和想法，无人关切，就连她自己，也没有言说。

二、翠云话语缺失的过程分析

如上文分析，通过外貌、品性的描绘，以及把翠云置于与金重的婚姻中，阮攸塑造了一个封建时代男性文人眼中的"理想妻子"形象。在此过程中，翠云作为当事人，她在有机会表明自己态度的时候（"翠翘深夜托缘"和"父母询问事由并受托"两个情节）放弃了表达，继而完全听从"父母之命"接受这桩没有感情的婚姻。换言之，翠云在成为"理想妻子"的同时，落入了话语缺失的境地。那么，这桩婚姻是在何种语境之下得以促成？翠云又是如何陷入话语缺失的？

话语缺失可细分为话语权利缺失与话语权力缺失。话语权利缺失是指言语主体不具备发言的权利，而话语权力缺失是指言语主体的发言不具备影响或改变外部世界的力量。

（一）翠云话语权利缺失过程

为辨明翠云话语缺失的过程，我们首先要引入福柯在《话语的秩序》[①]中提出的话语控制原则。他提到，在由仪规建构起来的限制系统中，"不是所有的话语领域都是同样开放和可进入的"，从言语主体的角度出发，可理解为某些言语主体可能无法进入某些特定的话语领域。福柯的权力话语理论将话语视为知识的载体，而"所有知识都是权力意志的体现"[②]，话语与权力密不可分。在以父权为中心的封建制度下，父亲拥有中心话语权力，控制着女儿的话语权利与权力，使作为言语主体的翠云无法进入谈论其婚姻的话语领域，陷入话语权利缺失状态。

诗中，从翠云深夜醒来关切翠翘到"托缘"完成共占用了 64 句诗的篇幅。但在这直接决定翠云后半生命运的情节中，体现翠云直接参与其中的却只有 8 句诗。

分别是第 713—718 句："Thúy Vân chợt tỉnh giấc xuân, Dưới đèn ghé đến ân cần hỏi han: 'Cơ trời dâu bể đa đoan, Một nhà để chị riêng oan một mình. Cớ chi ngồi nhẫn tàn canh, Nỗi riêng còn mắc với tình chi đây?'"（梦中，翠云突然惊醒，等下，殷勤询问究竟：'世事难料，沧桑多变，家遭难，竟让姐姐一人蒙冤！时已夜深更残，缘何在此独坐？姐姐有何心事，可对妹妹诉说？'"）；以及第 765—766 句："Nỗi nàng, Vân mới rỉ tai: 'Chiếc thoa này với tờ bồi ở đây!'"（翠云轻声对双亲耳语一番，随即拿出金钗和盟誓云笺）"。

翠云在"翠翘深夜托缘"和"父母询问事由并受托"这两个有机会表达自己意愿的情节中，都主动避开了谈论自己婚事的话语领域，处于话语缺失的状态。占据上述两个话语领域的人分别是父亲和翠翘。应允翠翘之托这一话语领域的言语主体是父亲，父权即为天；翠翘虽为女性主体，但凭借其牺牲以及长姐的身份，拥有了进入谈论翠云婚姻这一话语领域的资格。同时，翠翘在向翠云提出请求后也不曾给翠云留下表态的空间，而是开始遥想未来翠云和金重在一起的情境。这一行为体现出翠翘亦深知，翠云不具备进入该

[①] 许宝强，袁伟. 语言与翻译的政治[M]. 北京：中央编译出版社，2000：9.

[②] [法]福柯. 规训与惩罚：监狱的诞生[M]. 刘北成，杨远婴，译. 北京：生活·读书·新知三联书店，2003：1.

话语领域的权利。

在"父母询问事由并受托"情节中,诗人写道:"Hỏi sao ra sự lạ lùng, Kiều càng nức nở nói không ra lời. Nỗi nàng, Vân mới rỉ tai: 'Chiếc thoa này với tờ bồi ở đây!'(亲人询问缘何如此?她更泣不成声,泪流不止。翠云轻声对双亲耳语一番,随即拿出金钗和盟誓云笺)"。可见,面对中心话语权力代表的在场,在把事情始末说清楚之后,翠云便退出了话语领域,于是话语权利到了男权代表人物父亲的手上。但从越南语国音版中"才(mới)"字的使用可以看出,面对父母的询问,翠云并没有主动说出姐姐的托付,而是直到翠翘悲伤过度,难以言语之时,翠云"才(mới)"向父母道出事件原委。"Nỗi"与"mới"隐含了翠云不得不道出事由的境地,此时翠云的不主动,恰恰体现出其在话语缺失境况下的无奈及无力的反抗与挣扎。

(二)翠云话语权力缺失过程

"提议金翘再续前缘"的情节是阮攸对翠云着墨最多之处,此时由于不是谈论自己的婚嫁,而是在谈论其丈夫再娶妻之事,翠云作为妻子拥有进入该话语领域的资格。然而,即便翠云有话语权利,却依旧没有话语权力。该情节中,翠翘先是拒绝了翠云的提议,后在金重和父母的劝说下,才最终接受了该提议。该"拒绝-接受"过程反映了翠云仅有话语权利,仍无话语权力:翠翘要得到金重与父母的肯定表态后,才能应允翠云的提议。

对上述情节的分析可见,翠云的意愿和情感一直被无视、被压抑,话语权利和权力处于缺失境地。出于对不可进入某些话语领域的自觉,在谈及自己婚嫁时翠云主动放弃了话语权利,而这也最终使翠云在其有权进入的话语领域中,亦失去了话语权力。话语权力的缺失使翠云其人消失了,存在的是翠翘的替代品,王家克己守礼的女儿,维系金王两家的纽带,封建女性境遇的代表人物。

三、翠云话语缺失成因分析

对于谈婚论嫁的话语领域,为何父母、翠翘乃至翠云本人都默认其无进入资格?翠云又缘何会陷入话语缺失?

（一）封建仪规的内化

如上文分析，在"翠翘深夜托缘"以及"父母询问事由"两处情节中，翠云均呈现出谨遵三从四德，温顺听话，不敢向命运抗争的形象，堪称封建社会妇女形象的代表。在封建社会婚姻须听从"父母之命，媒妁之言"的仪规限制下，谈婚论嫁的话语领域并不对翠云这样的言语主体开放。而翠翘则利用封建家庭"长幼尊卑"的观念及其"卖身救父"行为作为对翠云施压的"砝码"，进一步限制了翠云闯入该话语领域的可能性。

"父母询问事由"情节中翠云的自觉退出是出于对"父母之命"这一封建仪规的遵从，这也充分体现了封建社会对女性的规训早已被女性内化为对自身的行为规训。透过翠云的行为，父亲便知道其没有打破仪规的想法，于是父亲在该话语领域拥有了绝对的话语权力，他可以在没有过问翠云意见的情况下迅速行使话语权力，答应翠翘的托付。翠云的话语权利至此便已丧失。

翠翘请求父亲助其达成心愿的话语也体现出了婚事遵从"父母之命"观念对女性的内化影响。从 "Nhờ cha trả được nghĩa chàng cho xuôi（请父助儿答报此情）"一句可以看出，翠翘深知左右翠云终身大事的话语权力掌握在父亲的手里，翠云作为闺阁女子不被允许进入该话语领域。可见，由于长期受封建仪规观念的教化与影响，翠翘自然而然遵循了该仪规，而翠云的行为也向翠翘传达了其对该封建仪规的认可。

（二）翠翘的施压

再细观"翠翘深夜托缘"情节中翠翘的话语，我们发现，翠云最初自觉放弃进入该话语领域权利的行为不仅出于受"父母之命"仪规的多年熏陶，还由于翠翘采用了种种方式来打消翠云想争取话语权利的想法。例如：翠翘在提出请求时，未说明所托之事，而是先提出"Cậy em em có chịu lời（今有一事相托，万望妹妹勿辞）"的前提假设，而后"Ngồi lên cho chị lạy rồi sẽ thưa（先受姐姐一拜，再将实情相告）"一句又利用礼教上的秩序颠倒来给翠云施加压力，翠翘是姐姐，从长幼尊卑的礼教层面来说，翠云受不起这一拜，翠翘正是借用这一点来体现自己所托之诚，同时也是给妹妹施加压力。接着翠翘才道出所托之事，并提出两点理由，其一是手足之情，体现在

"Xót tình máu mủ thay lời nước non（望念手足情，代姐履盟章）"一句中，此处强调的手足情，既包含二人之间多年的姐妹情谊，同时也是强调家庭观念，提醒翠云承担起家庭中的责任，即在姐姐翠翘为家庭牺牲自己后，妹妹翠云也该尽自己所能完成姐姐的心愿。其二则是自己为家庭做出的牺牲。在此翠翘提及 "Chị dù thịt nát xương tan, ngậm cười chín suối hãy còn thơm lây（纵然是，身已成土骨成泥，姐亦九泉含笑，欣得慰藉）"的想法，是以自己未来可能遭受的苦难为砝码来突显出自己为家庭的牺牲，从而给翠云施加道德上的压力。

综上所述，王家父母、翠翘以及翠云对于婚姻须听从"父母之命"封建仪规的内化是导致翠云无法也未曾尝试进入该话语领域的主要成因，翠翘对封建长幼秩序、家庭观念及其牺牲的利用则是次要成因。正是以上两大原因，致使翠云在婚嫁话语领域失去了话语权利，沦为联姻的工具，进而丧失了话语权力。

四、翠云话语缺失的寓意

《翘传》中翠云的话语缺失代表着阮攸的女性观。女性观是指个体或群体对女性的形象、思想、地位、能力、命运等的认知与态度。由于"作者是赋予令人不安的虚构语言以统一性、连贯性，以及使之与现实相连的人"[①]，其意志不可避免地渗透于作品之中，并通过作品予以表现。因此，阮攸的女性观也在《翘传》对女性人物形象及其境遇的刻画中得以展现。

（一）翠云话语缺失具有代表性的原因

《翘传》的女性主角虽为翠翘，但她的才貌、品性和遭遇都仅为个案，是男性作者的自况，难以代表作者的女性观。而翠云作为故事的次要人物，不必承担作者自况的责任，比翠翘更能纯粹地反映出阮攸投映在《翘传》中的女性观。

作为叙事诗《翘传》的主人公，阮攸笔下翠翘的经历与作者本身的人生

---

① 许宝强，袁伟. 语言与翻译的政治 [M]. 北京：中央编译出版社，2000：9.

经历存在突出的两点相似之处，其一是二者命运中都笼罩着才命两相妨的阴影，其二是二者都有过不符合传统观念的"易主"经历，它在翠翘身上表现为曾辗转几任丈夫，在阮攸身上则表现为曾先后在后黎朝和阮朝两个朝代为官。

《翘传》开篇便点出主题，"Trăm năm trong cõi người ta, Chữ tài chữ mệnh khéo là ghét nhau（百年人生途未央，才命偏作两相妨）"，结尾又再次点题，写道"Có tài mà cậy chi tài, Chữ tài liền với chữ tai một vần（有才切莫太恃才，才、灾二字本同韵）"。可见，正如《王翠翘的形象与女性命运——兼论〈金云翘传〉在亚洲的传播和影响》一文中提到，阮攸关注的重点不是王翠翘的女性命运，而是其因才高而致祸的命运。阮攸认为"才"是翠翘悲剧的根源。但反观翠翘卖身救父却沦落妓院、被赎从良却遇凶恶主母、欲嫁良人却再落妓院等落难经历，其中导致翠翘悲剧的根本因素都是女性身份。此外，次要因素为美貌，再次才是其才华。由于女性身份在当时社会中几乎完全处于弱势，翠翘的才华不能成为她安身立命的倚仗，她依然只能依靠男性而生存，妓院卖身是如此，从良嫁人亦是如此。阮攸却将翠翘悲剧的根本因素归结到她的才华上。翠翘悲惨命运的真实原因与阮攸关注的原因之间的冲突充分体现了《翘传》的书写关注点，即作者将自身怀才不遇的遭际自况到翠翘身上。

阮攸出身于官僚书香世家，十九岁时曾连中三场乡试，二十岁上荫袭其养父之职，任"正首校"一职，当时后黎朝正风雨飘摇，阮攸任职仅六年，后黎朝就被西山朝取代，阮攸只好前去投奔其妻兄段阮俊。其后十余年间，阮攸一身才华抱负，却沦落为亡国人，几度挣扎复国未果，甚至还曾因图谋复国运动被囚禁数月，被释放后也一直过着清贫悲苦的生活。阮攸一身才华，无奈时运不济，只能乱世漂泊，难免产生怀才不遇之感。可见翠翘"才命相妨"的命运正暗合了阮攸的人生遭际。

《翘传》主人公翠翘的一生颠沛流离，几度流落风尘，不得不几经易夫，这与阮攸乱世沉浮，不得不两朝为官的经历有相似之处。这样的经历不合乎当时社会的忠贞观念，但在《翘传》中，阮攸借金重之口说道"Chữ trinh kia cũng có ba bảy đường: Có khi biến, có khi thường, Có quyền, nào phải một đường chấp kinh?（自古女子守贞，形式亦有多种。既有常规，亦不乏殊情。遇变本应从权，岂可固守典经！）"，在此阮攸表达出有别于传统的贞节观念，提出守贞亦可遇变从权，翠翘"lấy hiếu làm trinh（以孝为贞）"，即便迫于形势没有忠贞于一夫，也无法改变其贞洁。该观点自况了诗人阮攸以爱民为忠的忠贞观。黄轶球在《越南诗人阮攸和他的杰作"金云翘传"》[①]一文中提到阮朝建国后，朝廷以"延揽人才"的名义征召阮攸，他多次拒绝，最后仍不得不应召出仕。江山易主，但阮攸任职期间仍心系百姓，为民做官。阮攸不得不先后在后黎朝和阮朝为官的经历与翠翘不得已几经易夫的命运相似，均是为形势所迫。二者也都保留着心中的净土，翠翘是"以孝为贞"，而阮攸则是以爱百姓、爱天下为忠。

通过对"才命两相妨"和守贞亦可遇变从权观念的提出与强调，阮攸以《翘传》自况，翠翘这一女性角色也就带有了男性作者的影子。翠翘之经历、遭遇及其对话语权的把控，都难以完全代表作者的女性观。

翠云则不同。作为作品的一个次要人物，她不必承担作者自况的责任。即使家庭遭遇变故，其一生仍可简单归纳为闺阁生活、奉父母之命出嫁和婚后操持家业三段历程，代表着封建社会绝大多数女性的经历，展现出作者现实的女性观。

（二）翠云话语缺失代表的阮攸女性观

阮攸的《翘传》创作于18世纪末19世纪初，彼时越南社会正处于动荡时期，阶级矛盾激化，封建制度亦有所松动。《翘传》中对翠翘悲惨命运的书写既是对阶级压迫的揭发与批判，也一定程度上体现了对女性境遇的控诉。但其中对翠云命运的书写、对翠云话语缺失的无视又暴露出该作品的时代局限，其女性观仍处于儒教礼教框架下，未能清楚认识到女性的主体地位。

翠云话语权利与权力的缺失既体现了以翠云为代表的传统封建女性对仪规的遵守，又体现了以父亲王员外为代表的父权力量拥有者和以翠翘为代表的父权力量认同者对仪规的利用。

翠云对话语权利的主动放弃，充分体现了其对封建社会仪规的接受与遵守。长期处于封建社会体系的仪规与束缚之下，以翠云为代表的传统封建女

[①] 黄轶球. 越南诗人阮攸和他的杰作"金云翘传"[J]. 华南师范学院学报（社会科学），1958（2）：161—185.

性逐渐把封建仪规内化，在自身内部再次沦为客体和他者，形成了对自我的束缚。因此翠云才自觉地退出了谈论婚嫁的话语领域，在话语权利被剥夺时没有反抗，继而失去了话语权力。

作为封建社会下父权的代表，王员外不必询问翠云的想法，就能决定翠云的婚姻，这是父权力量的典型体现。按父系社会仪规，婚姻决定权掌握在父亲手中，而翠云亦没有反抗，话语权力便毫无阻碍地到了父亲手里。

除父亲外，翠翘是翠云话语权利的另一剥夺者，同时也是翠云所做牺牲的主要服务对象。同为女性，在翠云话语缺失的问题上翠翘站在了翠云的对立面，其原因有二：一是受成长环境影响，翠翘对男权社会仪规认同与内化。自小耳濡目染的封建礼教教育与成长环境，使男权、父权观念在翠翘的价值观里根深蒂固，因此她自然认为妹妹翠云在婚姻大事上既没有话语权利也没有话语权力，话语权力掌控在父亲的手中，这才有了她请求妹妹替自己再续前缘时对父亲说的那句 "Nhờ cha trả được nghĩa chàng cho xuôi（请父助儿答报此情）"，这句话是翠翘对父权社会仪规认可、接受并利用的突出表现。二是翠翘需要翠云替她完成盟约。因家变无法履约，翠翘感到对金重有所亏欠，需要做出弥补。请翠云代履盟约便是她想到的弥补方式。而这实际上是借翠云的人生来替自己还情，于是翠翘和翠云之间便有了利益冲突。翠翘需要借封建仪规的力量来令翠云在这场利益冲突中退让，于是她不得不站在翠云的对立面。正如波伏瓦在《第二性 I》[①]中写道"她们接受，这是因为她们没有具体的方法去汇聚成一个整体，这个整体只可能在对抗中自我确立"，而女性因为与男性之间存在的种种联系，无法放弃其接受既定规则所获得的种种利益，因而难以凝聚成一个整体。也正因此，男性与女性不是两个绝对对立的阶层。在女性身上，体系受害者与构建者的身份常常是并存的，在翠翘身上便是如此。家人落难时，她只能屈从于封建社会体系，卖身救父，她是该体系的受害者；而设法剥夺翠云的话语权力，达成托缘目的时她又利用了该体系，成了体系的构建者。

通过对翠云话语权利和权力的主动放弃与被剥夺，阮攸于《翘传》内重现了一个稳固的封建父权社会。身处该社会下，父权的倾轧、女性主体对封

---

① [法] 西蒙娜·德·波伏瓦. 第二性 I [M]. 郑克鲁, 译. 上海：上海译文出版社，2011：36.

建仪规的内化以及女性主体之间的阶层、利益分化与倾轧等多重因素，导致了以翠云为代表的女性主体的话语缺失。出于作者与作品间的紧密联系，王员外、翠翘以及翠云等人物对翠云话语缺失的集体无意识恰恰体现了作者潜意识里的女性观，即对封建社会仪规剥夺女性婚姻与恋爱自由的认可。这也是《翘传》受当时社会大背景影响的表现之一。

五、结论

本文通过对阮攸《翘传》中形象、话语缺失过程、成因及寓意的分析，探究了阮攸的女性观及其在文学作品中的展现。其中翠翘所代表的命途多舛的才女体现了阮攸的自况，翠云所代表的失语的封建女性则体现出其真实的女性观。

翠云的形象从相貌、品性到才干都合乎封建社会对女性，特别是对妻子形象的要求。其形象描写为后文翠云主动放弃话语权利奠定了基础。在其话语缺失过程中，王父对话语权的把控是父权力量的直接体现。翠云的"弃权"与翠翘的顺势而为都体现出女性对封建仪规、父权制度的内化。而翠翘对父权、长幼秩序的借力则进一步凸显女性群体内部不可避免的利益分化。女性间的阶层与利益分化使其难以形成统一的整体，难以脱离男性并与之对抗。因此，女性既是封建父权体系的受害者也是构建者。性别与阶层的势力在利益的引导下互相交织，构建并维护着封建父权社会的秩序。

而翠翘、翠云、金重、王家父母等人物对翠云话语缺失的集体无意识，恰恰体现了作者阮攸所处社会的现状以及作者本人的潜意识。阮攸作为男性、作为封建朝廷官员，身处封建体系之中，不可避免地成了该体系束缚女性的维护者。

考虑到《翘传》创作的时代背景，其局限在所难免。在此笔者无意批判其固有的时代印记，而是旨在从话语缺失角度出发，深入剖析封建社会仪规是如何通过对某些特定话语领域限制准入的方式，来达到束缚女性、剥夺女性话语权利与权力的目的，并揭示封建时期文学是如何潜移默化地维护封建社会对女性的仪规。作为一部至今在越南仍然家喻户晓的作品，今人在对这部作品进行解读并接受的同时，也应该充分认识到其时代局限。

细读该作品，我们也应该反思，当今时代背景下，话语缺失的"翠云"

是否依旧存在？社会对女性的仪规又会以怎样的面貌呈现？性别与阶层的势力交织带来的不平等又有怎样的新演变？

参考文献

［1］黄玲．民族叙事与女性话语：越南阮攸的创作及《翘传》的经典［J］．苏州科技学院学报（社会科学版），2011（6）：40—45．

［2］黄轶球．越南诗人阮攸和他的杰作"金云翘传"［J］．华南师范学院学报（社会科学），1958（2）：161—185．

［3］蒋春红．王翠翘的形象与女性命运：兼论《翘传》在亚洲的传播和影响［G］//东方丛刊：第二十五辑．南宁：广西外国文学学会，1998：15．

［4］许宝强，袁伟．语言与翻译的政治［M］．北京：中央编译出版社，2000：9．

［5］佚名．仪礼［M］．彭林，译注．北京：中华书局出版社，2012：391．

［6］赵玉兰．金云翘传翻译与研究［M］．北京：北京大学出版社，2013．

［7］［法］福柯．规训与惩罚：监狱的诞生［M］．刘北成，杨远婴，译．北京：生活•读书•新知三联书店，2003：1．

［8］［法］西蒙娜•德•波伏瓦．第二性 I［M］．郑克鲁，译．上海：上海译文出版社，2011：36．

［9］Mai Văn Quý. Nhân vật Thúy Vân: sự công bằng của tạo hóa hay bi kịch của cuộc đời? [DB/OL]. (2014-02-22) [2020-08-27]. http://nguvan.hnue.edu.vn/Sinhvien/Nghiencuu/tabid/116/newstab/252/Default.aspx.

［10］Nguyễn Thị Vân. Thuyết Tam Tòng Tứ Đức Trong Nho Giáo Và Ảnh Hưởng Của Nó Với Người Phụ Nữ Việt Nam Hiện Nay [D]. Hồ Chí Minh: Học Viện Chính Trị Quốc Gia Hồ Chí Minh, 2014: 55.

［11］Vương Trọng. Mô típ Thuý Vân [DB/OL]. (1991) [2020-08-27]. https://www.thivien.net/Vương-Trọng/Mô-típ-Thuý-Vân/poem-hA3aFDMGCK_4Q8VnwVTvUQ.

医斑小说的女性写作解读
——以《写给瓯姬母亲的信》为例

四川外国语大学　杨肖洁[①]

【摘　要】自 1975 年来，尤其是 1986 年越南革新开放以来，随着人性解放的日趋深入，越南文学越来越关注个体，女性作家也在文坛上频频涌现。其中，当时 25 岁的女性作家医斑凭借《写给瓯姬母亲的信》获得了 1989—1990 年越南军队文艺杂志短篇小说比赛一等奖。医斑[②]从女性视角出发，借助身体语言写出了较多的女性私密体验，深刻揭露了越南女性的生存困境。论文从女性主义视角出发对该作品进行解读，深刻剖析医斑为女性创作所做的努力，揭露越南女性生存境遇，以期为该时期的越南文学成就研究增添一个尚且阙如的重要例子。

【关键词】越南；医斑；女性写作；未婚先孕；人工流产；《写给瓯姬母亲的信》

　　自 1975 年尤其是 1986 年革新开放以来，越南文学越来越关注个体。随着人性解放的日趋深入，女性解放运动的大力推进，越南文坛涌现了越来越多的女性作家。阮氏秋慧、陈垂梅、阮玉姿、武氏春霞、医斑等都是革新时期声名显赫的女作家。她们大胆为女性发声，既是对蓬勃发展的女性解放运动的积极响应，也推动着越南革新时期文学的发展。作品《写给瓯姬[③]母亲

[①] 杨肖洁，女，彝族，云南绿春人，四川外国语大学东方语言文化学院越南语专业助教，硕士，研究方向为越南文学。

[②] Y Ban 也有"依斑"的译法，笔者从 Y Ban 取该名缘由出发，将其翻译成"医斑"。

[③] 瓯姬（Âu Cơ），越南民间故事《龙子仙孙》人物，根据越南人民的创世神话，瓯姬与越南国父雒龙君结合，诞下百蛋，生百子，继而开启了雄王时代。瓯姬也因此被誉为国母，也有作"妪姬"一称。

的信》(Bức thư gửi mẹ Âu Cơ)(以下简称《信》)和《一个女人的故事》(Chuyện một người đàn bà)让医斑一战成名,摘下 1989—1990 年越南军队文艺杂志短篇小说比赛桂冠,尽管 2007 年因作品《我是女人》(I am đàn bà)的大胆描写带给事业一定冲击,但直到今天,医斑仍被认为是越南当代女性作家中最具创造力和最多产的作家之一。遗憾的是,在医斑作品受越南读者热捧时,中国学界针对该作家代表作品的研究却寥寥无几。而越南专门针对上述获奖作品的学术研究更是少之又少。鉴于此,论文将借助女性主义相关理论,对其中一部著名作品——《信》进行深刻解读,以期观照越南女性作家对革新文学所做的贡献,探讨越南女性生存境遇。

医斑,原名范氏春斑,1961 年生,毕业于河内国家大学生物学专业,大学毕业后曾先后于南定医疗专科学校和太平医科大学执教。在此期间医斑开始创作小说,以"在医学院的斑"为意,将笔名定为"医斑"。1989 年,医斑开始走专职作家之路,创作了许多优秀作品。

因历史因素越南深受儒家文化影响,男尊女卑的等级观念迫使女性成为"第二性",长期以来女人沦为男人的附庸品,不仅身体被压制和禁锢,思想文化也同样被束缚。文学领域亦然,写作长期以来是男性的特权。传统写作往往以男性的感受为出发点,以男性视野为主要角度,没有以女性的第一感受作为直接的写作素材[1](P66)。女性常常被符号化,女性形象及其意义都是由男性创造和界定的。无论是现实还是创作,女性一直处于失语的状态。福柯指出:"哪里有话语,哪里就有权力。"[2](P70) 为了争夺话语权,法国作家、女权主义文学批评家埃莱娜·西苏提出了著名的"女性写作"概念,强调:"妇女必须参加写作,必须**写自己**,必须**写妇女**。"[3](P195) "妇女必须通过她们的**身体**来写作,她们必须创造无法攻破的语言,这语言将摧毁隔阂、等级、花言巧语和清规戒律。"[3](P201) 西苏认为,女性最了解女性的身体,直观的描述比男性的转达更为真实客观。在男性权威话语之下,唯有女性的**身体感受与经验**是男性无法侵入的[1](P66)。西苏的"女性写作"理论也带给了越南女性作家新的写作视角和方法,女性写作出现新生机。作品《信》就是一个很好的尝试,该作品几乎与西苏的观点完美暗合。它以书信体的方式,通过第一人称"我"的叙述,向瓯姬母亲讲述了未婚先孕的"我"在医院打胎时身心备受摧残的经历,作者凭借学习和工作中的医学经历及女性的性别优势使作品具有鲜明的"女性写作"色彩。

一、女性体验

男权文化的权威令女性身体一直被遮蔽在历史长河中，该现象在儒家文化倡导的"男尊女卑、三从四德"体系下更显强烈。女性很难光明正大地面对自己的身体。"我们一直被摈拒于自己的身体之外，一直羞辱地被告诫要抹杀它……我们成了那老傻瓜诡计的牺牲品"。[3](P201)在作品中，医斑从女性的真实视角，大胆直视女性"身体"，通过"我"倾诉了女性人工流产、孕育、性及月经初潮、青春期发育等"难以启齿"的身体体验。

（一）人工流产体验

人工流产的惨痛经历是主线，医斑对人工流产的描写并没有简单局限于人工流产的瞬间，而是贯穿了从开始上药一直到"我"人工流产后**生理和心理**变化的**全过程**，将女性的人工流产体验更细腻、真实地呈现。

1. 生理体验

首先，作者用较多笔墨放大了人工流产前期过程：第一次上药后"我"小腹下侧一阵剧痛，之后突然感觉身体像忍了很多天小便一样，腹胀、头昏、恶心干呕，后来慢慢适应了"肚子里面的水"①，舒服了些许；困倦睡去后又被冷醒，瑟瑟发抖，且时冷时热；当"我"马上上第二次药时只是四肢冰冷，不再时冷时热；第三次上药后，"我"高烧烧到了39摄氏度，因风险极大，医生把"我"下体用的药取了出来……不同于以往男性作家描写人工流产时常常只简单描写流血剧痛一幕，医斑在人工流产前期的描写中较少写到"我"的**疼**，反而正是借助疼痛较少的体验——这真实却易被忽略的女性体验发声，反衬出极力维护男权话语的母亲形象，实现对男权话语的挑战。

其次，人工流产中胎盘开始脱落的过程也被描写得淋漓尽致：在第四次药注射不到十分钟，胎盘裂了：

"钻心的疼痛袭遍我全身，我的心被谁捏紧般。这股疼一会蹿向左一会钻向右，开始疼的时候我还静躺在床上，紧接着我疼得跳到地上，手上的输

---

① 论文中所出现的作品选段（楷体部分）皆为笔者所译。

液管血回流，下体的血也顺着腿流到地上……我没来得及止血，便疼得在地上打滚。疼痛越来越强烈，坐着又想站起来，站着又疼得要蹲下。转向左边又被疼得逼向右，转向右了又被逼得转向左。我站起又坐下，向后靠又被逼得往前俯，在地上爬行。如果能像被钉了钉子的陀螺那般旋转肯定可以舒服很多。我疼得大喊大叫……往墙撞去，疼痛减少了些许……眼泪和鼻涕唰唰地流……**突然所有疼痛都停止了**，仿佛是从高处掉下来，我立马就完全清醒了。我打算看一下我怎么了，发现我的裙子湿透了……在等待手术时，我很困却痛得睡不着。在手术时，我感觉就像有把刀伸进我肚子搅一样，**疼得跳起来大喊**：'让我死吧！'三四个人紧紧地按住了我……我张开嘴吸气，医生的手伸到哪我就叫到哪，在第三次医生的手退出后医生便宣布手术结束，我也结束了疼痛，但却开始了另一种心灵的伤痛。"

整个人工流产过程，医斑都通过"我"的叙述呈现了出来，即使是出现了常见的流血剧痛一幕，也叙述得十分细致。不同于男性视角想象的纯粹剧痛，在胎盘掉落时作者关注到了主人公经历了"疼——**疼痛突然停止**——疼——手术时剧疼"不同阶段的生理体验，辅之以上药次数、药物作用下不同时间的感受差异、手术时医生具体操作次数等量化的描述，将人工流产细节具体化、真实化，伴随着"我"疼痛感的加大，作者从最初的平静爆发出了强有力的呐喊。

2. 心理体验

男权社会素来强调女性的贞洁，长期以来，如果女性未婚先孕或是堕胎往往主观认为其不守妇道、不洁身自好。正是这种观念影响了周围人的态度，让"我"在医院短短三天却备受煎熬。

病友和医护人员的冷漠，特别是母亲近乎冷漠且希望"我"**迅速**流产的态度让"我"更加心痛。面对他人的冷眼恶语，"我"难过同时也不甘："为什么真心相爱的结晶不能活下来？"的确，一个年轻女孩，不仅独自面对人工流产带来的疼痛恐慌，承受在医生面前脱裤子的尴尬，还遭受了周围人的冷嘲热讽，虽然那时生理疼痛还没开始，但却因男权文化的价值观备受精神折磨。

除了人工流产前和人工流产时，医斑还特别关注了人工流产结束的**瞬间**"我"的心理活动及人工流产后对心理的深远影响：

"妈妈给我穿衣服,我不疼了,突然想起来它,我寻找着。在我脚下有个白布盖着的托盘。我突然胆怯。不敢再把脚伸到那个方向。我屈膝从手术台前端跳下,护士急忙扶住我。我推开妈妈和护士的手,疾步走向床。我躺下,气喘吁吁、大汗淋漓,当站起来时我望向脚的方向,看到胎盘比手掌还大,长长的脐带和和胎儿——我的第一个孩子连在一起。我的'罪孽'。我的爱情!白布遮住了它。它已经死了……我不再感到疲惫和疼痛了……但这时是另一种痛……它死了,它心跳多少次?它来得及享受点幸福了吗?它知道痛吗?我的'罪孽',妇女在这个岁数①明明有权力有孩子!为什么我保护不了我的孩子,我默默地哭泣……"

不同于男性视角对人工流产后感受的片面描写,该部分在大量的短句基础上夹杂一两句长句,在连续几句简短有力的陈述——感叹——发问后又陷入了无奈的哭啼,形象地展现了"我"在人工流产后"渴望看见死胎"——"胆怯、抗拒"——"愧疚、心疼"——"无奈"的复杂的心理变化。

在人工流产过后,按理来说"我身体这份罪孽"已除,可以恢复正常生活了,但多年过去,表面上"我"每天都积极生活,但其实一直郁郁寡欢、深感孤独。"我"仍渴望爱情,理智和母亲让"我"不放纵,但深夜"我"常辗转反侧、在回忆中以自慰的方式解决生理需求:"我正值青春年少,却俨然活得像寡妇般"。在人工流产后的体验中医斑不仅关注到了"我"的心态变化,也没回避女性的生理需求。受中国儒家文化的影响,性与欲望在越南文化中也是一个忌讳颇深的隐秘性话题,越南文化也认为"万恶淫为首"。女性被要求保持贞洁,与此同时又必须恪尽职守满足男性的性需求,且不能过度沉溺于性,否则会被看成是淫荡的,更不要说是自慰。医斑通过"我"大胆展现了女性对性的渴望,虽然曾经因为性受到了伤害(人工流产)。

未婚先孕素来是男权社会的禁忌,未婚先孕的女性往往被视为是道德堕落的荡妇。而医斑非但没有以道德为准则加以批判,反而大胆挖掘未婚先孕这一题材,有意聚焦于"难以启齿"的堕胎,借助女性视角下真实的生理及

---

① 根据小说最后 1989 年的落款(此时距离流产过了几年了)、10 岁时国家还没有南北统一(南北统一是 1975 年)、抗美战争的相关描述等这些细节,可大概推算出"我"写这封信时不到 24 岁,也就是说流产时是 20 岁左右。

心理体验将人工流产背后的血与泪一一放大，让读者倾听到这个被男权文化所排斥的群体发出的声音。腹中的胎儿用"罪孽"（tội lỗi）一词来指代，该词在文中一共出现了 9 次，它的反复出现表面上顺从了男权社会的文化界定，实则形成循环反复的呐喊，反衬出此界定的无理：鲜活的生命还未出世便因男权文化的禁忌而被视为罪孽，被剥夺了生命的权利。人工流产的"我"、未足月的胎儿有多凄惨，对男权社会的抨击就有多深。对这种痛苦与不幸的不断发掘，清晰地投射出医斑对女性悲剧性生存境遇的情感认同与自我体察，渗透着她对传统生育文化的痛切感悟。

（二）女性成长体验

长期以来，由于女性所处的文化位置，"涉及到成长叙事的小说往往是以男性主人公为成长主体，男性的主体成长被默认为人的主体成长，而女性作为一个庞大的性别存在却被有意无意的忽略了。即使在男性成长故事中的大部分女性形象也无法逃脱男性对于女性文化想象的窠臼：或者是承载男性审美和情欲理想的天使及圣女，或者是道德堕落构成罪恶渊薮的妖魔及荡妇。这种关于女性形象的两极化修辞无疑是为了衬托男性这个成长主体，而女性的真正存在及生命成长却在关于男性成长的形形色色的阐释中被封闭在文化视觉的盲区中。"[4](P23) 在作品中，医斑从女性的角度真实地揭露了这一群体的成长经历。

当母亲看到"我"被病友们欺负，只能无奈地把气撒在"我"头上："爽了吧！谁教你这样的？"这句话勾起了"我"的成长回忆。"谁教你这样的？"（Ai đã dạy mày như thế cơ chứ?）这句话文中一共出现 3 次，变体"谁教我这样的？"（Ai đã dạy con ư?）一共出现了 2 次，它们串起了成长的碎片。"我"想起在农村度过的美好时光，那时父母对"我"无微不至的照顾、邻友的善良热情，造就了"我"纯真、崇尚自由和好奇的心性。"我"跑到产房窗外偷看，知道了孩子从哪出生；"我"会挤着还未发育的乳头有模有样地喂布娃娃喝奶；"我"会好奇得询问同学他们的父母睡觉时是否也会赤裸相拥；"我"因为新鲜和男同学阿三一起去放牛，"我"乖乖听他的嘱托在骑牛时抱紧他，特别是在牛过水田时。为了不浸湿衣服还听他的话把衣服脱了，"我们"也因此赤裸着紧贴在一起。那时的"我们"完全不会想着男女有别,"我们"跟随着牛在水里的动作尽情享受着水的拍打。诚然,儿童本就天真,但医斑却在儿童视角上又加入了女性的元素:生育、哺育,也融入了男权文化的规训——男女授受不亲。这次被"我"看作相当于"我"整个童年的快乐玩耍却被母亲否定:"我"被母亲打,从此"我"再也不敢和男性伙伴一起玩耍,直到遇到胎儿父亲。女性青春期发育阶段是女性成长的关键阶段,生理上逐渐走向性成熟,心理上逐渐接近成人(**被社会文化规训下的女性**)。除了女性的**童年**阶段外,医斑并没有忽略这一重要的成长阶段。母亲作为女性青春期发育的过来人,深知青春期女性身心变化,但在"我"**青春期发育阶段**是缺席的,相反,在乳房发育和月经初潮这些特殊阶段都是父亲在场。母亲忙于工作并没有对"我"多上心,这与幼时的细心照顾形成鲜明对比。当"我"的乳房开始发育、乳头有点疼时,"我"不敢问母亲,只能问父亲:"糟了,我乳房冒了两个痘痘,很疼。"而父亲只是安慰没做正确引导:"不用管它,会好的。""我"还讲述了"我"月经初潮的体验。最初"我"知道有月经不是通过母亲,而是因为看到有朋友常在"神秘手册"上标注每个月的三天才知道:"我知道早晚有一天也会这样,会了解这个秘密。到了那天我没有慌张,开心但害羞。我悄悄地把妈妈的布撕成小块,晚上的时候才敢换。我把它晒在最隐秘的角落,爸爸先发现了,告诉我:'这个脏女儿,你怎么这样洗啊?肯定是要拿去有阳光的地方晒干净呀!'我害羞得眼泪汪汪,吼道:'爸爸知道啥!别管我!'如果是有妈妈指导我就不会这样吼了。"显然父亲是为了女儿的健康着想,但因是男性不了解女孩第一次经历的心理。也许正是因为长大后逐渐缺少了父母无微不至的关心,特别是关注作为**女性**的身心成长,"我"才在胎儿父亲对生病的"我"无微不至地照顾时彻底"沦陷"了:"我"天真地让他不要睡在地上,来床上一起睡,因为"我"认为战争时期在行军时,恋人直接隔着一层薄帷帐都可以睡,"我"还提出用厚被子作为分隔。"当他上了床抱着我,强有力的手握紧我的手时,宇宙仿佛停止转动,当他吻向我时,宇宙仿佛停止呼吸。贞洁、妈妈的教导、伦理纲常都暂时沉寂了,世界只有我们彼此,我们热烈地给予对方我们学到的一切,醒来时我们彼此都很害怕,不知所措。""我"对第一次发生关系的叙述,没有露骨的性描写,而是自然随性而为——从天真、被动到后面的自然主动。

医斑对"未婚先孕"的描写，并不只局限于未婚先孕的表层，还从最根源入手分析"我"未婚先孕的深层原因：我们是因为爱情在一起的，但这也与"我"天真好奇的性格、与"我"缺少母亲在性别方面的正确引导、缺少母亲真正关心的成长体验紧密相关。表面看来，女性的成长虽与男性一样经历从幼稚到成熟的成长过程，但社会的秩序法则又本来是以男性利益为优先原则构建的，女性的成长是建立在消磨去自身的女性特质与压抑住自身的性别欲望的前提之下的，女性不应该去质疑，而是要顺从、去接受这套秩序[4](P24)。正如著名女性主义学者波伏娃所指出的：女人不是天生的，而是被建构的。所以从这个层面上来说，女孩的好奇天真是被排斥的。一直以来的教训也不断向"我"的好奇天真提出抗议：和阿三玩被打、"我"主动做大家都不愿意做的翻跟斗时因为衣服落下来露出了胸部被同学们嘲笑。而对于母亲来说，显然，母亲不单是因为忙碌，也是因为自己作为这个社会下成长起来的女性，不愿甚至是不敢去直面乳房发育、月经初潮，甚至是性交、生育这些属于"身体"的禁忌，所以不能正确引导女儿。

医斑让读者看到了在男权背景下越南女性成长容易被忽视的经历。她们的成长充满着矛盾与艰辛，她们对自身的女性特征好奇与重视，而传统文化却对其生理、心理特征有意识地忽略，束缚其对爱情和自由的追求，最后连未出世的生命都残忍杀害。

除了人工流产和成长经验外，"我"还大胆讲述了自己的孕育体验："第一个月懵懂，第二个月害怕，第三个月感觉有什么东西战胜了恐惧……它温暖柔软……而流产过后，这种感觉没有了，剩下的是母亲不能保护女儿的痛。"

无论是孕育，还是人工流产，或是成长过程中的乳房发育、初潮都是专属于女性的身体体验，性更是女性不可缺少的体验，但千百年来它们一直被时间和文化所遮蔽，在文学中被回避或省略，如今这些专属于女性的体验成了女性作家的有力武器，医斑几乎"创造了一个男性作家无法染指的女性语言王国，使女性文学纳入了由身体出发的语言港湾"[5](P12)，借助"未婚先孕"这个禁忌之窗，大胆展现了越南女性生存的艰难。

二、妇女描写

纵观全文，对男性人物的描述，笔墨较多的是"我"的父亲、胎儿父亲、小伙伴阿三，但相对于女性人物而言少之又少。对女性人物的描述，除了"我"以外，还塑造了医护人员、女病友、母亲三种女性人物形象。围绕着未婚先孕下的人工流产，医斑不仅从深度上展现了女性丰富的身体体验，还从广度上描写了不同的女性，深入探讨女性问题。

（一）医护人员

医护人员本应是救死扶伤的天使，但在医斑的笔下却令人唏嘘。作品里涉及的医护人员都是女性，更好地实现了作者的目的。如"我"第一次上引产药时便遭受了欺侮。流产病房没有床位，母亲为快速解决便找关系把"我"暂时安排到了不孕不育病房。**女医生**并未注意保护病人隐私，"流产病人去用药室用药"的喊声令病友皆知"我"的真实情况，让"我"遭人鄙夷、厌恶。"我"以为可以在医生这求得安慰时，没有一个医护人员表露出关心："我惊慌地攥紧原本没有扣子的裙角，我向四周求救，没有哪个目光表示怜惜。我绝望，明白无路可走了，便松开了手，产裙瞬间掉了下来。"在"我"上药感觉疼痛恐惧的过程中，**医助和护士**联手嘲弄"我"，借治疗之由深挖我的隐私。她们像审问犯人般问"我"："怎么受孕的？在哪？在公园？在草地还是在池塘边上？或是在他家的床上？……你必须老老实实交代！他是你爱人吗？……你们相爱多久了……他有老婆对吧？"当"我"回答对方是"我"的男朋友、双方准备结婚时，护士又追问："你们在哪做？你快说！你必须要老实回答！"更令人吃惊的是，护士以"取血清"来逼"我"回答问题："快老实交代！多少次，你们睡了多少次？你听着，你说一次我就只拿一份血清，你说两次就给你拿两份……六、七、八次就给你拿六、七、八份，我们的药效果很好，你不老实胎儿是不会出来的，快点说，说完我就给你去拿药！"去拿药时还长瞪"我"一眼，骂"我"贱人。而医生在其他人逼问"我"时并没出言阻止，只有当"我"被气得大喊、从手术床上跳下来导致下体流血时才出面。她让护士去拿血清以此支开她，也让医助暂时不用插手。她喊道"想死随时都可以但不是现在"，为了让"我"冷静，她向"我"道歉，也解释了这种"玩笑"是经常出现而不是只针对

"我"一个。可以看出医生"阻止"的方式并不是正面喝止,这个"阻止"也是在"我"有生命危险时才出现,另外,这种事情既然以前也出现,本是可以避免的,但她并没有从一开始就制止。

不单是发生在"我"身上,其他病人也遭遇过医护人员的冷漠。有个病人用了打胎药疼得撕心裂肺时,护士满面怒容,没有一丝怜惜,让病人赶紧站起来去用药室:"快点,不然血会弄脏床,给其他病友带来不便。你们马上要解放了,又要给大家添麻烦。快点!又死不了,蹑手蹑脚干吗!"

通过妇产科最常见的三种医护人员与"我"的故事以及"我"亲眼看到的事情,作者构建了一个多维医疗空间,在这个空间中,充斥着女性医护人员对病人过分的言语。显然,这种冷漠无疑是常态。同为女性,她们是除了病人以外最了解这种疼痛的人,作为医生,她们是病人的拯救者,可她们没有在病人最需要关心的时候伸出援手。医斑立足自身在医院的经历,通过医院这个窗口深刻地揭露出越南女性同胞们冷漠的相处实际。

(二)病人

1. 不孕不育病人

"我"开始去的是不孕不育病房。病友们在知道"我"病情前后表现出了截然不同的态度,病房充斥着冷漠。

"我"刚来时,病友们以为"我"和她们同病相怜,所有人都热情接待"我",给"我"讲了她们不孕的故事。当医生的叫喊令她们知道真相后便立刻露出了鄙夷的目光,在"我"面前议论起来:"哎呀,我还以为是……""今天早上我还和她说过话呢!""看外表没人看得出来,看起来善良正派没想到却是个浑蛋、荡妇。"当听到母亲编造的"我"有心脏病怕胎儿发育不全的谎言时她们更嗤之以鼻:"哎呀!心脏病!心脏病得久了就怀了!""老天真是不长眼啊!忠贞的人上天怎么都不让怀上,轻浮的人马上就有了!"只有当母亲和"我"以及我腹中胎儿的父亲共同上演关系很好的假戏码时她们才少了些轻视——"原来她没有被抛弃"。

从她们态度的转变可知她们始终认为,"婚姻"关系的存在是怀孕的前提,反之则会是斥责的对象,因为违反了男权社会的禁忌——未婚先孕,违反了男权社会定义的"妇德"。她们是广大女性的缩影,女性是妇德的"被规训者",同时,她们也认同并坚定地奉行着这些"妇德"。

2. 人工流产病人

在《信》中,人工流产病人流产的原因,或是因为生病,或是因为女方家人不同意,或是因为被男友抛弃。她们都是年轻的女孩,但面色苍白呆滞,有的还差点血崩,面临生命危险。同病相怜的她们是最能体会到人工流产对身心的摧残,按理来说她们应该会互相照顾,可当其中一个人疼得从病床上滚下时,其他病房的人还赶紧跑过来看热闹:"赶紧让胎儿死掉","太爽了,这样才会解脱!"

如果不孕不育的病人因嫉妒"我"能怀孕,对"我"冷言冷语尚可理解,可同病相怜的女孩们能做到心安理得地隔岸观火就未免太过冷漠。另外,除了因冷漠,还因她们觉得这种疼是通往解脱的必经之路,越疼意味着离人工流产成功越来越近,她们马上可以丢弃身体里令她们备受舆论斥责的"罪孽"。

不孕不育病人是"人工流产"的局外人,皆认为"我"私生活不检点,人工流产病人虽是"人工流产"的当事人,却认为胎儿是阻挡她们幸福生活的障碍。诚然,她们无疑也是男权文化的维护者,哪怕她们已经因为这样的文化遭受身心摧残,但还是坚定不移地维护和践行。

(三)母亲

法国女性主义理论家伊里加蕾指出,母亲身份被认为是父权制度下"女性唯一有价值的命运","母亲身份已经成了女性身份一个极端而终极的代表。女性为父系**传宗接代**保证了父权体系的延续而往往被赋予诗意的美化,母亲往往被塑造成一个无私忘我、仁慈伟大的圣母形象。"[6](P51)

在"人工流产"这个话题中,作品主要描写了三位母亲,第一位是人工流产病友,文中重点刻画了一个病友,其打胎原因有二,一是母亲让打,二是胎儿父亲移情别恋了,也就是说即使没有来自她母亲的压力,**为了未来(男权社会下的未来)她也是愿意打的**,所以她能轻松将自己流掉的死胎作为茶余饭后的谈资。第二位是作为母亲的"我",**被迫打胎的"我"** 因没有保护好未出世的"孩子"而愧疚万分。第三位则是"我"的母亲，作者用了较多笔墨进行了人物塑造。

对"我"来说，别人的冷言冷语再恶毒，都没有母亲对"我"的态度让"我"心痛。当然，母亲是疼爱"我"的。正因她怕"我"人生被毁，顶着被别人嘲笑的压力陪"我"来医院打胎、照顾我。面对别人的轻蔑，母亲为了让别人对"我"态度好转，故意编造"我"心脏病的谎言，人前故意表现得与"我"腹中胎儿的父亲关系很好，但人后，母亲把被别人嘲讽后的愤怒及对"我"的心疼等消极情绪都发泄到了"我"身上。在"我"用了药干呕时，母亲多次骂道："爽了吗，谁教你这样的？（Sướng chưa? Ai đã dạy **mày như thế cơ chứ**?）"此处的"你"母亲用了"mày"（"你"的卑称）一词，而不是用具有"亲切"感情色彩的"con"（"孩子"的人称代词），强烈表达自己的愤怒。母亲反复问"我"疼不疼，不是因为担心、心疼"我"，而是希望"我"赶紧疼，疼了就意味着腹中胎儿快死了。在"我"还是回答没疼时，母亲对"我"怒气冲冲，近乎绝望。为了让"我"赶紧疼，她托人找妇产科主任亲自给"我"看，在主任承诺半个小时后就会解决了时，母亲明知道"我"将会疼痛难忍，可她并没陪着我，而是**高兴地**去给医生们买礼物。在成功人工流产的那天晚上，母亲虽知"我"会面临内心的折磨，却没在医院陪"我"，更多的是因为"我"已经成功摆脱了肚子里的"罪孽"。第二天早上，母亲来医院看"我"时并没有嘘寒问暖，而是观察"我"、直接摸"我"的胸部检查奶水。她提醒"我"不要让别人知道，要喝药解决奶水问题，出院时又破天荒催"我"化妆让脸色看起来好点，"而这还是妈妈第一次催我化"。作者用男权社会决定女性唯一价值的"传宗接代——生育"作为突破口，一步步解构母性神话。母亲更在乎的是"我"腹中胎儿有没有死掉，而不是"我"当下面临的身心折磨。包括她在内的大多数人都认为这样的胎儿是**可耻**的，要尽全力除掉。这样的母亲，清楚地昭示了她们就是男权话语的代言人。当女儿挑战"男性权威"时，她们马上摘下了被男性神话包装的圣母面具奋力维护这一权威。

上述"母亲"的多样性丰富了母亲单一的圣母形象同时，也颠覆了长久以来对母亲的刻板印象。虽然有些是男权意识的维护者，但她们不再只是无私伟大，她们也会对自己的孩子冷酷无情，她们清醒地为自己的未来打算。

同时，不同的母亲就"未婚先孕"这个禁忌产生了激烈的冲突，当第一位和第三位母亲刻画得越生动时，更反衬破坏禁忌的"我"的孤独与悲痛。

可以看到，从不是同病相怜的到同病相怜的，从病人到医生，从不亲近的到亲近的，医斑构造了一个属于女性自己的独立空间，从多角度深挖女性关系，这个女性空间之所以充斥着冷漠，只是因为像"我们"这样的女性违反了男性权威的禁忌：未婚先孕。医斑让男权社会对女性的束缚与女性自由求爱发生了激烈的冲突，通过"我"发出了有力的质疑——"我不明白，新婚之夜妈妈满怀幸福，在世俗允许下怀上了我。同样是因为爱情的一晚，为什么我因爱情生下来的胎儿却是孤苦伶仃的？爱情历来被人称颂，可爱情却经常会生出一些孤苦伶仃的胎儿！而这些孤苦伶仃的胎儿也往往会被抛弃"。"我"越孤独无力越凸显出越南女性追求幸福的艰难。

三、表达渠道——"信件"文体的巧妙助推

如上文分析，在信中，"我"大胆地讲了自己的身体体验。由于文化上的压制，这些体验对女性而言是难以启齿的，在当时的越南文学史上真正从女性自身感受描写女性体验的寥若晨星。医斑巧妙利用了信件这一文体化解了尴尬，为革新开放以来的文学带来了弥足珍贵的女性体验。

信件具有一定的私密性，内容只有写信人和收件人才能看到，与面对面交流不同的是，信件因双方收发时空不一致，收件人的暂时缺席能为写信人的发声创造一个相对独立、私密、安全的空间，在传递真实声音的同时为自己找到理想的保护屏障。当然，不可否认，该空间会随着收信人的身份、与收信人的关系而变化，导致所说之话有所控制。医斑借助"瓯姬"这一收件人的设定实现一举多得之效。

首先，从人物真实性来看，"瓯姬"是越南神话故事中的人物，是世人虚构、想象的人物。其次，从"瓯姬"的身份来看，写给**同性别的对象**，对方更能懂同性之体验。且"瓯姬"是越南文化中的**国母**，女儿受委屈向母亲诉苦是情理之中，生母不理解"我"，周围的女性不理解我，"我"便向国母倾诉。当收件人设定为**同为女性的母亲**，而且是**虚构**的人物，写信人"我"的心理安全得到了保障，便有利于"我"能毫不设防地讲出"我"的境遇和诉求。"我"意识到了问题之源，"我"**质问**国母瓯姬"因战祸连绵，

天灾不断把关心给予了男性英雄、诗人",而忽视了"素来温顺、付出不求回报"的女性同胞。瓯姬是男权社会的想象产物,可以说是男权社会的代言人,也是男权文化的维系者,因此质问瓯姬其实是在质问社会——整个社会对"女性"真正的关心较少,即使有,也只是在尊重男权文化的基础上去关心,并非女性真正的心声诉求!值得一提的是,医斑对女性问题的发问、探索,并非简单地从男女二元对立角度去斥责男性,而是考虑到了社会(整个价值体系、文化)及女性自身。女性自身都不能理解、关心自己的同性同胞,互相帮助,何谈让"不能体会女性之体验的男性"理解、关心自己呢?在一番责问后,一句含有祈使副词"hãy"的句子更为直接地表达了"我"迫切的期盼:"母亲啊,您关心一下我们这些孩子吧,关心女孩们、妈妈们的痛苦吧。"

第一人称书写的信件借助其对话特征,本就能无形中拉近作者与读者的距离,又因收件人"瓯姬"的虚构性,读者便成功充当了隐形的收件人。读者能身临其境感受"我"的悲惨遭遇,能毫无限制地参与到"我"的内心生活。读者通过"我"的回忆了解了"我"的过往苦难与快乐,了解到"我"为什么今天会变成这样,尤其是流产时候所受的煎熬,所有的倾诉便更容易理解,发人深省。

信件以末句——"敬爱的**母亲**啊,请原谅我"和落款时间结束,这里的"母亲"和"原谅"蕴意深刻。"母亲"根据上下文看指的是"瓯姬",但其实也是指文中"我"的母亲。而"原谅"的具体内容也随着"母亲"的所指有所变动,这样的模糊表述扩展了叙述空间,扩展了作品的张力。80年代的越南才刚刚革新开放,社会对未婚先孕、自慰的包容度并不大,甚至仍然禁止、难以接受。"我"因这些举动,尤其是未婚先孕让生母蒙羞、痛苦,"我"深感愧疚。"我"为今天的悲惨结局而后悔,"我"为自己没能做好"母亲"角色而愧疚。在"国母"面前,我为之忏悔。"我"意识到"我"悲惨境遇的症结所在质问国母后,"我"为"我"的大胆、冒犯之举道歉。显然,在上述一连串的大胆质问之后,该部分中作者没有让"我"继续保持这份"叛逆",而是借助"原谅"一举求得缓和,在叛逆与温顺中实现了平衡。或者说,作者面对强势的男权文化,避免因太过大胆而引起男权社会的反感和强烈抵制打了迂回战术,为自己发声创造了机会,最终用"**原谅**"以退为进，实现最有力的质问——"我"无疑是男权文化的受害者，而"我"却还要寻求原谅，从中反衬出"我"的可悲。

在男权文化建立的铜墙铁壁中，依托收件人瓯姬母亲这一虚构的人物，医斑成功利用"书信"这一私密性极强的对话文体，超越了时间、空间甚至性别和阶层的界限，在借助人物发出强烈质问时又及时以退为进，为女性言说的权利创造了空间，表达了最真诚的女性诉求："社会应该多关注一下女性的真实诉求！女性同胞更应该相互理解和支持！"这些文字成为千千万万个像"我"一样被男权文化压迫下的女性永远不会消失的声音，成为"我们"打破沉默、言说自我的永恒见证。

结语

20世纪80年代，在越南革新开放初期，面对男权社会的铜墙铁壁，医斑在《写给瓯姬母亲的信》中巧妙利用书信体方式，大胆触及禁忌题材——未婚先孕和堕胎，构建了一个近乎只有女性的世界，通过大量真实的女性身体体验描写，揭露了20世纪80年代越南女性的生存境遇：男权社会下对女性的束缚令女性追求幸福生活充满艰辛。男权社会的影响太大，导致就连受压迫的女性群体都在拼命维护并践行着这些"束缚"、文化而不自知，女性之间缺少理解与互助。女性要想平等、要想幸福，除了社会，更需要女性自身的觉醒、女性的团结。医斑的这一尝试不仅符合当时越南文学追求人性解放、关注个体的潮流，更在男性作家占绝对优势、女性作家初露锋芒时甘冒风险为女性大胆发声，是一次成功且难能可贵的女性写作实践。如今距离作品创作已过近30年，越南文坛女性作家力量不容小觑，但在商业文化的漩涡中、在大众的猎奇式接受中，越来越多的越南女性作家借助"女性写作"的名义，"过分地渲染极度的身体欲求，大胆暴露的写性，殊不知无论男性还是女性读者都会对其超越道德底线的描写嗤之以鼻，无形中使探询女性身体话语的行为成为伤害自身的利器"[7](P105)。反观医斑的《写给瓯姬母亲的信》，作品全方位挖掘身体的其他空间，挖掘多样的女性体验，性描写只是其中一小部分，没有露骨的性描写却能深入人心，引起共鸣，是非常值得深思和借鉴的。

参考文献

[1] 陈秀霞. 20 世纪 70 年代以来西方女性主义理论的创新与局限[J]. 哈尔滨学院学报,2019(6).

[2] 傅春晖,彭金定. 话语权力关系的社会学诠释[J]. 求索,2007(5).

[3] [法] 埃莱娜·西苏. 美杜莎的笑声[M]// 张京媛. 当代女性主义文学批评. 北京:北京大学出版社,1992.

[4] 翟永明. 成长·性别·父权制:兼论女性成长小说[J]. 理论与创作,2007(2).

[5] 陈思和. 林白作品自选集[M]. 桂林:漓江出版社,1999.

[6] 刘艳琳. 孕育体验与二十世纪中国女性书写[J]. 女性文学研究,2010(4).

[7] 赵红. 论"躯体写作"在中国当代女性文学中的实践[J]. 西北大学学报(哲学社会科学版),2008(6).

文化研究

元韶禅派与中国临济宗在越南中部和南部的传播及影响

信息工程大学　谭志词[①]

【摘　要】17 世纪中叶明清鼎革之际，广东籍元韶禅师赴越南中部和南部地区弘扬佛法长达 51 年，最后客寂他乡。元韶禅师在越南创立了元韶禅派，该禅派法脉绵长，从 17 世纪开始，共传承了十二代，至今仍在传承。其支派众多，分布广泛，不仅把临济宗传播到越南中部地区，还传播到越南整个南部地区，在越南佛教史和中越佛教关系史上产生了深远的影响。

【关键词】元韶；禅派；临济宗；南部

引言

17 世纪中叶明清鼎革之际，有大量的中国岭南禅师赴越南弘扬佛法，他们当中只有少部分人如福建籍拙公和尚及其弟子江西籍明行禅师到越南北方传播佛教，大部分岭南禅师则主要到当时越南阮氏封建主集团控制的越南中部顺化、广南一带活动，广东元韶禅师就是其中的一位，不过，元韶禅师及其弟子还把中国临济宗传播到越南南部地区，在越南佛教史和中越佛教关系史上产生了深远的影响。由于资料匮乏等原因，国内外学界对元韶禅师的研究，尤其是对元韶禅派的研究尚不深入。笔者曾赴越南进行田野考察，搜集了部分碑刻等新材料，回国后对元韶禅师的生卒年代及赴越时间等问题进行了考证，本文拟在此基础上，结合越南学界的相关研究成果，对元韶禅师在越南的弘法活动及其禅派进行探讨。

[①] 谭志词，男，广西壮族人，博士，信息工程大学洛阳校区东南亚系越南语教研室教授，博士生导师，主要研究越南语言文化及中越关系等问题。本文为国家社科基金项目研究成果之一（项目名称："一带一路"视域下越南汉字碑刻发展史研究；项目编号：19BSS045）。

一、元韶禅师在越南中部和南部的弘法活动

关于元韶禅师，越南史料载录颇为有限，主要见于 1729 年阮主阮福澍为元韶禅师御撰之《大越国王敕赐河中寺焕碧禅师塔记铭》等碑铭和越南阮朝国史馆所编之《大南列传前编》《大南一统志》等史籍。据这些史料，元韶禅师（1648—1728）系广东潮州程乡县人，俗姓谢，字焕碧，法名元韶，其师傅是广东报资寺的旷圆和尚（临济三十二世），旷圆和尚住持广东开先寺，是清初岭南地区的著名高僧木陈道忞（1596—1674，临济三十一世）的弟子。

关于元韶在越南的弘法活动，《大越国王敕赐河中寺焕碧禅师塔记铭》记载较多且颇为可信。该碑曰：

余恭应天命，临于兆姓，鸡鸣而起，孜孜不忘为善之道也。越观自开国以来，立寺建庵，延僧供佛，广行方便，图史畿内，天下盛起，全自顿抛凭念。

庶几生顺死安，渐近化城境界。焕碧禅师于丁巳年（1677）从中华来，初锡归宁府，创建十塔弥陀寺，广开像教，再回顺化富春山，崇造国恩寺，并普同塔。至圣考前朝又命禅师回广东，延请长寿石老和尚，并请佛像及法器，回来往完，成颇多功绩。

自此奉旨住持河中寺，回光自照，分条析理，谈及玄微，载备前冈，截伪绩真，开兹后学受具戒，度四众人等。禅师原籍广东潮州府程乡县谢氏子，生于戊子年五月十八日戌时。十九辞亲出家，投入于报资寺旷圆和尚，法名元韶，字焕碧。历自航来余境，计五十一年矣。至戊申年（1728）得病，于十月十九日召集四众人等，谈及玄机，嘱留秘语，临期授笔说偈，偈曰：

寂寂境无影，明明珠不容；

堂堂物非物，寥寥空勿空。

书罢，端然正寂，法腊八十一岁。受牢官门徒众等造塔于举化处，其门徒众等跪请记铭，余谥曰："行端禅师"。余亦欲万世人仰慕善道，证如来无上之果，共享太平之福无穷，因为之记而铭焉。铭曰：

优优般若，堂堂梵室；

水月优游，戒持禅栗；

湛寂孤坚，卓力可必；

视身本空，弘教利物；

遍处慈云，普照慧日；

瞻之严之，泰山屹屹。

保泰十年（1729）四月初八日颁奉立国恩寺。①

据上引碑文及其他史料，1677 年元韶禅师赴越南，最初到达的是归宁府（在今越南中南部平定省归仁市），与元韶同赴越南的可能还有明觉奇芳、明恒定然、兴彻（广东禅师释大汕的弟子）等中国岭南禅师。他们在归宁府绥远县顺政村创建了一座佛寺以弘传临济禅宗，因寺后有十座已塌毁的占婆塔，故取名十塔弥陀寺（现已无存）。《大南一统志》（维新版）云：

"什塔寺在绥远县顺政村，寺后有占城塔十座，故名，今圮。本朝太尊辰唐僧焕碧和尚所建，显宗辰敕赐什塔弥陀寺匾额并对联……明命元年天姥寺僧密弘和尚重修，栋宇轩豁，金碧辉煌，与灵峰寺并称胜迹。"②

不久，元韶便离开十塔弥陀寺，沿思容海口而上，到承天府富禄县河中社普成寺（俗名：河中寺）停留一段时间，估计在 1682—1684 年间，元韶到顺化创建永恩庵。不久，阮主阮福濒（1648—1687，俗称"贤王"）闻元韶大名，便于 1684 年拨一笔款项给元韶修缮永恩庵，可能是从此时起元韶才修建"普同塔"。"普同"有"平等、共同"之意，可能是为当时无条件单独建塔的多名禅僧所平等共用，除国恩寺外，三台山的和荣寺也曾建有普同塔，故普同塔并非只有元韶所建。

1687 年，阮主阮福濒薨，其子阮福溙③（1687—1691，俗称"义王"）继王位。虽在位仅有四年，阮福溙亦敬仰元韶，1689 年，他颁令减免永恩庵的一切田税并改名"国恩寺"，御赐"国恩寺"匾。"国恩寺"之名自此始。此次更名之后，"国恩寺"大为改观，高升国寺地位，也需要相应的人才和佛像、法器等，可能因此之故，阮福溙才派元韶回广东延请大汕和尚。虽然此次大汕没有应邀赴越，元韶还是成功"请"来了颇多佛像、法器等，

---

① ［越］介香. 顺化寺院碑铭［M］. 河内：越南佛教协会，1994：112—122.

②《大南一统志》（维新版）卷九"平定·寺观"。

③ 第五代阮主即义王名阮福溙，越南史学家陈重金等人误写为阮福溱。参见［越］段扩. 试探讨第五代阮主之姓名［J］. 汉喃杂志，1996（3）.

成绩斐然，阮福溱对其大加赞赏，特此颁令让元韶兼住持河中寺。元韶一人同时住持两座佛寺，在越南佛教史上实不多见，可见其在当时越南中部佛教界享有很高的威望。

1691 年，义王阮福溱薨，阮福淍（1691—1725，俗称"明王"）继王位。阮福淍崇佛备至，1694 年，他亲自写信邀请广东长寿寺释大汕和尚赴越弘法。1695 年大汕从顺化返回广南途中，曾顺访河中寺。大汕抵该寺时，来迎接和接待大汕的不是元韶，而是"该伯"和"监寺"，此"监寺"系大汕的弟子。《大南一统志》载："河中寺，在富禄县河中社，本朝显宗年间（阮福淍，1691—1725 年在位）使僧焕碧住持于此。"①如此看来，元韶虽自 1689 年起就兼住持河中寺，但直到 1695 年，他并没有真正住在河中寺，可能只是名誉住持而已，他主要还是住在国恩寺。大汕称河中寺"恍若蓬莱阆苑"，并作《咏河中寺诗》三首。此引其一：

绿柳垂垂隐梵宫，钟声迢递满河风。
竹篱草径浮岚掩，石壑崖楼倒影空。
候食给鱼风水上，啼烟翠鸟落花中。
王家祠庙阴森处，迥有灵光谢海东。②

元韶可能到 1696 年才应阮福淍之请真正住持河中寺，把国恩寺交由其他禅师当监寺或住持。阮福淍还给国恩寺御赐"灵鹫高峰"四字匾及两副对联，落款为"国王天纵道人御题"，至今犹存。《大南一统志》载："国恩寺，在富春社良改县，相传焕碧禅师所造，本朝显宗赐对联二，左刻'国王天纵道人御题'八字，今存。寺前有普同塔，亦焕碧禅师造。嘉隆初密弘和尚重修。"③

1725 年，阮福淍薨，阮福澍（1725—1738，俗称"宁王"）继位。1728 年元韶圆寂于国恩寺，其弟子及僧众在国恩寺为其建塔，宁王阮福澍为其御撰上引塔铭。其塔名为"敕赐国恩堂上临济（？）讳元韶寿尊垂行端老和尚之塔"。但国恩寺其牌位题："敕赐国恩堂上临济正宗三十三世讳元韶上寿下

---

① 《大南一统志》（抄本）"承天·寺观"，越南汉喃研究院藏书编号 A.69/8。
② 释大汕. 海外纪事[M]. 余思黎，点校. 北京：中华书局，2000：69.
③ 《大南一统志》（抄本）"承天·寺观"，越南汉喃研究院藏书编号 A.69/8。

尊老和尚。"①元韶住持国恩寺长达 42 年（1682—1728），住持河中寺 35 年（1689—1728），其间他还携弟子明物一知到越南南部同奈省金刚寺弘传临济宗，现金刚寺尚存其塔和明物一知的牌位。

综上所述，我们把元韶禅师在越南的弘法活动概括如下：

元韶禅师（1648—1728）系广东潮州程乡县人，俗姓谢，俗名待考，字焕碧，法名元韶，亦名超白，系临济宗第 33 代传承人。19 岁出家，师事广东报资寺旷圆和尚。1677 年搭乘商船到越南中部归宁府（今平定省归仁）创建十塔弥陀寺。不久，赴承天府富禄县河中社普成寺（俗名：河中寺）停留一段时间，估计在 1682—1684 年间，赴顺化创建永恩庵（后改名国恩寺）及普同塔。1687—1691 年间曾奉阮主阮福溱之命回广东延请石濂大汕和尚及佛像、法器，但未见大汕和尚与其同时赴越。不过元韶此次回中国可能请来了一些法器及其他中国高僧，如明海法宝禅师、兴莲国师等。这些高僧到越南后，阮主请他们参加了在顺化天姥寺举行的戒坛受戒仪式。1689年起，奉阮主之命，他同时住持国恩寺和河中寺，其间他曾携弟子明物一知到越南南部同奈省金刚寺弘法，1728 年元韶在国恩寺圆寂，其弟子在国恩寺为其造塔。1729 年，阮主阮福澍为其赐谥"行端禅师"并御撰塔铭以资纪念。

二、元韶弟子在越南中部和南部的弘法活动

元韶圆寂后，其弟子明恒定然住持国恩寺长达 64 年。1775 年 1 月 30 日北方的郑氏军队攻占顺化，阮氏弃都南逃，此时国恩寺仍安然无恙。1786年，西山起义军攻占顺化后，国恩寺及普同塔遭毁殆尽，明恒定然禅师也于 1793 年圆寂，其塔建在元韶禅师塔旁边，塔很大，但不见题写任何文字。国恩寺今尚存明恒定然、明觉奇芳、明物一知禅师牌位，均题"临济正宗堂上三十四世……"字样。

从 1786 年到 1801 年的 15 年里，国恩寺几乎无人问津。直至 1805 年，玉秀公主（阮福昆之长女）出资三百贯，请实性智海禅师（可能是明恒定然的弟子）和济历正文禅师（可能是实性智海的弟子）负责重建国恩寺。重建

---

① [越]何春廉. 顺化寺院[M]. 顺化：顺化出版社，2000：52.

伊始，实性智海便于 1805 年圆寂，其塔建于国恩寺的东侧，此次重建没有重建普同塔，因此，至今普同塔已无任何踪迹。

1814 年，嘉隆帝阮福映把南部同奈省边和大觉寺的祖印密弘（1752—1825）禅师调回顺化天姥寺任僧纲，1817 年（可能济历正文禅师已圆寂），阮福映延请祖印密弘禅师住持国恩寺。自此，祖印密弘多次对国恩寺进行整修，其中，1822 年的整修规模很大，明命帝御颁银钱 300 贯。整修完毕，祖印密弘禅师又铸大钟，制大鼓，后均毁坏殆尽。现国恩寺尚存祖印密弘禅师塔，塔铭题"敕赐天姥寺密弘大老和尚之塔"，建于 1826 年，塔名为"祥光明塔"，其牌位题"敕赐天姥寺住持重兴国恩临济正宗三十六世讳祖印上密下弘老和尚"。

继密弘禅师之后，济正本觉（1761—1851）禅师住持国恩寺，他同时也是天姥寺的僧纲，这表明，自密弘禅师起，国恩寺已成为一座国寺，受朝廷的监管。1838—1843 年，济正本觉和了通慧监禅师组织重修国恩寺，其间，绍治帝于 1842 年御颁银钱 500 贯支持此次重修工作。此次重修之后，国恩寺有了前堂、钟楼、鼓楼、大雄殿、僧房、后殿，具备了顺化寺院传统建筑的"口"字形规模。1844 年，了通慧监圆寂，济正本觉继续管理国恩寺，现该寺尚存其塔，塔铭题"赐衣钵禅丈天姥僧纲本觉和尚之塔"，其牌位题"赐衣钵禅丈天姥僧纲重兴国恩寺祖三十六世讳济正本觉和尚觉灵"。济正本觉应该是实成了达的弟子，而不是密弘的弟子，因为他符合实成了达的传法偈，而不符合密弘的传法偈。实成了达又是同奈省金刚寺明物一知的弟子，国恩寺有明物一知和实成了达的牌位，分别题"临济正宗堂上三十四世讳明物上一下知老和尚之觉灵""敕赐国恩堂上三十五世讳实上了下达和尚觉灵之位"。

据国恩寺寺谱，济正本觉在圆寂前曾给性阔慧景留偈，但后来慧景又去创建祥云寺，他把国恩寺交由了见慈和（？—1863）住持。了见慈和给国恩寺增建了圣母殿等建筑，其塔在密弘禅师塔旁边，塔铭题"敕赐国恩住持讳了见慈和大师之塔"。

了彻慈明（俗名段千秋，？—1882）继了见慈和住持国恩寺，他同时兼任觉皇寺僧纲，还去创建圆光寺（即今灵光寺）。其塔在国恩寺右侧，塔铭题"觉皇僧纲住持圆光寺讳了彻慈明之塔"。

继了彻慈明之后，了真慈孝（俗名裴文纪，1813—1890）住持国恩寺。

他系清化省宋山县政大庄人，起初任天姥寺知事，1877 年住持隆光寺，1882 年起住持国恩寺，兼任觉皇寺僧纲，1883 年奉帝诏令兼任天姥寺僧纲。住持国恩寺期间，在两位皇太后和公主的资助下，他给国恩寺新铸了一尊佛像，添购了五亩田产。更为重要的是，他见国恩寺《大越国王敕赐河中寺焕碧禅师塔记铭》日渐磨损，就在寺的东侧重刻了该碑，使后人直至今日仍能清楚地识读这块极其重要的碑刻，1914 年，当法国巴黎异域传教会的传教士 Léopold Cadière 到国恩寺看到该碑时，他对了真慈孝的此举佩服得五体投地。① 了真慈孝塔现位于国恩寺东侧，塔铭题"敕赐灵姥寺僧纲嗣三十七世讳了真慈孝之塔"，与"行超明实济，了悟达真空……"的传法偈相吻合，但他的牌位却题"敕赐灵姥寺僧纲重兴国恩寺祖四十一世讳了真慈孝觉灵"，与其塔的世系相差甚远，也许了见慈和、了彻慈明和了真慈孝均系济正本觉的弟子，若此则他们均属明物一知系。

继了真慈孝之后，明德宝锡（？—1908）住持国恩寺。明德宝锡与了真慈孝是同辈，但明德宝锡却按木陈道忞的传法偈，他也兼任天姥寺僧纲，其牌位题"敕赐灵姥寺僧纲嗣临济正宗四十一世国恩寺住持讳明德号宝锡大师觉灵"，其塔建在天山（Hon Thien）脚下，与慧监之塔毗邻，但其塔题其法名为"慧严"，而不是"宝锡"。从世系上看，他应该是临济第三十八世，而非四十一世。

继明德宝锡之后，如汉元吉（？—1914）住持国恩寺，他兼住持灵光寺。他还健在时就在国恩寺给自己建塔，塔呈八角形，高四层，是国恩寺最壮美之塔，塔铭题"敕赐国恩灵光寺住持嗣临济衣传上如下汉讳元吉大师之塔"。

此后，如通德恩、如东德光（？—1947）相继住持国恩寺，均兼任天姥寺僧纲。1945 年，如东德光对国恩寺进行大修，寺内尚存其塔，其牌位题"嗣临济四十二世天姥寺僧纲重兴国恩寺上如下东号德光法寿阿阇梨之觉灵"。

如今的国恩寺呈"口"字形，佛殿内阮主天纵道人所题之"敕赐国恩寺"匾及两副对联犹在，寺内共存 9 座塔及 27 个牌位。从这些牌位来看，国恩寺诸住持禅师分为三支传法偈：一支是元韶系，首字为"明、实、济、

---

① [越]何春廉. 顺化寺院[M]. 顺化：顺化出版社，2000：60.

了……"字；另一支也是元韶系，"成、佛、祖、先、明、如、鸿"诸字相间，首字为"济"字者或是明恒定然的弟子，或是明物一知的弟子，未见越南禅师了观系的弟子来住持国恩寺。其世系的计算存在混乱现象，表现为有些禅师的牌位所题世系与其塔所题世系有差异（如上述）。此外，国恩寺住持还存在兼任天姥寺僧纲的现象，表明国恩寺高居国寺的地位，直接受朝廷监管。

三、元韶禅派与中国临济宗在越南中部和南部的传播及影响

明清时期，福建籍拙公和尚创立的拙公禅派主要在越南北方弘扬临济禅宗，而在越南中部和南部地区，则有大量中国岭南禅师赴此弘扬佛法。他们当中，能形成禅派的主要有元韶禅派和明弘子融-了观禅派。

元韶禅派由中国临济宗第 33 代传人——广东元韶禅师创立。如前所述，元韶是中国岭南名僧木陈道忞（1596—1674，临济三十一世）的法孙。木陈道忞有传法偈云：

道本元成佛祖先，明如杲日丽中天；

灵元广润慈风溥，照世真登万古悬。①

按照中国和越南禅宗传承的传统，同一禅派的弟子一般要按照祖师的传法偈来取法名以示辈分，元韶禅派亦不例外。元韶禅派法脉绵长，从 17 世纪开始，共传承了十二代，至今仍在传承，②其支派众多，分布广泛，不仅仅把临济宗传播到越南中部地区，还传播到越南整个南部地区，在越南佛教史和中越佛教关系史产生了深远的影响。遗憾的是，至今为止，我们没有看到元韶及其弟子留下任何著述，因而无法对其禅派思想进行分析。我们能做的，就是分析其禅派的传承关系，以此来了解中国临济宗在越南中部和南部的传播和发展过程。

---

① [越] 阮郎. 越南佛教史论 [M]. 河内：文学出版社，2000：606. 阮郎此处所引略有不同，把"杲日"写成"鸿日"，越南元韶禅派第八代传承人有多名禅师的法名确为"鸿日"，而非"杲日"。

② [越] 释清慈. 越南禅师 [M]. 胡志明市：胡志明市出版社，1999：473—476.

元韶的得法弟子有三人：明物一知、成等明亮和成岳隐山。

（一）明物一知系

明物一知（？—1786）可能是中国人，他曾与元韶一起赴越南南部地区的同奈省金刚寺弘法，现该寺尚存元韶禅师塔和明物一知的牌位"临济正宗堂上三十四世讳明物上一下知老和尚之觉灵"。明物一知的得法弟子也有三人：实成了达禅师（俗称"莲花和尚"）、实话性祥禅师和佛志德行禅师。

实成了达（？—1823）可能在同耐省金刚寺受具于明物一知，1744—1821年曾任嘉定慈恩寺首座，协助师兄佛意灵岳管理该寺。1817年，嘉隆帝阮福映降旨封实成了达为顺化天姥寺僧纲，每月进宫给皇族宣讲佛法八天，后被嘉隆帝封为"莲花和尚"。1821年，佛意灵岳在嘉定慈恩寺圆寂，直到1823年初，实成了达才知道佛意灵岳圆寂的消息，他便辞去天姥寺僧纲的职务，去住持嘉定慈恩寺，同年在边和大觉寺圆寂。

实成了达的主要弟子有济正本觉、济本圆常和济信正直。济正本觉（1761—1851）曾任天姥寺的僧纲（1823—1825）和觉皇寺僧纲，住持并负责重修顺化国恩寺；济本圆常（1769—1848）也是天姥寺僧纲并住持顺化隆光寺和法云寺；济信正直住持并重修嘉定市慈恩寺和启祥寺。

明物一知的法孙实话性祥禅师创建嘉定市守德区的华严寺和平阳省土龙木市富强社隆寺寺。其弟子济觉广珠住持胡志明市觉林寺，济永广仁和济理广德住持嘉定市守德区的华严寺；佛志德行禅师创立嘉定市守德区的龙绕寺。明物一知的弟子按不同的传法偈来传承，其中，实话性祥禅师所依传法偈是"实际大道，性海清澄……"，该传法偈可能由了观禅师所出，其在嘉定德林寺、灵山寺的弟子亦依此传法偈，而其在嘉定华严寺的弟子却依万峰禅师的传法偈："祖道戒……超明实济达悟真空"；佛志德行在嘉定市隆绕寺的弟子依木陈道忞的传法偈。

（二）成等明亮系

成等明亮是元韶的弟子，曾住持同奈省边和市大觉寺。其主要弟子有佛意灵岳（1725—1821）和广德。广德的行状暂不可考。佛意灵岳在同奈省边和市大觉寺受具于成等明亮。1744年，武王阮福阔称王改制，实行向越南南部移民政策，向南部地区开疆拓土。佛意灵岳也从同奈省地区移民到南部嘉定（今胡志明市）地区。起初，他在嘉定搭建草庵，给移民宣讲佛法，1752年，移民生活逐渐稳定下来时，他整修草庵，建成慈恩寺，另一位禅师也在慈恩寺附近建成启祥寺，不久，启祥寺住持圆寂，佛意灵岳便同时住持慈恩寺和启祥寺，两寺逐渐成为嘉定府的名寺。

佛意灵岳的弟子主要有祖宗圆光、祖达智心、祖印密弘和济正本觉。祖宗圆光（1758—1827）负责讲经，祖达智心任慈恩寺的知客，负责客人的接待工作，后来被派去住持市启祥寺，祖印密弘从慈恩寺修学之后，被派去住持同奈省边和市大觉寺，后来任顺化天姥寺僧纲并住持顺化国恩寺直到圆寂。济正本觉也是实成了达的弟子，佛意灵岳委之以慈恩寺知事之职，负责管理寺内事务。1772年，嘉定觉林寺僧众到国恩寺请佛意灵岳推荐一位禅师去住持觉林寺，佛意灵岳推荐了祖宗圆光前去住持觉林寺，直至1827年圆寂。祖宗圆光可能是一位华人禅师，因其祖父系明末移居越南南方的华侨陈上川的部将。[①] 1802年嘉隆帝阮福映即位后，便降旨重修嘉定国恩寺、启祥寺及边和大觉寺，后来玉英公主到大觉寺修行，嘉隆帝敕封佛意灵岳为和尚。1821年佛意灵岳在嘉定慈恩寺圆寂，僧徒为其建塔，1923年，红兴禅师举行仪式，把佛意灵岳的骸骨接回觉林寺，并在觉林寺为其建塔，塔位于其弟子祖宗圆光塔旁边。

（三）成岳隐山系

成岳隐山（？—1776）是元韶的弟子，他在同奈省边和市朱泰山上创建佛寺，后来其弟子或法孙在同奈省边和市创建隆禅寺。成岳隐山圆寂后，其弟子在边和市朱泰山上为其建塔，后来塔塌毁，其弟子又在边和市隆禅寺为其建象征性塔。成岳隐山的主要弟子有佛照灵光（住持嘉定隆兴寺和福祥寺）、佛宝和佛定。

四、结语

广东元韶禅师30岁赴越南中部和南部弘法直至81岁圆寂，在越侨居长

---

① [越] 释清慈. 越南禅师 [M]. 胡志明市：胡志明市出版社，1999：531.

达 51 年。他和他的弟子对中国临济禅宗在越南中部和南部的传播做出了很大的贡献,在越南佛教史上产生了深远的影响。在他的影响下,越南中部和南部形成了一个独立的禅派——元韶禅派。元韶禅派法脉绵长,从 17 世纪开始,共传承了十二代,至今仍在传承,其支派众多,分布广泛,不仅把临济宗传播到越南中部地区,还传播到越南整个南部地区,在越南佛教史和中越佛教关系史上产生了深远的影响。

参考文献

[1]《大南一统志》(维新版)卷九"平定·寺观"。

[2]《大南一统志》(抄本)"承天·寺观"。

[3]释大汕. 海外记事[M]. 余思黎,点校. 北京:中华书局,2000.

[4][越]段扩. 试探讨第五代阮主之姓名[J]. 汉喃杂志,1996(3).

[5][越]何春廉. 顺化寺院[M]. 顺化:顺化出版社,2000.

[6][越]介香. 顺化寺院碑铭[M]. 河内:越南佛教协会,1994.

[7][越]阮郎. 越南佛教史论[M]. 河内:文学出版社,2000.

[8][越]释清慈. 越南禅师[M]. 胡志明市:胡志明市出版社,1999.

汉越含"水/nước"字俗语语义异同探析

红河卫生职业学院　桑骏凯[①]

【摘　要】俗语是劳动人民生产、生活的智慧结晶，也是反映民族文化的"活化石"。俗语中所蕴含的文化内涵包罗万象，雅俗共赏。"水/nước"是人类文明的生命之源，也是对社会发展进步影响最大、最不可或缺的物质要素。在劳动人民长期的社会生产和生活斗争中，这一熟悉的物质要素也逐渐融入进了人们的思想和文化之中。本文以汉越含"水/nước"字俗语作为研究对象，通过对汉越含"水/nước"字俗语进行语义对比，分析汉越含"水/nước"字俗语语义的异同，从而进一步探析其所反映出汉越民族文化的源流。

【关键词】汉语；越南语；"水/nước"字俗语；语义文化

语言文字是一个民族的文化结晶，这个民族的过去的文化靠着它来流传，未来的文化也仗着它来推进。不同民族的文化不仅生成语言的特殊语义成分，而且对语言的构词构句模式也产生重要影响。[②]汉越含"水/nước"字俗语的语义正是在不同的地域和民族文化的影响下所形成的。水的印记可以说无处不在，已深深融入了中越两国人民的文化血液中。越南作为汉文化圈中一员，受中国文化的影响较为深入，反映在俗语中表现为存在着大量的汉越音俗语及纯越俗语中与汉语俗语在语义上的对应关系；但由于自然人文环境和民族思维模式的不同，汉越民族对"水/nước"的感受和联想也存在着差异。通过对汉越含"水/nước"字俗语这一具有代表性的民族文化语言进行收集，对其语义和文化内涵进行对比分析，进而窥探汉越民族文化传统和文化心理的异同之处，寻找汉越民族文化同源异流的文化根源具有重要

[①] 桑骏凯，男，汉族，硕士，红河卫生职业学院讲师，主要研究方向为越南语言文化。

[②] 常靖宇. 汉语词汇文化［M］. 北京：北京大学出版社，2009：1.

意义。

一、字面意义与实际意义的对比

俗语的语义是指俗语的意义或俗语所包含的内容。俗语的意义具有双层性，包括表层的字面意义和深层的实际意义。俗语的字面意义和实际意义是不平衡的，大多数俗语都含有字面意义（本义）和实际意义（引申义）两层意义，而俗语的具体语义则要人们通过具体语境去判别和理解。

俗语的字面意义是指可以直接通过对俗语的字面理解得到的意义，是一种直观、生动、形象的描绘式语言。而俗语的实际意义则是透过字面总结推断出的更深一层的意义，它是一种经验性、哲理性的抽象概念化语言，俗语的字面意义不直接将俗语的实际意义表达出来，而要通过对字面意义的引申、推导。俗语的字面意义和实际意义互为表里，共同构成俗语的完整意义。从俗语的语义内容看，可以将汉越含"水/nước"字俗语分为两种：一是字面意义和实际意义相同或相近；二是字面意义和实际意义不同。

（一）字面和实际意义相同或相近

此类俗语由于字面意义和实际意义相同或相近，因此俗语的语义较容易被理解，只需要通过字面意义就能理解其实际意义。通过对语料的分析发现此类俗语的语义主要反映的是自然现象规律、社会生活及生产经验、地方风土民情等内容。

汉越含"水/nước"字俗语中字面意义和实际意义相同或相近的具有代表性的俗语，按照语义内容将之划分为四类，第一类为气候时节类，汉语俗语和越南语俗语的语义内容均为反映人们对自然界气候时节变化现象的观测和认知。早期由于生产力和生产条件尚不发达，人们对自然界的依赖性较大，自然环境和气候的变化往往对人类生活产生着巨大影响，因此人们通过对这些自然现象与周边事物联系的长期观察，总结出一句句通俗易懂、生动形象的语句来预测天象，从而保障农业生产和生活能够风调雨顺。例如：

1.汉语俗语：老鼠上房——不是发大水，就是要下大雨。

意为：发大水或下大雨之前，老鼠会有异常反应；也比喻将有大事要发生。

越南语俗语：Cá ngoi mặt nước là trời sắp mưa.

意为：在天气闷热时，鱼将头探出水面则预示着大雨即将来临。

2.汉语俗语：云往东，一场空；云往西，马溅泥；云往南，水潭潭；云往北，好晒麦。

意为：从云的走向可以判断是否有雨：云往东走，无雨；云往西走，马足溅泥；云往南走，暴雨来临；云往北走，天晴。

越南语俗语：Một ngôi sao một ao nước.

意为：从星际的疏密能判断天气的阴晴，夜晚星稀则有可能有大雨降临。

第二类为生产经营类俗语，是人们在从事农业生产和其他经营活动中总结出的宝贵经验，这些经验指导着人们各方面的生产活动，是保障人们生活能够丰衣足食的金条玉律。

3.汉语俗语：肥大水勤不用问人。

意为：只要多施肥勤浇水，庄稼肯定长得好。

越南语俗语：Nước đủ phân nhiều, chăm sóc sớm chiều lúa sẽ đầy bông.

意为：水够，粪足，照顾勤劳，水稻自然就会长得很好。

4.汉语俗语：打井如修仓，积水如积粮。

意为：打水井就好比修粮仓一样，积雨水就好比囤积粮一样。指大力兴修水利是农业丰收的根本保证。

越南语俗语：Làm ruộng thì phải đắp đìa, vừa dễ giữ nước khi về dễ đi.

意为：种田就要修水坝，又方便蓄水，又方便往返。

第三类是社会生活类俗语，这类俗语反映了人们日常生活的实际，水不仅对农业生产有重要作用，对人类生活也至关重要。

5.汉语俗语：不吃饭好说，不喝水难熬。

意为：渴比饿还让人难以忍受。

越南语俗语：Vô thủy nghỉ ăn.

意为：没有水就无法灌溉水稻，生存就无法得到保障。

6.汉语俗语：水火不留情。

意为：水灾和火灾凶猛无情，给人们带来灾害。

越南语俗语：Nhất thủy; nhỉ hỏa

意为：水灾在各类灾害中是最恐怖的，其次是火灾。

水在给人们生产生活带来便利的同时也会给人们生活带来困难，有时甚至还是灾祸。以上两句俗语反映出人们对水所造成的自然灾害感到恐惧和悲痛，同时也警示人们要留意，避免灾难的发生。

第四类为风土民情类，这类俗语的语义以描写和赞美故乡及各地特色为主，反映出人们对养育自己那片水土的喜爱和怀念。中越民族都十分重视情感，有着浓厚的乡土观念，体现在他们对养育自己故乡的热爱。无论是中国人还是越南人，逢年过节都有回乡的习惯，因为那里是自己的"根"，而无论自己身在何处，家乡在中越人民心中都是最重要和最美丽的地方，家乡的山水也永远值得称颂。例如：

7. 汉语俗语：桂林山水甲天下。

意为：桂林的山水是全天下最美的。

越南语俗语：Gạo Cần Đước, nước Đồng Nai.

意为：勤德米最香，同奈水最好。

8. 汉语俗语：水是故乡甜，月是故乡明。

意为：故乡的水，喝起来最甜；故乡的月，看起来最圆。

越南语俗语：Nhất trong là nước giếng Hồi, nhất béo nhất bùi là cá rô câu.

意为：最清的是玉回井水，最肥美的是攀鲈鱼。

（二）字面和实际意义不同

字面意义和实际意义不同的俗语是指俗语同时含有字面意义和实际意义双层语义，俗语的实际意义由字面意义引申出来，通过对字面意义的深入分析可以实现对深层意义的把握，在运用中俗语的两层意义都有实际使用价值，字面意义显得通俗易懂，而实际意义则抽象凝练，富含经验哲理，发人深省。此类俗语由于其独特的表意特征和深刻的说理性，得到了人们的广泛流传和使用，至今仍活跃于人们的口头和书面，其内容多涉及人们在为人处世过程中总结出的道德规范、行为准则、处世态度、因果哲理等方面，是汉越俗语宝库中的精华和重要组成部分，在汉越含"水/nước"字俗语中所占有的比例也较高。

第一类为道德规范类俗语，此类俗语引导人们通过对字面意义的了解去探索其背后隐藏的深刻道德观、价值观、人生观，是人们日常生活行为思想道德规范的准则，它对汉越民族良好精神品德的培养具有重要的指导意义。例如：

1. 汉语俗语：吃水莫忘源，烧柴莫忘山。

字面意义：喝水时不能忘了水的源头，烧柴时不能忘了曾经砍柴的山头。

实际意义：比喻不能忘记别人的恩情，不能忘本。

2. 越南语俗语：Uống nước, nhớ nguồn.

字面意义：指喝水要记得挖井的人。

实际意义：歌颂有忠诚之心，懂得感恩一开始就帮助自己的人，使自己能享受幸福、快乐的生活。

第二类为处事准则类俗语，此类俗语通过日常生活中的常见的处事行为来引申出一种深刻的处事道理和准则，告知人们遇事时的正确处理方法，避免因缺乏经验而造成失误，是人们行为处事的方针指南。例如：

3. 汉语俗语：不知深浅，切勿下水。

字面意义：指不知道水的深浅，不能轻易下水，以免发生不测。

实际意义：比喻情况不明，不要轻易行动。

4. 越南语俗语：Trâu khát nước chẳng lọ đè sừng.

字面意义：指牛口渴想喝水的时候不需要按着牛头。

实际意义：比喻自己想做的事情不需要别人提醒自己也会去做，相反自己不愿意做的事情，别人强迫也没用。

第三类是为人方式类，此类俗语指出汉越民族在做人方面的不同态度和方式，尽管汉越俗语在表达上有所差异，而最终目的都是劝诫人们在做人时的正确方法，汉语俗语强调的是一种正面积极的做人原则，而越南语俗语则偏向于通过批判揭露生活中某些人在为人时的自私丑陋一面，通过反面来教育人们做人的正确原则。体现出汉越民族关于人性问题的不同思维模式。例如：

5. 汉语俗语：不显山不露水。

字面意义：指不显露山的高低，也不暴露水的深浅。

实际意义：比喻人的性格、才干等各方面都不外露或做事情不张扬。

6. 越南语俗语：Ăn cỗ đi trước, lội nước đi sau.

字面意义：指吃宴席就走在别人前面，涉水渡河就走在别人后面。

实际意义：讥讽一些自私的人，只有看到对自己有好处的时候才会关心，而遇到困难时则裹足不前。

第四类为规律哲理类俗语，此类俗语通过观察社会生活中人们碰到的常见事物或自然现象的发生总结出极富规律和哲理的句子，这些句子既是对社会生活、自然现象的真实准确描述，更是人们思维和集体智慧的结晶，不论是字面意义还是实际意义都和人们的社会生活紧密相连，同时也是人们为人处世时的经典法则。例如：

7. 汉语俗语：树从根上起，水从源头来。

字面意义：指水从源头流出，树从根部长起。

实际意义：比喻事情的发生自有它的原因。

8. 越南语俗语：Đời cha ăn mặn, đời con khát nước.

字面意义：指父辈吃咸，子辈渴水。

实际意义：讥讽一些父辈行为不当使后辈受到不好的影响。常用于叮嘱父母一辈不应做一些坏事，避免自己的子女遭受不良的后果。

二、喻体和喻义的对比

汉越含"水/nước"字俗语是汉越俗语宝库中的重要组成成分，它们中的大部分以人类生存息息相关的"水/nước"元素为喻体，进而引发人们的联想和想象去体会其所承载的深层喻义。由于汉越民族在地理历史环境、社会习俗、文化传统、民族思维习惯等方面的异同造成了人们对"水/nước"的认识和思考的差别，体现在汉越含"水/nước"字俗语中便是既有同一喻体表示相同或相近的喻义，又有不完全相同喻体表示相同的喻义，还有喻体相同或相似但喻义不同的俗语。下面笔者将分别从喻体和喻义皆相同；喻体相同，喻义不尽相同；喻体不尽相同，喻义相同或相近三方面来进行汉语含"水/nước"字俗语喻体与喻义关系的对比。

（一）喻体和喻义皆相同

在汉越含"水/nước"字俗语中，有部分俗语的喻体和喻义都十分相像，这其中包括汉越音俗语及结构形式和意义都与汉语俗语相同或相近的纯越俗语。由于人类认识事物思维所具有的共性，各民族对"水/nước"的表象感知相同，这往往就会出现认识上的一致性和联想上的相似性，表现在俗语中即为选取大致相同的喻体来作比，表达相同或相近的喻义。此外，越南语含"nước"字俗语中还有不少汉越音俗语以及喻体和喻义与汉语俗语完全一致的纯越俗语，究其原因是汉越民族在长期的历史文化交流的过程中，越南语对汉语的借用所形成的，其中汉越音俗语是越族人借用汉语俗语并根据越南语语音内部规律进行越化后形成的，意义与汉语俗语保持一致；而同样有部分纯越俗语在结构和喻义上与汉语十分接近，也排除不了对汉语俗语进行借用翻译的可能，这部分俗语大多源于汉语，而经过借用和融合后得到了越民族的认可并流传至今，客观而真实地反映出汉文化对越南民族文化广泛而深入的影响。例如：

1.汉语俗语：靠水识鱼性，近山知鸟音。

越南语俗语：Cận thủy tri ngư, cận lâm thức điểu.（汉越）

Gần non biết tính chim, gần nước biết tính cá.（纯越）

共同喻体：水—鱼，山—鸟。

本义：住在靠山的地方，经常见各种鸟类，故识鸟音；住在离水近的地方，经常见各种鱼，故知鱼性。

喻义：指人接触什么多，对什么就自然了解熟悉。

2.汉语俗语：覆水不可收。

越南语俗语：Phúc thủy nan thâu.（汉越）

Bát nước đổ đi không lấy lại được.（纯越）

共同喻体：泼出去的水。

本义：泼出去的水是无法再收回的。

喻义：比喻事情已成定局，无法再行改变；或者情感已被破坏，难以恢复如初；错误已经铸就，悔之已晚。

3.汉语俗语：远水不救近火。

越南语俗语：Viễn thủy nan cứu cận hỏa.（汉越）

Nước xa không cứu lửa gần.（纯越）

共同喻体：水—火。

本义：远处的水再多，也救不灭眼下的火灾。

喻义：比喻缓慢的措施再好，也解除不了当前的困境；危急之时不应渴望不亲近的人对自己的救助。

4. 汉语俗语：喝水的别忘了挖井的。

越南语俗语：Uống nước, nhớ kẻ đào giếng.（纯越）

共同喻体：喝水人—挖井人。

本义：喝上水的人不要忘记挖井人的恩情。

喻义：泛指人在享受生活时不能忘记开创人的功劳。

5. 汉语：水有源，树有根。

越南语：Nước có nguồn, cây có gốc.（纯越）

共同喻体：水—源，树—根。

本义：水从源头流出，树从根部长起。

喻义：比喻事情的发生自有它的原因；常用来劝诫人们应牢记自己的祖先。

（二）喻体相同或相近，喻义不同

在汉越含"水/nước"字俗语还有部分俗语虽从表面上看喻体相同或相似，但所表达的喻义却大相径庭。这部分俗语数量不多，但在使用中极容易引起人们的误解，错将本国俗语的喻义理所当然地加入到对象国俗语喻义中，导致语言交际中"牛头不对马嘴"的现象，让交际对方不知所云，陷入尴尬境地。具体实例如：

1. 汉语俗语：人往高处走，水往低处流。

喻义：比喻人总是攀高向上，追求进步，向往幸福，就像水都想向低处流去一样。

越南语俗语：Thủy lưu tại hạ.（水流在下）（汉越）

Nước chảy chỗ trũng.（水往低处流）（纯越）

喻义：比喻钱财，利禄容易落到有钱人手里，使他们变得更加富有幸运而穷人却什么也享受不到。

2. 汉语俗语：大水漫不过船桅去。

喻义：水再大也淹不过桅杆。比喻辈分、地位或等级低的，无论怎样也超越不过比他高的人。

越南语俗语：Đê cao chẳng quản nước sông tràn vào.（堤高不怕河水漫）

喻义：比喻一些位高权重的人不害怕他人的反抗。

3. 汉语俗语：东河里没水西河里走。

喻义：指东河里没水时就去西河，总会取到水的。比喻做事贵在灵活通变，一处不通，另找途径。

越南语俗语：Cạn đầm thì uống nước khe.（塘里的水干了就喝溪里的水）

喻义：比喻这个没有了就用别个，表现出在困难、贫苦前的乐观态度。

4. 汉语俗语：杯水之恩，江河还报。

喻义：指接受了别人一杯水的帮助，要记得用江河般的恩情进行回报。比喻受别人的恩惠即使很小很小，也要给以重重的报答。

越南语俗语：Thí một chén nước, phước chất bằng non.（施一盅水，福祉如山）

喻义：指一些人只想投入很少却妄图享受很多；也常用于规劝人们要乐善布施以获得上苍的眷顾恩惠。

5. 汉语俗语：瓜熟蒂落，水到渠成。

喻义：比喻时机到来，条件成熟，事情就会顺利办成。

越南语俗语：Nước chảy đâu đâu cũng tới.（水流哪儿，就到那儿）

喻义：比喻生活态度积极的人到哪儿都能与当地相适应。

6. 汉语俗语：水过鸭背不顶用。

喻义：水刚过鸭子背，太浅，鸭子无法游。比喻无关痛痒，不解决问题。

越南语俗语：Nước đổ đầu vịt.（水倒鸭头）

喻义：无论倒多少水在鸭头上也会流淌干净，比喻所做的事情毫无意义，不会带来任何利益。

（三）喻体不尽相同，喻义相同或相近

汉越含"水/nước"字俗语中还存在部分俗语在喻体的选取上相近或存在细微差异，而所表达的喻义却相同或相近，这是中越两国在地理环境上存在的差异以及在不同地域下所形成的同源而异流的民族文化和思维模式的差别在语言文字中的表现。例如：

1. 汉语俗语：大河涨水小河满。

喻体：大河水—小河水。

本义：指大河和小河利害相关联，大河水涨了，小河的水自然爆满。

越南语俗语：Cả nước sông thì nước đồng dẫy.

喻体：河水—田水。

本义：河里水大地里的水也跟着起来。

越南语俗语：Bể cạn sông cũng hết nước.

喻体：海水—河水。

本义：海里没水河里也干。

共同喻义：均比喻整体和局部的联系，大利益制约着小利益。

2. 汉语俗语：吃饭不忘种谷人，饮水不忘掘井人。

喻体：米饭—种谷人，水—挖井人

本义：吃饭时不能忘记种谷人的功劳，喝水时不能忘记挖井人的功劳。

越南语俗语：Ăn quả nhớ kẻ trồng cây, uống nước sông nhớ mạch suối.

喻体：果实—种树人，河水—泉源。

本义：吃果实要记得起种果树的人，喝河里的水要记得起水源出处。

共同喻义：比喻不忘别人的恩情，不忘本。

3. 汉语俗语：鱼借水，水借鱼。

喻体：鱼—水。

本义：水借着鱼的活力，才免得成为一潭死水；鱼靠着水的浮力，才得以自由活动。

汉语俗语：船帮水，水帮船。

喻体：船—水。

本义：船借水的力才能行驶，水借船的力才得摆渡。

越南语俗语：Nước nhờ mạ, mạ nhờ nước.

喻体：水—苗。

本义：水依靠禾苗才不会快速蒸发，禾苗依靠水才不会枯萎。

共同喻义：汉越语均指互相帮助，互相借力，才可使双方都获得益处。

4. 汉语俗语：鱼逢水，鸟逢林。

喻体：鱼—水，鸟—林。

本义：鱼遇到了水，鸟遇到了森林。

越南语俗语：Cá gặp nước, rồng gặp mây.

喻体：鱼—水，龙—云。

本义：鱼遇到了水，龙遇到了云。

共同喻义：汉语比喻遇到与自己投合的人或适合自己生存的环境，越南语比喻遇到一些比较顺利的条件，符合自己的心意，二者意义相近。

5.汉语俗语：菜篮子打水，一场空。

喻体：菜篮—水。

本义：竹篮用竹篾编织成，有许多小孔，盛不住水。

越南语俗语：Nước đổ lá môn, đá quăng xuống bể.

喻体：水—芋叶，石头—大海。

本义：水倒芋叶，石抛大海。

共同喻义：汉语指所做的努力到头来都没有结果，或所报的希望都落了空。越南语比喻事情毫无成效，二者意义相近。

三、结语

通过对汉越含"水/nước"字俗语的字面和实际意义、喻体与喻义两方面进行分析和对比发现：首先，从字面意义和实际意义的对比来看，汉越含"水/nước"字俗语均包括"字面意义和实际意义相同"和"字面意义和实际意义不同"两类俗语，而且两类俗语所反映的意义内容类型也基本一致，其内容主要涉及人们在为人处世过程中总结出的道德规范、行为准则、处世态度、因果哲理等方面，对人们的思想启迪有着重要意义。而"字面意义和实际意义相同"的俗语与人们的现实生活联系最为密切，反映了汉越民族真实的底层社会生活状态，其语义内容记录的也是人们在劳动和社会生活初期对自然规律、劳动生产经验的总结、地方风土民情的传颂以及人们衣食住行等方面的文化魅力，通过字面的理解能快速领悟到其意义。其次，从喻体与喻义的对比来看，汉越含"水/nước"字俗语中"喻体与喻义皆相同"和"喻体不尽相同，喻义相同或相近"两类俗语占多数，而"喻体相同或相近，喻义不同"的俗语却并不多见。造成如此异同的原因首先是由于在认识客观事物初期，人类思维的共性所形成的。

对于世界上任何一个民族，"水/nước"都是维持生命、发展生产必不可缺的要素，中越两个以农业为主导的国家更是无比珍惜这一重要物质资源，加之中越间根深蒂固的历史文化渊源,这些都造成了汉越民族在生产生活中使用含"水/nước"字的喻体相同或相近的俗语来表达共同的喻义。其次,汉越民族所处自然地理环境、人文历史环境的差异,思维模式、生活经历、审美感受的不同也会造成人们在表达共同喻义时采用不完全相同的喻体,或用相同或相近的喻体去表达截然不同的喻义,这也体现了汉越民族身上所独有的个性,也正是由于这种个性的存在才能使汉越文化在交融中绽放出异彩。总之,通过对汉越含"水/nước"字俗语语义的多维度对比我们发现,其在语义方面的共性大于差异,反映出汉越民族文化同源而异流的显著特征。①

参考文献

[1]曹聪孙.中国俗语选释[M].成都:四川教育出版社,1985.

[2]常靖宇.汉语词汇文化[M].北京:北京大学出版社,2009:1.

[3]丁迪蒙.汉语语言文化教程[M].上海:上海大学出版社,2011.

[4]罗常培.语言与文化[M].北京:北京出版社,2011.

[5]罗长山.越南传统俗语 300 条[J].广西教育学院学报,1995(1):73—82.

[6]林明华.越语俗语与中国文化刍议[J].现代外语,1990(1):20—23.

[7]祁广谋.越南语文化语言学[M].广州:世界图书出版广东有限公司,2011.

[8]温端正,中国俗语大辞典[M].上海:上海辞书出版社,2011.

[9]谢群芳.越南饮食俗语蕴含的社会文化[J].东南亚研究,2007(2).

[10]徐宗才,应俊玲.俗语词典[M].北京:商务印书馆,2011.

[11]徐宗才,应俊玲.常用俗语手册[M].北京:北京语言学院出

---

① 本文中所收集汉越"水/nước"字俗语均只选取汉越俗语中包含"水/nước"且基本义项相同均为"一种无色、无臭、透明的液体"的俗语。

版社，1985．

［12］曾广森．谈谈越语成语、谚语的研究［J］．现代外语，1987（2）：54—55．

［13］中国水利文学艺术协会．中华水文化概论［M］．郑州：黄河水利出版社，2008：30．

［14］［越］陈玉添．越南文化概况［M］．胡志明市：教育出版社，2011．

［15］［越］阮春敬．越南人俗语宝库［M］．河内：文化信息出版社，2002．

［16］［越］阮德民．俗语中的道理［J］．（河内）文学杂志，1987（5）．

［17］［越］阮麟．越南成语俗语词典［M］．河内：越南文学出版社，2006．

［18］［越］阮文努．越南人俗语中的象征［M］．河内：河内国家大学出版社，2010．

［19］［越］阮文努．越南人俗语象征物的民族文化印记［J］．（河内）语言杂志，2009（3）．

［20］［越］吴氏青贵．探析俗语中的越南文化［M］．河内：河内国家大学出版社，2010．

［21］［越］武玉潘．越南俗语、歌谣、民歌［M］．河内：时代出版社，2010．

［22］［越］周春延．越南俗语［M］．河内：越南社会科学出版社，1993．

浅论日韩越的茶文化

广西民族师范学院　余丽瑶[①]

【摘　要】日本、韩国、越南三国都是中国的邻国，与中国有着密切的历史文化关系，频繁的经济民间往来，茶作为经济文化交往中的重要载体，其在发展中形成的茶文化作为中华传统文化的重要组成部分，在中国与三国的交往中发挥了至关重要的枢纽作用。茶文化传入三国后，因各国社会历史发展情形各异，为适应传入国的历史文化背景，融入当地文化，茶文化在日韩越三国产生创新性民族发展，最终形成了虽同宗同源但带有各自鲜明特色的茶文化，因此对比同为汉文化圈国家的日韩越三国的茶文化具有重要时代意义。本文将回溯中国茶文化传入日韩越的历史，对同宗异形的三国茶文化进行探究与比较。

【关键词】日韩越；茶文化；茶道精神；儒释道

一、日韩越茶史回顾

茶源于中国，属于世界，自古以来，茶作为中国与世界各国和地区经贸往来的重要商品，促进了中国经济的发展和中华文化的对外传递与交流。茶在不同历史阶段传入日本、韩国、越南并朝着不同的历史轨迹演变。

日本自古无茶树，也无饮茶之风，相较于越南是通过经济手段引进中国茶，日本引进茶文化则是为宗教服务。日本历史上与茶有关的记录最初都与佛教僧人有关，公元804年，日本僧人最澄奉诏入唐求法，随后在天台山研习佛法并在此期间接触了茶；公元805年，最澄回国后创立了天台宗并将带回的茶籽播种在比叡山的日吉神社旁，结束了日本无茶的历史，但这一时期茶只流行于宫廷贵族间。宋朝时期，日本僧人荣西两次入宋学习佛法，不仅

[①] 余丽瑶，女，汉族，广西民族师范学院越南语教师，研究方向为越南文学文化。

将茶籽、茶具及中国种植技术引进日本，还根据陆羽的《茶经》编写了日本第一部茶书《喫茶养生记》。① 此后，茶在日本广泛传播，与茶相关的茶文化也日渐兴盛，经高僧村田珠光及其弟子千利休的融会贯通，最终形成了日本博大精深的"茶禅一味"茶道文化。

中华文化早在西汉时期就传入朝鲜半岛，但茶文化此时却尚未传入，据韩国史籍《三国史记》载："兴德王三年，冬十二月，王遣使入唐朝贡。唐文宗召对于麟德殿，宴赐有差。入唐回使大廉，持茶种子来，王使植地理山。茶自善德王时有之，至于此盛焉。"② 善德王在位时间为公元632年至647年，故茶传入韩国应在7世纪中叶前，兴于9世纪初兴德王时期，这一时期饮茶风俗只在王室贵族、僧侣及文人志士间流传。此后，饮茶之风逐渐向民间传播，直至高丽时期，茶文化发展达到鼎盛，出现了宫廷茶文化、儒释道茶文化及民间茶文化，同时在吸收融会贯通中国茶文化后，韩国形成了带有浓郁民族特色的茶文化——茶礼。朝鲜时期，因韩国推行崇儒抑佛政策，茶文化受到冲击，逐渐衰落，后经丁若镛、金正喜、草衣禅师等学者的精心钻研与大力提倡，茶文化才逐渐复兴完善。如今，韩国已将茶文化作为提升民族素养、开启睿智的重要手段之一，在全国各大学开设茶道课程，培养茶文化专门人才，弘扬传统茶文化。

茶叶在越南种植已有3000多年的历史。据《安南志略》载："茶，古载出谅州古都县，味苦，难为饮。"③ 这是越南最早的产茶记录。唐朝时期，东南亚各国频繁遣使访唐，通过"广州通海夷道"与唐进行经济文化交流，而唐朝也通过这条"广州通海夷道"，把丝绸、瓷器、茶叶、铜、铁器等承载中国科技文化的商品源源输入东南亚④。《岭表录异》也有记载："每岁，广州常发铜船到安南贸易"⑤，可见，广州和安南（今越南）在唐代的对外贸

---

① 邱兴洁. 海丝之路茶为缘，中国佛教与日本茶道[J]. 中国宗教，2019（6）：64—65.

② 金富轼. 三国史记：一零卷　新罗本纪[DB/OL].（2020-07-10）[2020-08-20］. http://www.guoxuedashi.com/a/6117h/.

③ 黎崱. 安南志略：海外纪事[M]. 北京：中华书局，2000：364.

④ 萧克. 中华文化通志[M]. 上海：上海人民出版社，2010：88.

⑤ 刘恂. 岭表录异：卷下[DB/OL].（2020-07-10）[2020-08-20］. http://www.guoxuedashi.com/a/270a/.

易中发挥了重要作用，货物经广州到越南，通向南亚诸国，中国茶在这一时期正式传入越南。越南语中的"茶（trà）"一词，也正是借鉴广州地区"茶"的方言读音。随着茶在越南的流行，以茶佐餐、以茶待客、以茶养性的茶文化也随之兴起，但越南茶文学的问世却相对较晚，直至武世玉创作了越南本土的《茶经》，才基本上奠定了越南的茶文化。随后，德正创作了《茶书》，越南茶文化逐渐变得丰富。

二、日韩越茶道精神形成过程与嬗变起因

（一）日韩越茶道精神形成过程

茶在不同时期传入日韩越，后又在不同阶段形成了风格各异的茶文化，茶道精神是茶文化的精髓所在，是一个民族饮茶习俗的沉淀，从侧面体现着民族文化内涵与特色。

日本茶道精神是禅宗思想的折射。前文提到荣西禅师的《喫茶养生记》为日本茶道的形成奠定了基础。后被誉为日本茶道开山鼻祖的村田珠光完成了茶道从追求形式到追求精神解脱的过程，其编写的《心之文》提出"应以茶为道"之宗法，认为茶可达道，将茶与禅宗融合，体现"茶禅一道"的茶道精神。后村田珠光的弟子又对茶道进行了补充发展，最终，千利休在村田珠光茶道的基础上进行创新，使茶道摈弃外界事物，更注重与禅宗思想的高度融合，提出了"和、清、敬、寂"的茶道精神。

相对日本茶道的凝练达意，韩国茶道精神的内涵更为丰富。韩国茶道精神源于新罗统一初期高僧元晓大师的和静思想；后高丽茶人李奎报极爱饮茶，曾留下40多首茶诗，李奎报主张"茶禅一如，茶道一味"，提倡清和、和善；朝鲜时期，因抑佛崇儒殃及茶事，茶文化进入"低迷"时期，最终丁若镛、金正喜、草衣禅师等人再度复兴了衰落的茶文化，草衣禅师还编写了被誉为韩国茶经的《东茶颂》一书，对韩国的茶道精神进行总结，并首次提出"中正"思想，揭示不仅茶事要遵从中正原则，万事都要寻求中正。自此，韩国茶道精神已形成，基本上可总结为：和、清、礼、敬、善。

越南有无茶道至今仍是学术界热衷讨论的话题。越南饮茶历史悠久，但茶文化、茶道的诞生尚未有具体的时间。越南有平民茶和宫廷茶两种，虽宫廷茶早已出现，但直至18世纪后半期才被正式命名，之后靖都王郑森提出

"茶奴"说——欲知茶之香，便为茶之仆。19世纪，著名诗人茶人高伯适提出"茶木"之说，并著有《味茗小偈同潘生夜坐》一文，认为原汁原味最质朴的茶才能品出茶的真实味道。21世纪，由武世玉创作的首部越南语茶书——《茶经》问世，其中提到越南茶之魂是质朴、简单却又精致。《越南茶文明》中也提到，越南茶属性有二，一是集体性强，二是对茶的敬重和崇拜。虽越南无茶书对茶道进行阐释，但越南并非无茶道而是茶道意识不强，结合上述两部关于茶的著作，可将越南茶道精神初步归纳为"和、敬、简、真"。

（二）茶道精神嬗变之起因

日韩越三国茶文化虽都起源于中国，但因社会历史轨迹不同，文化背景各异，茶文化在传入后，为适应传入国社会发展，融入当地文化，包括茶道精神在内的茶文化发生嬗变，逐渐与中华茶文化产生了本质上差异。

茶的传播层次各异导致日韩茶道精神与中国茶道精神有所差异。在中国，茶始于药用，西汉时期，饮茶还只在巴蜀地区流行，通过进贡的渠道进入朝廷；宋代时期，宫廷设立茶事机关，划分用茶等级，皇帝以茶笼络大臣，赏赐使节。由此可见，中国饮茶之俗由平民向贵族阶层传播，自下而上，基于此，中国的茶文化也趋于平民化，重技艺而轻礼仪。

越南较特殊，与中国一样，都是茶叶的故乡，一开始民众便能接触茶叶，但民间只限于饮用这一类从茶树摘下洗净后直接冲泡的鲜茶（chè tươi）；从茶树摘下，经风干烘焙后的则称为"trà"，只有皇室、贵族及士大夫才可享用，于是便形成了宫廷茶，随后，宫廷茶也逐渐平民化。越南茶同中国茶一样，一开始作为日常饮品，无政治寓意，故其茶道精神与中国茶道精神相差不大，都趋于平民化。而日韩饮茶之俗自朝廷兴起，自上而下传播。起初茶由中华引入，属稀有之物，只有王公贵族、僧侣禅师才有资格饮茶，而后才逐渐流传兴盛于民间，逐渐平民化，一开始日韩茶便作为权力的象征，带有浓厚的政治寓意，因此茶道精神重礼仪而轻技艺。

茶的传播主体不同造就独具特色的日韩茶道精神。因中越历史关系的特殊性，中华茶文化进入越南是通过经贸通商渠道，而非朝贡之道，商人们对饮茶没有更高的精神追求；更有中国朝廷历朝派往安南上任的官员们对茶文化的推广所做的巨大贡献，相似的历史社会背景让越南茶道与中国茶道几近相同。而茶进入日韩都是通过政治渠道，都是由遣唐使传入；日本僧人在研习佛法期间所接触后将其带回国，起初接触层面只有僧侣禅师，后又由僧侣禅师创作产生日本茶文化，茶道精神自然带有浓厚的禅教韵味；韩国茶道的最初奠基者、复兴者及最后的完善者都是高僧、禅师，茶道与佛法禅宗间的联系也是千丝万缕，二者皆不同于中国茶文化接触的都是形形色色的人，茶道也没有浓重的宗教色彩。因此，一开始日韩茶道精神便朝着不同的轨迹演变发展。

三、日韩越茶道精神之异同

（一）日韩越茶道精神中的异

日本茶道精神为"和、清、敬、寂"，韩国茶道精神为"和、清、礼、敬、善"，越南茶道精神为"和、敬、简、真"，"和"是三国茶道精神之核心，但历史文化背景各异，"和"又被赋予了不同的文化内涵。

1. 茶道精神核心思想——"和"之异

日本茶道精神中的"和"主张心与心的和谐。在日本，茶是由僧人引入的，高僧们把茶与禅结合在一起，提倡淡泊名利，不生憎爱，不念利益，了悟我心即佛的真谛，最终达到内心的平和无欲无求。同样，日本茶室也极其讲究，室内冬暖夏凉，一定要有花，给人营造一种温暖和谐的氛围；客人进入茶室，不论身份地位都要从一个小口中钻进来，体现茶室内人人平等，传递出饮茶之人心与心相近的韵味，在优雅寂静的环境中，人们静默自我沉淀，进行心与心的交流沟通，摒弃芥蒂，拉近心与心的距离。

韩国茶道精神中的"和"主张人与人的和谐。韩国受儒家文化影响深刻，"中和"是儒家重要思想，《论语》有言："礼之用，和为贵"，儒家提倡人与人之间应和睦共处，互助互爱。草衣禅师提出"中正"思想，主张茶人凡事不可过度也不可不及，"中正"思想应成为人与人之间交往的准则，因此的韩国茶道精神正是继承了儒家文化的"中和"思想，提倡人与人之间的和睦友善，互敬互爱。

越南茶道精神中的"和"提倡人与自然和谐、社会和谐。在越南，最初茶作为一种解渴饮品出现，人们注重它的自然功效而忽略了其精神内涵，今日越南社会对茶的认知除了作为大自然的馈赠品外，更将茶上升为拉近人与人之间距离，促进社会和谐的精神文化产品。如越南的"街道茶文化"，不需要任何仪式、茶具，往往只需在街边随处摆上几张小凳子，配上一壶茶，三两茶杯，少许香烟，便能搭成一个茶摊，不拘礼节，豪放粗犷。此外，茶叶已成为越南各大聚会的必备品，有的地区甚至还专门开展茶会，增进地区人民团结，如永福的鲜茶会。法国人亨利奥格尔（Henri Oger）的《安南人的技术》中记录了19世纪末20世纪初，升龙（今越南河内）的各街门前免费为行人提供鲜茶的场景。可见，越南茶道重茶、重人，其核心精神"和"既注重人与自然的和谐相处，也注重构建和谐的社会氛围。

2. 茶道精神中"儒释道"之异

日韩越三国同属汉文化圈国家，作为中华传统文化的代表，儒释道思想不同程度地贯穿于三国的社会发展进程中，对三国的历史文化产生了影响，在三国的茶道精神中分别占据着举足轻重的地位。

奉扬"茶禅一味"理念的日本茶文化从萌芽之初就是由僧人引入，在寺院盛行，继而扩展到皇室贵族、武士商贾等豪门阶层，其间经历过村田珠光、千利休、永平道元、南浦绍明、清拙正澄等禅师的雕琢完善；日本的佛禅宗也起源于中国，受中国佛教文化影响，禅宗的"现世观"与日本本土思想不谋而合，提倡不立文字，以心传心。日本茶道精神正是源于与禅宗结合的"茶禅一味"和"一期一会"。"一期一会"指的是难得相见一次，应当倍加珍惜，是佛教中"无常"思想的体现，而茶道精神中的"清、寂"同样有着浓郁的佛教意味。此外，日本神道也主张尊重万物之本性，蕴含着"顺其自然"的精神。因此，就儒释道在日本茶道精神的影响而言，佛教第一，道教次之，儒家思想的影响最小。

除韩国正史《三国史记》所记载的遣唐使入唐携茶籽归来外，也有学者认为茶是由佛教徒于公元4世纪末5世纪初传入韩国的，这一猜想尚未被证实，不可否定的是佛教徒在茶文化的传播中确实发挥了重要作用，尽管如此，但佛教对韩国文化的影响比儒家思想要小得多。自古以来，儒家思想对整个韩国社会的影响可谓是有增无减，从朝鲜时期的崇儒抑佛到现在韩国社会生活中无处不在的礼仪之道，都反映出儒家文化早已融入了韩国的文化血液中，故受儒家礼仪主导的韩国茶文化也极其注重礼仪，而茶道精神中所蕴含的"和、敬、善、中正"也都是儒家思想的体现。因此，就儒释道在韩国茶道精神中的内涵层次而言，儒家最甚，佛家次之，道家最弱。

宋朝以前，安南是中国郡县，一直列于中国封建朝代的版图中，直至公元 968 年，丁部领独立建立安南国，开始与中国封建王朝维持着长期的宗藩关系（除明永乐二十年外），这就形成了与中国文化高度一致的越南文化，儒释道在越南社会各自分工，扮演着不同的角色，儒家在朝，佛教在俗，道家在世。饮茶对越南人来说，一是作为大自然的馈赠品，二是推动社会和谐的调味品。故越南的茶文学同中国一样，大多提及的都是茶的自然功效，这与道家主张的道法自然、天人和合不谋而合；而促进社会和谐，则是与儒家思想"以和为贵"有异曲同工之妙；且越南茶道精神中的"简、真"都体现了道家无欲无求、随性随心的精神内涵。虽越南佛教寺庙也供茶，僧人们也饮茶，但佛教文化在越南茶文化中的色彩较淡。因此，越南茶道精神中，就儒释道在其中所发挥的作用而言，道家对茶道精神影响最大，儒家次之，佛教影响最微。

（二）日韩越茶道精神中的同

1. 日韩越对核心思想"和"之传承

日韩越茶道精神既同宗同源又都受儒释道影响，那就必有相似之处，其相似之处首先体现在茶道精神中的"和"及对"和"的传承上。三国茶道精神中都有"和"之思想，"和"有广义与狭义之分，前文提到的"异"属狭义范畴，各国茶道"和"有不同的精神内涵与侧重点；相似的"和"指的是广义范畴，即"以和为贵"的为人处世之道，"天人和合"的崇尚自然之慧及"和善待客"的礼仪之道。

三国茶道精神虽不同程度地受儒释道影响，但其中"和"之精神却融会贯通，广义上都是指茶事活动中的精神指南，对茶人的规劝要求以及通过这一精神所表达的民族文化内涵和民族追求。日本茶道提倡茶禅一道、人人平等，通过茶事活动拉近心与心的距离，营造和睦相处的社会氛围；韩国茶道提倡中正思想，通过茶事活动引导国人从善知礼，构建融洽的环境；越南茶道精神主张人与自然的和谐，同时通过茶事活动促进社会和谐稳定。

"和"这种难能可贵的茶道精神延续至今,早已跨越了普通意义上的茶道精神,已成为各国精神文化瑰宝,融进到本土思想文化中,也成为后人继续追求和传承的文化品质之一。日本人日常生活中待客亲善,互相尊重,人人平等,于细微之处为他人着想,以心换心。韩国的吉日宴饮、婚丧嫁娶等都十分注重礼仪,凡事都有礼可循,不可枉顾礼制,丢失了"中正"。越南人泡茶艺术有五个标准:一水,二茶,三杯,四瓶,五群英。"群英"指的就是茶友,茶友即知己,指的是共品茗、吟诗,相交甚久之人,越南人认为有茶友,饮茶时才称得上是"饮而知其味"。总之,无论沿着怎样的历史轨迹,经历过何种嬗变,三国都将茶道精神中的"和"传承至今,不断丰富其内涵。

2. 与茶道精神相交融的风俗文化——茶俗之同

茶俗是民族文化中物质与精神相交融的礼俗,一个民族的饮茶习俗多沉淀和反映着该民族的生活习惯、精神文化、思想价值等,日韩越三国饮茶之俗源于中国又不同程度地将儒释道融入自己本民族文化中,因此三国的茶俗在根本上存在相似之处。

首先,日韩越三国都以茶待客。在日本,人们习惯用茶招待客人,日本人对客人常用的自谦语中就有"粗茶淡饭"一词,且奉茶有着严谨的礼仪。此外,据日本遣明使策彦周良的记载,出使前,其友人也曾多次将茶赠送给他,可见 16 世纪日本社会还将茶当作赠品。韩国以茶待客之俗亦是源远流长。朝鲜时期,受中国茶文化影响,韩国形成了具有一定规范形式的茶会制度,即茶礼。据《李朝实录》记载,凡是明朝使节来朝鲜时都要设茶宴,举行茶礼,在一系列规定程序后,最后以茶叶为礼互相赠送。在越南,茶的基础功能便是待客。越南有俗语言"客至非茶即酒(Khách đến chơi nhà không trà thì rượu)",越南陈朝著名政治军事家、诗人陈光启(Trần Quang Khải)曾有诗言"暑来爱客浇茶碗,午过呼童理药篮(Thử lai yêu khách kiêu trà uyển, Vũ quá hô đồng lý dược lan)",此外,李朝圆召禅师亦曾有诗言"为远行之人送行,笑赠彼此一杯茶(Tiễn chân ai bước đường xa, Miệng cười đưa một bình trà tặng nhau)",诗人郭晋(Quách Tấn)亦著有名句"香茶未尽少寒温,客船已随浪声来"(Hương trà chưa cạn chén hàn ôn, Thuyền đã buông theo tiếng sóng dồn)。由此可见,客至奉茶、远行赠茶自古以来便是越南人的品茶之俗。茶之本质是自然的产物，越南原有，而在传入日韩时，首先也强调的是其生津止渴的自然功效及治病调理的药用功效，尚未上升到精神层次，故待客茶成为三国共同的风俗习惯。

其次，饮茶风俗不同程度地存在于日韩越三国的婚丧嫁娶习俗中。日本最早的史料中，茶俗是随着丧礼忌日和佛教法事、供佛一起出现的。最早的史料《师守记》中历应 2 年 10 月 9 日的记事中记载到，月忌，用"大茶"①。15 世纪后，虽然没有频繁记载，但也有一定史料可寻，大致可归纳为茶园寄进，正月和盂兰盆节供茶，新年饮福茶等。新年汲新水，煮沸之后冲的茶称为"福茶（大福茶）"，根据地区不同，有的地方称为"朝茶""若茶"，盂兰盆节在家里屋檐游廊里设"饿鬼棚"供茶。各种茶俗现象不仅仅和供奉祭祀等习俗有关，从中也可看出茶在其中充当人间世界和另一个世界的疏通载体的境界性。千叶县中东部有新生儿茶浴的习俗，新生儿出生后的第一个二月初八的除疱疮的节日活动中，要把孩子放在箕中并盖上笼子，然后从上面淋茶水。此外，茶在日本婚宴上也是重要的精神寄托，日本有"相亲茶"，即通过媒人相亲时喝的茶，部分地区以饮茶与否来判断亲事是否成功，亲事若谈成了则相互赠茶，这又称为"结纳茶"；日本东北地区还有"嫁茶"之茶俗，宴会即将结束时，新娘依次给来宾倒茶以表谢意，实则是暗示宴会结束。

自古以来，茶在韩国的婚丧嫁娶中就占据重要地位。据《三国遗事》中《驾洛国记》篇记载："每岁时酿醪醴。设以饼饭茶果庶羞等奠。年年不坠。其祭日不失居登王之所定年内五日也。"②这是新罗第 30 任君主文武王（661—681 年）祭祖时的礼仪，可知，公元 7 世纪就已有了以茶祭祀的风俗；至高丽时期，又形成了吉、凶、宾、嘉、军五礼的王族茶俗及韩国最高层次的高丽五行茶礼，举行功德祭或祈雨祭时都会给神佛献茶。

同样，越南人喜爱在各种不同的民间风俗活动中饮茶，如婚礼、聚会、

---

① 吉村亨．忘れられた「茶湯」--ライフサイクルにおける茶の習俗(民俗)に見る、もう一つの茶文化世界［C］// 日本計算統計学会研討会論文集．東京：日本計算統計学会，2008：187—194．

② 僧一然．三国遗事：第二卷 驾洛国记［DB/OL］．（2020-07-10）[2020-08-20]．http://www.guoxuedashi.com/a/243d/．

庙会、祭祀等。越南婚礼上必备品有二，一槟榔，二茶。婚娉时，男方所准备的聘礼中一定要有槟榔和茶；迎亲时，男方进入女方家后，双方轮流介绍，饮茶一轮，女方家长同意后才能将新娘迎回；婚礼上，一对新人需向父母下跪奉茶，以示对父母的敬爱和孝顺。茶也是越南祭祀习俗中的必备品。祭祀时，除象征刚烈之气的三杯酒外，供桌上还需供奉一杯白水和茶。白水需是圣洁之水，象征阳，置于供桌之右；茶象征阴，置于供桌之左，同时茶还象征着人类三宝之一中的"神"，象征着灵魂。此外，越南商人崇尚供奉财神，不分时节，供奉祷告时也多敬茶。综上所述，茶是日韩越三国婚礼习俗或祭祀典礼中的必不可少之物，它与本土文化相互融合，促进了茶文化内涵的丰富与各自民族文化的发展。

四、结论

经过千年的发展与传承，茶文化内涵已十分丰富，除文中提及的茶道精神和茶俗外，茶文化还包含着许多其他的物质精神文化，如茶诗茶词、茶馆、茶艺术等。茶作为千年来华夏民族与其他各民族交往的载体，在人类交流文明史上写下了浓墨一笔，其精神文化在同为汉文化圈国家的日本、韩国、越南产生了不同效应，且贯穿于各自民族文化发展史，为丰富本土文化起到了一定的促进作用，在与日韩越三国交流互动的同时也拓展了自身的内涵与外延。

交流是人们生存与社交和保护自身文化的必由之路，中国千年来的文明文化传播形成了影响深远的汉文化圈，茶文化对汉文化圈中日韩越的影响既彰显了博大精深的中国传统文化的魅力，又推动了中国优秀传统文化的传承与保留。在"一带一路"和文化"走出去"的时代背景下，茶文化的成功传递对现当代中国优秀文化该如何走向世界，使文化成为中国与世界各国平等交流的媒介具有重要参考价值。

参考文献

［1］陈文华．韩国茶文化简史［J］．农业考古，2005（2）：271—275．

［2］丁以寿．中韩茶文化交流与比较［J］．农业考古，2002（4）：317

—323．

［3］范宏贵，刘志强．越南语言文化探究［M］．北京：民族出版社，2008：276．

［4］黄国安．中越关系简编［M］．南宁：广西人民出版社，1983．

［5］金富轼．三国史记：一零卷 新罗本纪［DB/OL］．（2020-07-10）［2020-08-20］．http://www.guoxuedashi.com/a/6117h/．

［6］牟海涛．和-敬-清-寂日本茶道精神解析［J］．牡丹江教育学院学报，2014（6）：19—20．

［7］邱兴洁．海丝之路茶为缘，中国佛教与日本茶道［J］．中国宗教，2019（6）：64—65．

［8］僧一然．三国遗事：第二卷 驾洛国记［DB/OL］．（2020-07-10）［2020-08-20］．http://www.guoxuedashi.com/a/243d/．

［9］王磊，潘钧：《日本汉字的确立及其历史演变》［J］．华西语文学刊，2013（2）：320—324．

［10］吴洋嘉．韩国茶文化的历史及现状［J］．当代韩国，2002（3）：13—17．

［11］萧克．中华文化通志［M］．上海：上海人民出版社，2010．

［12］尹娜．日本茶道文化的历史发展与变化［J］．大众文艺，2019（13）：259—260．

［13］张永仟．明代江南与日本的待客茶俗之比较研究：以一位日本遣明使的所见为中心［J］．农业考古，2007（6）：182—185．

［14］朱云影．中国文化对日韩越的影响［M］．桂林：广西师范大学出版社，2007．

［15］吉村亨．忘れられた「茶湯」--ライフサイクルにおける茶の習俗(民俗)に見る、もう一つの茶文化世界［C］// 日本计算统计学会研讨会论文集．东京：日本计算统计学会，2008：187—194．

［16］［越］黎崱．安南志略：海外纪事［M］．北京：中华书局，2000：364．

［17］Trịnh Quang Dũng. Văn minh trà Việt Nam [M]. Hà Nội: Nxb Phụ Nữ, 2012.

［18］Võ Thế Ngọc. Trà Kinh [M]. Hà Nội: Nxb Từ điển Bách khoa, 2014.

中越女神信仰异同浅探
——以中国妈祖信仰、越南母道教信仰为例

四川外国语大学 王婕[①]

【摘 要】中国的妈祖信仰以及越南的母道教信仰都属于两国的本地女神信仰,发展至今依旧保持着强大的生命力。中越两国的这两个女神信仰,因两国源远流长的文化交流而有相似的地方,同时也有因两国具体国情而出现一些独具特色的地方。本文更侧重于对其异同背后所反映出的两国女性生存现状的异与同进行探究。

【关键词】妈祖信仰;越南母道教信仰;女性

女神信仰最早始于母系社会中,当时女性处于家庭以及社会的中心地位,承担生育、制衣、劳作等相较于男性所从事的狩猎更为稳定的职责,加之人类对母亲具有依赖、寻求庇护的本能,女性自然就被纳入崇拜体系中。化生万物、炼石补天的女娲被视为华夏民族最为重要的女神,是中国古代文化的重要象征,在今天许多地方还沿袭祭祀女娲的传统,女娲信仰在中国也已延续了上千年[②]。中国的女神信仰不断在发展,妈祖信仰可以被视为中国女神信仰最具代表性的信仰之一。妈祖信仰也在不断地向外传播,所谓"有海水处有华人,华人到处有妈祖"。越南南部所信奉的天后信仰就是中国妈祖信仰向外传播的结果。但在越南最具代表性以及最具影响力的女神信仰还是非母道教信仰莫属,母道教是越南的本土女神信仰,其雏形最早可追溯到原始时期的越南自然崇拜,如对天、地、水、林四神的崇拜。以中越两国最

[①] 王婕,女,彝族,四川外国语大学亚非语言文学硕士研究生,主要研究方向为越南女性主义。

[②] 林祁,薛晨.从女神崇拜到男尊女卑:中日古代女神的比较研究[J].中州大学学报,2019(5):10.

具代表性的女神信仰进行比较研究,既是对其所反映出来的习俗、文化的异同的探究,也是对在儒家观念影响下,由女神形象及地位发生变化所体现出来的中越两国女性观念演变的探究。

一、中越女神信仰

女神信仰是民间信仰的重要组成部分,它既囊括了一定的习俗、文化,同时也能体现出某一地区、国家的女性观念,这是它不同于其他民间信仰的地方,这也使得女神信仰研究具有了不一样的价值。

(一)中国妈祖信仰

中国的妈祖信仰源于宋代莆田,妈祖真名林默,也常常被人们尊称为林默娘。关于妈祖,最早史料记载于南宋廖鹏飞于绍兴廿年所写的《圣墩祖庙重建顺济庙记》:"世传通天神女也。姓林氏,湄洲屿人,能预知人祸……"相传妈祖因精通医术、熟悉水性,常常帮助生病、在海上遇险的人,而受到湄洲岛当地群众的爱戴。随着时间的推移,其事迹越传越远,出海捕鱼的渔民就在渔船上供奉妈祖的神像,以祈求顺利航行。最终妈祖受到了北宋皇帝的赐封,妈祖的地位开始从地方女神向国家性神灵转变[①]。从此妈祖得到历代统治者的官方赐封,并于元代以后,妈祖祭祀正式被纳入官方国家祀典,列为中祀,与"岳镇海渎"祭仪并重,由朝廷定期遣官致祭[②]。到现在,2009年联合国教科文组织正式把"妈祖信俗"列入《人类非物质文化遗产代表作名录》。这是中国首个信俗类的世界文化遗产,这也标志着妈祖信仰正成为人类的共同文化遗产[③]。

现在沿海地区、内陆地区除西藏、青海以及新疆三省区以外各地都能找到妈祖庙,每年一到妈祖的诞生日和忌日,信奉妈祖信仰的人们便会来到湄

---

① 王霄冰,林海聪.妈祖:从民间信仰到非物质文化遗产[J].文化遗产,2013(6):36.

② 王霄冰,林海聪.妈祖:从民间信仰到非物质文化遗产[J].文化遗产,2013(6):38.

③ 王霄冰,林海聪.妈祖:从民间信仰到非物质文化遗产[J].文化遗产,2013(6):42.

洲岛朝圣妈祖，举行盛大的庆典。除湄洲岛妈祖节外，其他地区也会举行关于妈祖的庆典，如每年农历三月二十一至二十三的土楼妈祖节和每年农历三月二十至三月二十三的龙岩漳平永福妈祖文化节。除各类盛大的庆典以外，人们日常会到当地的妈祖庙祭拜妈祖，祈求妈祖的庇佑；沿海地区的渔民至今还保留着出海前拜妈祖的习俗。

（二）越南母道教信仰

据统计，越南约有 73.2%的民众信仰越南的民间信仰。母道教作为越南的本土女神信仰，其起源可追溯到原始社会时期的自然神崇拜。越南的母道教分为三个层次，第一层也就是最原始的女神信仰（tín ngưỡng thờ Nữ Thần），主要是信仰自然女神，如地母、水母等；第二层是越南的母神信仰（tín ngưỡng thờ Mẫu Thần），这是在女神信仰基础上发展而来的，主要崇拜对地方、国家做出过贡献的女性；最高层次的就是越南三府四府母神信仰（tín ngưỡng thờ Mẫu Tam phủ, Tứ phủ），是在母神信仰的基础上发展而来的，最终形成了现在我们所提及的越南母道教信仰。自中国的道教传入越南以后，越南的母道教信仰吸收了许多的道教文化，母道教称其庙观为府、殿、祠就是受到道教的影响，而这些府、殿、祠的外观以及内部陈设也都仿效了道教建筑的制式。越南学者潘玉认为比起越南其他的民间信仰，道教在越南母道教身上展现出了最大的影响力。除了在建筑风格上的影响，与道教的接触融合，催生出了母道教的神灵体系，也就是创造出了属于母道教自己的天庭。柳杏圣母又名柳杏公主被誉为母道教信仰中的第一女神，于 16 世纪越南黎朝时期进入到母道教的神灵体系中。越南人认为柳杏是玉皇大帝的次女，三次下到凡间教化民众、抵御外敌，深受民众的爱戴。柳杏圣母的出现，既是母道教发展的内在需求，也是由于民众的需求——民众需要一位可亲可近的、更接近凡人的母神，柳杏圣母的出现使得四府母神信仰更贴近人们的生活。

2016 年越南母道教信仰被联合国教科文组织列入《人类非物质文化遗产代表作名录》，这不仅代表着越南母道教正式成为人类的共同文化遗产，更是再一次肯定了女神信仰的独特魅力以及价值。

二、中越女性信仰中的异与同

中国与越南之间的文化交流源远流长,古时两国都是农业文明国家,因此两国的女性信仰虽各自有异,实际上却又大体相同。

(一)相同点

1. 妈祖信仰与母道教信仰的相同点

以妈祖和柳杏圣母为例,她们都有在凡间生活的经历,与当时的民众交往密切,得到民众的喜爱从而被尊崇为女神。她们的形象演变都有一个从人到神的过程。这表达了人们共同的一个心理需求:既需要得到一个神力无边的神灵的庇佑,同时也希望这个神灵可亲可敬就如同母亲一般。步入 21 世纪,两位女神的形象也有了新的发展,随着华人队伍不断向世界扩张,和平又成了当今世界的时代主旋律,妈祖从一方的守护神变成了世界和平女神;越南也从农业社会不断走向经济社会,代表着自由的柳杏圣母也被现在的越南人视为经济女神。

2. 反对儒家"重男轻女"的观念

封建时期的中国社会与越南社会都是绝对的男权社会,女性不论是在家庭还是社会中的地位都远低于男性。然而就是在这样的社会背景下,妈祖信仰中的妈祖以及母道教中的各位圣母在其神灵体系中的地位都超过了当时处于绝对主导的男神的地位,在两国宗教史中这都是极为罕见的一个现象。妈祖信仰与母道教信仰肯定了女神的力量,肯定了女神的地位及作用的同时,其实也体现出了对女性形象的肯定。这一点对于男性信徒来说,当他们祈求女神庇佑的同时,其实就是加强了这些肯定。在一个男女地位极不平等的社会中,这一点缓和了性别所带来的社会摩擦。同时中越两国都有当地人通过本地的女神信仰来抵御儒家"重男轻女"观念的社会运动。越南母道教信仰中的各位圣母都是于 15 世纪之后出现的,这一时期儒教发展迅猛,逐渐取代了佛教、道教的主导地位。越南后黎朝时期儒学成了正统思想,"重男轻女"观念再一次对越南社会产生冲击,相传柳杏圣母也正是在这一时期出现、留下神迹、成为人们朝拜的女神。从各位圣母出现的时期来看,正是在一些儒家思想对女性的社会、家庭生活产生消极影响的时候。不断涌现的女神所代表的便是对这一思想的反抗。在中国，南部地区的居民则是将妈祖信仰以及其他女神信仰视作抵御北方"男尊女卑"思想入侵的一大利器。

（二）不同点

1. 妈祖信仰与母道教信仰的不同点

中国的妈祖信仰中，妈祖拥有绝对的最高地位。越南的母道教信仰拥有一个完整、巨大的神灵体系，在进行"上童"仪式时要遵循一定的顺序：圣母（Thánh Mẫu）、四府大官（Hàng Quan）、四府奉主（Hàng Châu）、四府翁皇（Hàng Ông Hoàng）、四府圣姑（Hàng Cô）、四府圣舅（Hàng Cậu）。从这体系我们可以看出，虽然隶属于女神信仰，但是越南的母道教神灵体系中还是存在许多男性神灵。这一点无需过度解读，越南宗教以及民间信仰具有"多神化"的特点，即某一神灵体系中有各式各样的神，其中也包括其他宗教、信仰所崇拜的神。以越南的高台教为例，高台教的神灵体系中出现了儒家的孔子、道教的老子、佛教的释迦牟尼以及基督教的耶稣等其他宗教的神灵。

越南母道教信仰中最重要的仪式就是"上童"仪式（nghi lễ lên đồng），其执行者是由男性童师、女性童师构成，其中男性童师的身上也常常具有一些女性气质[①]。总而言之，女性以及某些具有女性气质的人参与了这一重要的仪式。而在妈祖信仰中，许多祭祀典礼上最重要的"头香"执行者均为男性，还未见女性身影[②]。

2. 女性信徒的不同需求

特别对于女性信徒来说，相较于男性神灵，女神信仰中的女神是更为亲近的保护神，是更能贴近女性生活的神灵。在妈祖信仰中，女性信徒祈求的是家人的平安，能得到妈祖的庇佑。在母道教信仰中，女性信徒所追求的更多是自身实际的快乐与幸福。这是由越南母道教中"上童"仪式所体现出来的。"上童"仪式是指召唤母道教中各位神灵使之附身灵媒，来显灵回答信

---

① 凌晨. 越南母道教"上童"仪式的音乐、性别与认同[J]. 中国音乐，2017（4）：44.

② 叶烨，侯杰. 论述妈祖信仰中的性别观念[J]. 学理论，2010（26）：109.

徒提出的问题的具有萨满教特征的仪式。根据越南音乐家范唯的观点来看，上童仪式中神灵附身显灵这一点，让越南女性找到了表达自己私下的愿望的途径，当被附身时，妇女会感觉到自己拥有了神力，具有了能解决生活中许多压力与困难的力量，能像神仙一样快活自由。借由这个仪式释放了压力。从目前女权主义在中国越南两国发展的现状来看，相较于越南女性，中国女性在家庭以及社会中的生存状况要更良好一些，中国女性拥有充分表达自己的话语权。相较于中国女性，越南女性还是处于一个较为不平等的生存空间，拥有的话语权有限，因此她们急需的是一个能表达自己实际情感的平台，而母道教正好提供了这一点。

三、结论

中国的妈祖信仰以及越南的母道教信仰都是世界女神信仰中的重要组成部分，其异同之处除了能体现两个国家文化、习俗的异同之外，更多的是让我们了解到女神信仰信徒的相关问题：其相同之处让我们看到了两国民众相同的愿望以及面对父权制度相同的抗争，其不同之处也让我们得以了解到两国女性不同的生存现状。在古代"重男轻女"的观念影响下，女神信仰依旧能保持其生命力，这也从另外一个角度证明了这个国家女性的作用以及价值不论是处于什么样的社会状态中，都是无法被忽视及磨灭的。在今天，女神信仰焕发新生，中国的妈祖成为世界和平女神，带给世人以和平的希望与幸福；除了给予心理上的庇佑之外，母道教给越南女性带来了表达自我的平台，让她们再次对自己的价值给予肯定。这就是信仰所能带给人们的最大的慰藉。

参考文献

[1]凌晨．越南母道教"上童"仪式的音乐、性别与认同[J]．中国音乐，2017（4）：44．

[2]林祁，薛晨．从女神崇拜到男尊女卑：中日古代女神的比较研究[J]．中州大学学报，2019（5）：10．

[3]李政阳．"一带一路"倡议实施中的越南宗教风险研究[J]．世界宗教文化，2018（2）：37—45．

[4] 王霄冰，林海聪. 妈祖：从民间信仰到非物质文化遗产[J]. 文化遗产，2013（6）：36—42.

[5] 叶烨，侯杰. 论述妈祖信仰中的性别观念[J]. 学理论，2010（26）：109.

[6] 张秋贤. 走向经济母神：越南女性母神信仰研究[D]. 上海：华东师范大学，2015.

中越楹联文化异同浅析

四川外国语大学 徐淋琳[①]

【摘　要】众所周知，楹联源于中国，属中国文学形式中的瑰宝，同样也是中华民族珍贵的传统文化之一。汉字自西汉时期传入越南始，楹联也伴随着其他的文学形式如诗、词、曲、赋等传入了越南。越南楹联虽自中国传入，深受中国楹联文化的影响，因而与中国楹联有很多的相似之处，但受越南本土文化以及越南国家自身的发展和历史更迭等影响，越南楹联拥有其独特的魅力和文化特色。

【关键词】楹联；越南楹联；楹联文化

楹联起源于中国，是中国独特的文学形式，也是中国传统文化宝库中的一朵奇葩。楹联产生于南北朝时期，历经上千年早已成为中国家家户户过传统节日之春节时必不可少的习俗之一，它传达着中国人特有的道德情感与美好期望，同时也是沟通传统与当代、文化与生活的重要媒介之一。楹联不仅流行于中国，随着中国与周边国家的交流，楹联也作为一种文化符号传播到了海外，例如处于汉文化圈影响的新加坡、朝鲜、韩国、日本和越南都曾受到楹联文化的影响。楹联是什么时候传播到越南的？是怎样传播影响越南的？几乎找不到记载这些问题的书籍，但有一个很明显的现象，那就是越南人每年迎接春节的时候，也与中国人相同喜欢楹联，张贴楹联的习俗已成为越南的优良传统。越南楹联虽受中国楹联的影响，但由于越南本土语言、文化等的影响，楹联在越南经历了由兴起到发展、由鼎盛到兴衰，又由没落到复兴的阶段，与此同时，由于政治的更迭、国情等的变化，越南的楹联文字

[①] 徐淋琳，女，汉族，四川外国语大学亚非语言文学硕士研究生，研究方向为越南语语言文化方向。本文为四川外国语大学2020年研究生科研创新项目"越南汉字楹联研究现状"（项目编号：SISU2020YY36）的阶段性成果；四川外国语大学研究生科研创新项目资金资助。

也由最初的汉字楹联，发展产生了喃字楹联，以及今天的国语字楹联。对中越楹联文化进行对比研究，既是对其所反映出来的习俗、文化的异同探究，也是对楹联在海外传播并流传下来所产生的变化的探究。

一、中越楹联的起源

楹联传入越南后，虽产生了一定的变化并展现出越南独有的特色和魅力，但其也保留了楹联的基本特点。正因如此，中国与越南的楹联学家对楹联的概念均认为是：上下两联形式相对，内容相关的语句结合而成的一种独特的文学形式。它可以写在纸上、布上，或者刻于木头、柱子上等，所以它还可称为"柱联""联壁""联贴"等。

（一）中国楹联的起源

楹联，又称对联、对子、楹贴等。关于楹联的起源，以往一般都认为是清代著名对联家梁章钜在他的《楹联丛话》中所言的"楹联始于桃符"，而以五代后蜀时期（934—966 年）的孟昶学士所撰"新年纳余庆，嘉节号长春"为楹联鼻祖。于是，楹联界普遍认为"联萌五代"。但这一观点后来也受到楹联界多数学者的质疑，比如在学者谭步云所撰写的发表于《中山大学学报（社会科学版）》的《对联考源》（1994）一文中提出："楹联发轫于战国期间，而非西晋、南朝更非五代后蜀"，他主张对联不过时游离于诗词歌赋之外的对偶句，并通过对偶句特有的语言形式即对称和平衡来考证对联的起源，得出对联是古代中国人追求平衡和对称美的产物，独立于俪句，并以题名的形式存在的结论。以《太公金匮》之"书户"："出畏之，入惧之"为首联，则对联的雏形约成于战国期间。而学者纪国泰在他所撰写的《"桃符"是对联的"渊源"吗——对联语言及格律研究之一》一文中写到，近年来，经过中国对联学者的多方考证，发现楹联实际发源于晋唐而兴于五代[1]。对此，楹联界普遍认可"联萌于晋唐而兴于五代"。

---

① 纪国泰."桃符"是对联的"渊源"吗：对联语言及格律研究之一[J]. 西华大学学报（哲学社会科学版），2012（3）：14—21.

(二) 越南楹联的起源

楹联起源于中国，作为中国独有的文学体裁和文化瑰宝在不同的历史时期分别传入了现今天的越南、朝鲜、韩国、日本及新加坡等多个亚洲国家，蕴含着丰富的历史记忆。越南的楹联起源于何时，至今没有具体的文字记载资料，但在楹联还未传入越南时，越南民间流传的歌谣、俗语等已有对偶的情况出现。按照楹联对称和平衡的表现形式来说，越南远古的民间歌谣和俗语已有对偶现象：

Ngày năm thê bảy thiếp, đêm trọn kiếp nằm không.
日抱十二金钗，夜半独处一人。

Ngày xem núi núi xanh cao ngắt, đêm xem trăng trăng tắt sao mờ.
日观崇山苍苍，夜赏残月淡淡。

Anh em như thể tay chân, rách lành đùm bọv dở hay đỡ đần.
兄弟如手足，褴褛都应互相包容好坏都应互相帮助。

Trước lạ, sau quen.
一回生，二回熟。

Khôn nhà, dại chợ.
外愚内智（家智外愚）。

Đi đến nơi, về đến chốn.
走到头，回到家。

以上所列举的歌谣和俗语虽说并未完全符合对偶的表现形式即平衡和对称，但却表明了对偶或对称形式在越南民间已成为一种日常使用的语言现象。

而有文本记载的则有：8世纪，越南至今保留下来的最古老的用汉字记录的文本资料姜公辅的一首《白云赋》中，我们也看到了对偶的影子。前黎朝时期（10世纪），法顺禅师有两句诗"白毛铺绿水，红棹掰清波"[①]；11世纪（1010），在越南李朝皇帝李公蕴的《迁都诏》一文中，对称形式已明确地使用："商家至盘庚五迁，朱室逮成王三徙……上谨天命，下因民志……得龙蟠虎踞之势，正南北东西之位"等。

---

① [越] 武氏莲任. 越南喃字对联初探：以河内名胜古迹的喃字对联为例[J].（河内）国家大学附属人文与社会科学大学，2000（5）：35—39.

越南楹联创作到了陈朝时期（12—13 世纪），语音、语义已得到完善，楹联已发展为趋于完整的文学体裁并得到广泛的应用，楹联学者创作的楹联趋于增多，并且，从记录下来的史料来看，当时的越南人已成熟地引经据典来做楹联，其中不乏借用中国典籍如《诗经》《论语》《孟子》中的典故等。陈朝越南楹联的成熟发展可以推测出，越南楹联始于李朝时期（10—11 世纪），和中国楹联在南北朝产生相比，虽然晚了五百年，却符合历史发展规律，即从赵陀割据南越国到唐朝的管辖，越南楹联处于漫长的形成阶段。

二、中越楹联文化的异与同

中越历史文化交流源远流长，两国交往延续不断。自秦始皇平定岭南始，越南进入"信使"阶段，中越交流开始有历史记载。在漫长的郡县时期，中原先进文化逐渐进入交趾（今越南中北部）地区，楹联也在此时期逐渐在交趾萌芽（唐诗的传入）。越南楹联自中国传播并发展，而越南又是东南亚地区受汉文化影响最深的国家，因此两国楹联文化虽有异实际上却大致相同。

（一）相同点

1. 中越楹联的定义和名称、分类和用法的相同

楹联既是文化的载体，又是文化的重要组成部分。中国楹联表达了中国人特有的道德情感与对生活的美好期望。楹联在越南的传统文化中同样占有重要的位置，有着非常丰富的内涵，在越南，楹联不仅仅是一种文学形式，它还承载着越南人民的情绪、愿望、信仰以及历史文化。越南楹联是中国文化影响越南的一个重要表现。中越两国楹联学家对楹联的定义、楹联的分类和用法都大致相同。

在中国，楹联又被称为"对联""柱对""楹贴""对语""联语""联壁""对句""两行诗""柱名""成双""双文""片锦""片玉"等。从楹联众多的名称中可以看出，其名称都大同小异，只是因为看问题的角度不同而导致名字的多样性；但其中有些也能展示楹联之间的细微差异，但使用最多的还是"对联""楹联"。

在越南的"楹联",由阮文玉先生的《对联法》、陈黎创教授的《对联横批5000副》、阮文盛教授的《升龙-河内对联》等记载的资料分析总结来看有几种不同的名称,如:"câu đối""đối liên""xuân liên""đối tử""đối liễn""doanh thiếp""doanh liên"等。其中câu đối为纯越语,是越南最普遍盛行的名称;"đối liên""đối tử"则是汉越音,这两个名称在越南知识分子中运用较多,普通民众几乎没用,但一提到还是明白的;"doanh thiếp""doanh liên"则是由汉字翻译为越南语的,如果用汉越音来读的话,除了了解对联的人,大家不会明白它的意思。而"đối liên""đối tử"用汉越音读大家都明白。多样的越南楹联名称反映了越南人对楹联的思考,给楹联取一个越南名称,使楹联的文化内涵更加的丰富。其实通过了解越南楹联的分类和名称可以发现,越南楹联学界对"楹联"的分类和命名和中国的别无二致,两者几乎相同,只是说因为越南语言文字的不同,命名的时候多少带有越南民族特有的精神文化内涵。

2. 相似的中越楹联故事

谈到楹联就不得不提到最具代表性的春联。春节在越南和中国一样,是全年最重要的一个节日。越南楹联在最兴盛的时候,在迎除夕之时,家家户户都挂贴楹联。在今天的越南家庭,受儒、释、道文化影响深远的家庭依旧保持着这个传统。

在中国,关于春联的传说数不胜数。其中一个著名的传说来自东晋著名书法家王羲之,他在书法史上被尊为"书圣"。据说,有一年春节前,王羲之早早就为自家书写了春联,"春雨春风春色,新年新景新家",这副对联非常贴切地展现了新春景象,那时王羲之书法之名早已远播,时人景仰,价值不菲,这副对联贴到门上,一不留意就被人连夜给偷走了,无奈之下,王羲之只好提笔又写了第二副春联,第二天早上一看,"莺啼北里千山绿,燕语南邻万户欢",这副春联又在夜里被人偷走了,此时已是除夕,马上就是大年初一了,王羲之思忖一番后,又写下了第三副春联,"福无双至,祸不单行",家人一看都十分惊讶,王羲之赶紧吩咐人贴出去,这副对联实在太不吉利,果然没有人再来偷,第二天早上,王羲之提笔在这副对联上加了6个字,变成"福无双至今朝至,祸不单行昨夜行"。这个故事流传很广,但并不是真实发生的故事。

越南佛学研究杂志文学艺术篇 2012 年春节前夕刊登了一篇《春联故事》，这篇春联传说故事与我国关于王羲之写春联的故事如出一辙，就连楹联的内容也是一样的，只不过刊登使用的是越南语，这副楹联也被使用汉越音翻译为了越南语："Phước vô trùng chí…/Họa bất đơn hành…"这个春联故事的传说向我们展示了很久以前中越两国的人们就已经很重视春联，在春节时分一定要有春联，因为春联象征着新年的新气象，它是人们对新的一年美好期望的最好的象征，希望在新的一年能更加幸运。

楹联因政治家的推崇而得到广泛的推行，与古代皇帝相关的楹联故事在中越两国也能找到类似的记载。相传，明太祖朱元璋定都金陵后，在除夕传下一道旨意，要家家户户都贴对联，随后他微服出行，发现一户人家没有贴对联，一问才知道，这家是阉猪的，主人不通文墨，于是朱元璋大笔一挥，写下一副对联："双手劈开生死路，一刀割断是非根"。据越南怀越先生《对联》记载，越南黎朝皇帝黎圣宗的兴趣爱好之一便是作对联，每年到春节时，他都亲手题写对联。群臣因此也都挂贴对联迎春，渐渐地家家户户在除夕之夜都会在门口挂贴对联，越南春节挂贴对联的风俗可能因此而成。黎圣宗常微服私访人民的生活，在一次春节来临之际，他在京城出行，路过一条偏僻小巷的洗染店，门口未挂贴对联，他便给他题赠一副联："天下青黄皆我手，朝中朱紫总五家"[①]。

（二）不同点

1. 中越楹联的创作规律的不同

楹联最基本的特征即上下两联的句子要对仗，越南楹联也保留并沿袭了这一特征。其实中越楹联在创作楹联的基本要求上几乎是一致的：字数相等，内容相关。上下联之间内容要相关，起到相反相成或相辅相成的效果。词性相当，结构相称。这是对联格律的两个语法要素，也是最关键的两个要素。节奏相应，平仄相谐。这是对联格律的两个声律要素。

汉语有 4 个声调，而越南语有 6 个声调。因此即使基本规则相同的情况下，在具体的语境创作下，有时也会出现差异性。比如中国的楹联基本保持

---

① 怀越. 对联[M]. 河内：妇女出版社，2001：68—70.

仄起平收的特点（平起仄收也有，数量少），越南楹联基本也会保持仄起平落的规律，但由于声调和音节的不同，使中越楹联格律有了差异；而越南从汉字楹联到喃字楹联，再到现在国语字楹联，由于国语字含有6个声调，因此同一副楹联若是中越互译后就会发生声调的变化。再加上越南吸收中国楹联文化的时候中国使用的是古代汉语，古代汉语与今天的现代汉语也发生了声调的变化，因此，有些越南对联的平仄规律可能与中国古代汉语背景下创作的楹联相符，而与今天的中国现代汉语背景下的楹联有异。

2. 中越楹联文化的不同

中国的楹联文化发展到今天，除了寺庙、道观、各个旅游景点留存下来的古代楹联外，家家户户每逢春节便会在大门两边或是家里的柱子上贴上一副楹联，楹联的内容囊括有对新年的新期望，发财、祈福等表达对美好生活的祈求，同时也有家庭观念、道德观念的体现，至善至美、勤奋好学等。越南的楹联除了表达越南人的情绪、愿望等，还有一个最重要的是越南祖先崇拜信仰的体现。从公元2世纪至3世纪以来，随着华夏族群的南迁，中国的传统文化也开始传入安南，包括对祖先的崇拜、孝道尊严等。到了近现代，尽管受西方列强近一个世纪的殖民统治，接受西方文化的洗礼，但越南一直至今天，上至国家，下至黎民百姓，对祖先崇拜的信仰和祭祖习俗依然如故[①]。

正因为越南的祖先崇拜信仰，越南楹联内容更加的丰富，多是教育子孙后代要懂得饮水思源的道理，要明白父母的养育之恩，家风的传统以及为子孙后代做榜样；同时，也正是因为这一独特的信仰使得越南人挂贴楹联的习俗也产生了演变。中国人挂贴楹联大都在大门两边，而越南人除了在大门两边挂贴楹联，更多的是挂贴于家里供奉先祖的地方，这里也是越南人认为最神圣的地方，将楹联挂贴于此表达了他们对自己祖先的崇拜，表示对先祖的仰望和尊敬。

---

① 古小松. 越南［M］. 北京：中国社会科学出版社，2016：172.

三、结论

通过中越楹联文化的对比我们不仅看到两国楹联文化习俗和文化的相同之处，同时也了解到越南楹联习俗文化的独有之处。中国楹联习俗在2005年已被中国国务院列为第一批国家非物质文化遗产；越南党大会第六次会议的召开，呼吁国家和人民一同弘扬传统文化，其中也包括楹联文化，自此越南的街道上再次出现了写字先生，为有需要的人撰写楹联（汉字楹联、国语字楹联）、汉字（喜字、福字）。这有力地证明了楹联文化强劲的生命力和适应性，楹联既是文学，又是文化的载体，它是上至官员名流，下至黎民百姓都可以共同分享的文化。通过研究楹联文化，可以让我们更加了解越南人民，与此同时，在中国非物质文化遗产制度的推进过程中，应该借助中国优秀传统文化——楹联这一历史悠久的文化遗产与华夏文化象征符号，来拓展中越两国人民友好往来及文化交流的多样性途径，对"一带一路"建设中的民心相通具有促进作用。

参考文献

[1] 纪国泰．"桃符"是对联的"渊源"吗：对联语言及格律研究之一[J]．西华大学学报（哲学社会科学版），2012（3）：14—21．

[2] 范氏草．越南对联及相关研究[D]．长沙：湖南师范大学，2017．

[3] 古小松．越南[M]．北京：中国社会科学出版社，2016．

[4][越]段黎．春联故事[J]．佛学研究杂志（文学艺术版），2012（1）：59—60．

[5][越]怀越．对联[M]．河内：妇女出版社，2001（7）：68—70．

[6][越]武氏莲任．越南喃字对联初探：以河内名胜古迹的喃字对联为例[J]．（河内）国家大学附属人文与社会科学大学，2000（5）：35—39．

其他研究

会安与海上丝绸之路

海南热带海洋学院东盟研究院 古小松[①]

【摘　要】 会安是古代海上丝绸之路跨出国境后的首站。史料记载，约在公元 5 世纪，这里是占婆国闻名遐迩的港口，占婆使节北上中国朝贡，就从这里起航。千年之后，安南后黎南北朝时代，北郑南阮互相攻伐，南部的阮氏政权为扩充实力，大力招揽南下的中国人前来开垦定居。会安作为经贸重镇，既邻近阮主政权的大本营顺化，又地处南北交战的大后方，是联系欧亚的重要贸易驿站。大航海时代开启后，葡萄牙、荷兰、英国、法国等国家在此设立商站。每年仅进出口税，就让阮氏政权赚得钵满盆满，成为其对抗北方的重要财源。会安一直繁荣到 18 世纪，19 世纪后逐渐走向衰落。

【关键词】 会安；海上丝绸之路；东西经济文化交流；华侨华人贡献

一、地理位置与历史变迁

会安是越南广南省的一个古镇，是古代海上丝绸之路上的一个港口和商埠。1999 年 12 月，会安古镇被联合国教科文组织列入《世界文化遗产名录》，是东南亚古代贸易体系保存完好的典范和历史上多种文化相融合的代表。

越南版图呈长条 S 形，会安位于越南中部向南海突出部位，地理位置优越，地处秋盆河下游北岸，距越南直辖市岘港东南约 30 千米，离广南省省会三歧市东北约 50 千米，距古占婆美山圣地东面约 40 千米。"会安者，升华府属"[②]，后黎朝阮主时期，古代会安属广南升华府。今会安古镇面积

[①] 古小松，男，汉族，海南热带海洋学院东盟研究院院长、广西社会科学院研究员；研究领域：国际关系、东南亚与华南历史文化。近期出版有：《越南文化》（科学出版社，2018）、《越汉关系研究》（社会科学文献出版社，2015）、《东南亚文化》（中国社会科学出版社，2015）等。

[②] 大汕．海外纪事［M］．中华书局，1987：68．

约 50 平方千米,人口接近 10 万人。

  古代会安也叫海铺、大占港、大海口,历史发展可以分为 3 个时期:15 世纪以前,它是古代占婆国的重要海港;16—18 世纪,会安发展至鼎盛,成为安南后黎朝时期阮主政权的主要贸易海港;19 世纪以后,会安市镇和港口走向没落。

  15 世纪以前,今越南中部南面为古占婆国,会安地区属于占婆国。占婆强盛时期的版图,北界至横山(今越南河静与广平之分界),南至今越南平顺,东面为南中国海,西面为长山山脉。公元前 111 年西汉灭南越国,在今越南中北部设立了三郡:交趾、九真和日南。日南郡大致位于今越南横山以南的中部地区,成为汉朝时中国陆地最南端。该地区成为中国汉代郡县约 4 个世纪后,当地人区连于东汉后期的公元 192 年,趁中原朝廷衰弱之机,在日南郡的象林县(今越南顺化)率领数千人起兵,杀死县令,自立为王。在约一千五百年的历史里,占婆先是与中国抗争,安南从中国独立出来后,占婆则同时与北面的安南、西南面的柬埔寨对抗。安南后黎朝于 1471 年对占婆进行了致命的打击,阮氏政权最后于 1693 年将占婆完全吞灭。

  今越南广南是古占婆国的政治、经济、文化中心地区。这里有宗教中心美山和经济重镇会安。美山位于会安的西面,会安是古占婆国的出海口,因而也被称为"大占海口"。经过多个世纪的经营,会安已经发展成为其重要的海港城镇,吸引了大批来自阿拉伯、波斯、印度以及中国的商人到此进行贸易。这里曾出土了大批生产工具、生活用品、饰品和陶器、金属器皿等,还包括有中国两汉时期的铜币和铁器。会安海上贸易的兴盛对古代占婆国的繁荣及美山塔庙的文化发展起到了至关重要的作用。

  15 世纪 20 年代末,安南后黎朝建立,经历了前期发展之后,到中后期,后黎已名存实亡,各种争斗不断,南北长期分裂。后黎朝时期曾有 4 个统治体:黎皇、莫氏、郑主和阮主,可以分为三段:后黎朝前期(1428—1527)、莫氏崛起与黎莫之争(1527—1592)、郑阮之争(1592—1788)。与北郑相对立的南方阮氏政权,其统治者称阮主,据有今越南中南部一带,由阮氏家族世袭掌权,中国、日本、朝鲜史籍中称之为广南国。

  阮氏开拓顺广地区之初,周围皆为"猴叫鹳鸣"的荒草野地。17 世纪中后期,大批到来的明朝臣民,成了阮氏政权急需的人力资源。这些华侨华人披荆斩棘、胼手胝足,开发建设今越南中南部,把荒蛮之地开发成粮仓、良港和城市。其中，会安就是当时西南太平洋的一个重要贸易港口。来自中国、日本、印度、葡萄牙、法国、英国、印尼等国的客商和船只汇集在会安港口进行贸易，使得会安成为东南亚最繁华的国际商港、世界各国通商之地。在安南后黎朝北方和南方的郑阮纷争中，会安地区的海外贸易为南方的阮氏统治集团赚取了大量的战争经费。"顺广之处山泽关市钱共七万六千四百六十七贯二陌四十文，而广南税钱居其六（万多），顺化只一万一千二百二十二贯二陌五十四文"[①]。顺化虽然是阮氏政权的首府，但财政来源则主要靠广南。而广南的税收主要来自会安，可见其在经济上对阮氏政权的重要性。

安南后黎朝后期，阮郑集团之间的连年战争，安南社会危机日益严重，1771年，爆发了由阮文岳、阮文侣和阮文惠三兄弟领导的大规模西山农民起义。西山起义军与南方阮主政权在会安地区展开了常年激烈的战斗，导致会安港陷入了危机与萧条。19世纪初，阮福映消灭西山王朝建立阮朝，定都顺化，随着岘港大海港的崛起，加之自然地理的变化，会安秋盆河出海口逐渐被淤泥堵塞，无法进出现代化的钢铁大船，会安港在海上贸易港口中的地位越来越弱，逐渐被新兴的岘港所取代。帆船时代的港口多会受淤港的困扰，通常会在向轮船时代变迁的过程中衰落。加上后来纵贯越南南北的1号公路没有经过会安，繁华的会安迅速衰落成一个近海的小镇。

二、贸易与文化交流

14世纪以前占婆国时期，会安就已是一个国际经济文化交流中心。不过，关于会安，如今有史籍记载和实物遗存的主要是15、16世纪以后的事情了。很重要的历史背景，除了世界大航海时代的到来，东西方交流直接通达，还有很重要的就是1471年，后黎朝黎圣宗征伐重创占婆国，安南完全控制了顺广地区。"1472年增设广南道"，"1602年改置广南营"[②]，会安逐渐成为广南阮氏重要的对外交流海港。"盖会安各国客货码头，沿河直街长

---

① [越]黎贵惇.抚边杂录[M]//黎贵惇选集：第三集.河内：越南教育出版社，2007：265.

② [越]陶维英.越南历代疆域[M].北京：商务印书馆，1973：218，257.

三四里，名大唐街。夹道行肆，比栉而居，悉闽人，仍先朝服饰，妇人贸易，凡客此者，必娶一妇，以便交易。街之尽为日本桥，为锦铺。对河为茶饶，洋艚所泊处也。人民稠集，鱼虾蔬果，早晚赶趁络绎焉。药物时鲜，顺化不可构求者，于此得致矣。大约会安东南北三面临海，惟西一路绵亘连山，接东京而通西粤，故西去数十里外设镇土衙门，状如王府，防邻警也。"①

（一）贸易往来

最早从欧洲来到东亚的是葡萄牙人。1498 年，葡萄牙人瓦斯科·达·伽马到达印度卡利卡特，开辟了印度航路。欧洲人到了印度，也就是等于把从东亚到欧洲的海上通道连起来了。此前，从印度洋到东亚的航线就已是畅通的。

瓦斯科·达·伽马开通印度的新航路后，葡萄牙人的对外活动随即转向亚洲。1510 年，葡萄牙人占领了印度的果阿，并在此设总督统治。然后继续向东，1511 年占领了马六甲。1517 年，葡萄牙使节到达广州，开始与中国通商。1543 年，葡萄牙人到达日本，不久在九州设立商站。1553 年，葡萄牙人借口上岸晒货，入居中国澳门。

16 世纪是葡萄牙殖民帝国的鼎盛时期，它垄断了欧、非、亚之间的主要贸易通道，在沿线的非洲、阿拉伯半岛、印度、东南亚、中国、日本都设有军事据点和商站。葡萄牙人向被占领地区的居民低价征购香料，甚至征税，或者用镜子、玻璃球、别针等小商品换取象牙、珍珠、宝石等贵重物品，运回本国高价出售，获取惊人的利润。

据报道，16 世纪初，第一批西方传教士和商人来到会安。而有文字清楚记载来到会安最早的还是中国人。"1577 年，中国商人陈新松不经意的到来，这可能是最早了解会安商业区的"②。此后，来到会安经营的中国商人越来越多。

日本侨民也是早期来到会安这片土地进行商贸活动的外国人之一。16 世纪，日本发现了丰富的银矿，日本侨民带着巨额的白银到各地港口购买商

---

① 大汕．海外纪事[M]．北京：中华书局，1987：80．

② 越南社会科学院历史研究所．越南古都市[M]．越文版．河内：越南社会科学院，1989：218．

品。在会安,日本侨民用白银收购中国上等的丝绸和瓷器,到16世纪末已经形成了一条"日本町",会安现在的地标性建筑——来远桥即在此时期(17世纪初)修建①。1592年,日本鼓励本国商人到东南亚进行贸易,"该年Kakeyo父子俩和富商Araki Sotaro携带奢侈品和军需物资来换取地方特产,促进了会安国际贸易的繁荣"②。17世纪30年代,日本颁令禁止商船出海,到会安交易的日本船只逐渐减少,"至1695年,Thomas bowyer撰写《会安记事》的时候,会安仅剩4—5家纯日本人"③。

在中国、日本商人来到会安之后,欧洲商人也登陆会安。"葡萄牙人1618年来到会安。1618年阮主向荷兰人发出通商邀请后,1633年他们的船只来到了会安。1636年荷兰人在广南会安设立了商号"④。

后黎朝安南南面阮氏政权利用会安优越的地理位置和条件,大力修建港口设施,吸引各国的客商前来交易,其中,尤以中国的商船为最多,有时一年竟多达上百艘。"若广南则百货无所不有,诸番邦不及,凡升华、奠盘、归仁、广义、平康等府及芽庄营所出货物,水陆船马咸凑集于会安庯,此所以北客多就商贩回唐。曩者货物之盛,盖虽巨舶百只,一时运载,亦不能尽"⑤。

各国商船的到来,使阮氏政权获取了巨额的税收。"阮主每年商船税达3万贯"。"1753年阮主一年的税收为338100贯、830两黄金、2360两白银、银票1万钱"⑥。即使到了西山农民起义的时候,到会安的各国船只依

---

① 熊世平.(越南)文化遗产[M]//古小松,等.越南文化.北京:科学出版社,2018:282.

② 越南社会科学院历史研究所.越南古都市[M].越文版.河内:越南社会科学院,1989:219.

③ 越南社会科学院历史研究所.越南古都市[M].越文版.河内:越南社会科学院,1989:220.

④ 越南社会科学院历史研究所.越南古都市[M].越文版.河内:越南社会科学院,1989:227.

⑤ [越]黎贵惇.抚边杂录:卷四[M]//黎贵惇选集:第三集.河内:越南教育出版社,2007:330.

⑥ 越南社会科学院历史研究所.越南古都市[M].越文版.河内:越南社会科学院,1989:231.

然不少。"1771年（辛卯年）各国到会安的船只为16艘，税收收入为30800贯；1772年（壬辰年）12艘，14300贯；1773年（癸巳年）8艘，税收13200贯"①。

来自各国的客商给会安带来了大量的商品。中国商人带来的商品最多，如锦缎、纸张、毛笔、铜器、银器、瓷器、陶器、金币、银锭、铝、铅、硫黄等，而从会安则购回香料、胡椒、糖、鱼翅、燕窝、犀牛角、蚕丝、木材、象牙、黄金等。"转贩流通，脱货快利，无有滞积。所带者五色纱缎、锦缎、布匹、百味药材、金银纸、线香各色、丝线各色、颜料各色、衣服、鞋袜、哆罗绒、玻璃镜、纸张、笔墨、针纽各样、台椅各样、锡铜器各样、瓷器、瓦器。其饮食物则芙茶、柑、橙、梨、枣、柿、饼、面曲、灰面、饼食、咸榄、菜头、鹹油、姜酱、甘酱、豆腐、金针茶、木耳、香信之类，彼此有无，互相贸易，无不得其所欲也"②。

（二）文化交流

除了国际贸易交流外，会安也是国际文化交流的驿站。占婆国时期，这里主要是印度文化海上东来落脚点，以婆罗门教为主的占婆宗教中心美山就位于会安以西约40千米处。美山圣地的神庙建设始于公元4世纪末。7—13世纪占婆国发展到鼎盛时，这里的宗教神庙建设也达到顶峰。15世纪，占婆国走向衰亡，美山圣地也趋于荒废③。美山建筑主要是印度教神庙，以红砖、石头为建筑材料，破坏之神湿婆雕像很多。距美山约40千米的古占婆政治中心荼乔④有大佛寺，建于875年。可见，在一段时间内，占婆国是印度教与佛教并存，就如爪哇的婆罗浮屠与普兰巴南⑤，前者是佛教建筑，后者是印度教神庙，两者相距50来千米，都是在公元8—9世纪建造的。印度

---

① 越南社会科学院历史研究所．越南古都市［M］．越文版．河内：越南社会科学院，1989：227．

② ［越］黎贵惇．抚边杂录：卷四［M］// 黎贵惇选集：第三集．河内：越南教育出版社，2007：332．

③ 19世纪，法国殖民越南期间，法国人才重新发现了这一文化遗址。

④ 即因陀罗补罗，在今越南广南省。

⑤ 婆罗浮屠与普兰巴南1991年被联合国教科文组织列为世界文化遗产。

教和佛教均来自印度，8—10世纪是东南亚地区佛教和印度教兴盛时期，两者并不相互排斥，而是相辅相成，并存共生。

到16世纪后黎朝阮主时期，该地区依然重视佛教。1695年（清康熙三十四年）春，中国广州长寿寺住持大汕应阮主阮福淍的邀请，渡海前往安南，在顺化、会安居留了一年半的时间，第二年秋回国。大汕将其在安南期间的所见所闻，撰写成了《海外纪事》一书流传下来。

大航海欧亚航线开通后，会安则成了东西方文化交汇的地方，包括天主教、拼音文字等的东来，在宗教、语言文化方面的交流。

1615年，西方天主教徒Carvalho和Busomi来到岘港，然后到会安，在广南成立了教会组织。西方传教士到达安南后，需要掌握当地的语言，扫清语言障碍，才能与本土人士进行交流沟通和传教。他们积极学习和研究当地语言，天主教徒Gaspard De Amaral编写了一本《安南-葡萄牙语词典》，天主教徒Antoine De Barbosa则编写了一本《葡萄牙-安南语词典》。这一时期，天主教徒Alexandre De Rhodes来到安南。Alexandre De Rhodes曾在后黎朝郑氏管辖区居住了3年2个月，在阮氏管辖区居住了5年7个月（主要是在会安）。

Alexandre De Rhodes是一位出色的语言学家，他学习和研究当地的语言，用拉丁文来记录当地语言的语音，编写了一本用于传教的《八日教程》，这是当地语言拉丁化的第一本书。他还编写了一本《安南-葡萄牙-拉丁词典》，以及一本《简要安南语语法》。由此可见，在Alexandre De Rhodes等西方传教士以及当地安南人的共同努力下，后来的拼音越南语大体在17世纪30—40年代于会安打下了基础。此外，Alexandre De Rhodes还撰写了安南史、当时一些东亚国家的情况介绍以及在中国和其他东方国家传教的行程，对促进东西方的交流做出了贡献[1]。

---

[1] 梁茂华.（越南）语言文字[M]//古小松，等.越南文化.北京：科学出版社，2018：178.

三、华侨华人的开拓

会安的发展繁荣与华人的到来、开发是分不开的。会安华人的来去、居留与会安本身的发展历史密切相关。15 世纪以前到会安的华人是零散的，史籍查不到明确的记载。16 世纪以后到 19 世纪，是华人在会安的繁荣昌盛时期。19 世纪后期，随着会安港口的衰落，会安华人社会也逐渐萎缩，很多华人也慢慢融入了当地人之中。

华人大批来到会安是在 17 世纪的下半叶。1644 年，清朝立国，大批不愿事清者南下东南亚，其中重要一站就是安南。当时安南处于后黎南北朝时期，北郑靠近中国，不敢收留中国人，南面的阮主正缺人手开发刚刚征服的占婆国土地。为了开发新占领的地区，扩充实力，阮氏政权采取激励政策，尤其是对南来的中国人，大力招揽南下的中国人来此开垦定居，每人每年只要向本地政府缴纳 2 两白银，即可免除徭役。17 世纪明朝灭亡之后，不愿委身事清的遗民大量南下，会安便成为他们安身立命的世外桃源。

17 世纪上半叶，已有不少中国人到会安经商和定居。有华人的地方，往往就会有关帝庙，因为这是保佑发财的。位于会安古镇中央市场附近的关帝庙是会安城最古老的华人庙宇，"会安古街区位于从今陈富街日本桥到关公庙，该街区在 17 世纪中就形成了，建设关公庙的时间刻录在正殿匾额上，为庆德癸巳年，即 1653 年"[①]。

大批量中国人来到会安是 17 世纪后半叶明末清初时期，一批批成建制的中国军民来到安南中部和南部。1679 年，杨彦迪率 500 战船、3000 军民来到会安一带避难。阮主把他们的主要部分安排到了南部的湄公河三角洲，一些边缘者就留在会安一带谋生定居。随着中国人的大量到来，会安形成了华人社区。"据史籍资料，会安地区有锦铺、会安、明乡社。锦铺社位于西面，即今来远桥区域。阮朝时期的会安街位于明乡社"[②]。

---

① 越南社会科学院历史研究所. 越南古都市[M]. 越文版. 河内：越南社会科学院，1989：221.

② 越南社会科学院历史研究所. 越南古都市[M]. 越文版. 河内：越南社会科学院，1989：214.

学者考证，认为华人早期集中聚居的广东街①在 17 世纪初就形成了。
"位于清河与锦街两村之间的客街最迟于 1626 年已经建成。这里华商立有一个称为锦河宫的祖亭。今陈富路②20 号依然保存有匾额'林尊路'，建于 1621 年（天启辛酉年），林家先祖林国策到会安至今已第 13 代了，这样大体也是客街建立的年代"③。

到会安的中国人主要来自广东、福建、海南。"居住在会安的清朝客商有四个帮会：广东、福建、潮州、海南，他们买卖北货，建设有市场和会馆，交易繁荣，是当时的大都会"。"经过实地调查，我们认为广东人于 17 世纪中大量涌入会安居住，随后是潮州人、福建人，后来是海南人。阮朝时这些华人在会安建立了明乡社，还有一些华人在会安周围很多地方居住"④。

华人为会安的建设发展做出了巨大的贡献。如今很多华人已经融入当地的越人社会，几乎都不会说华语了，一些人还有家谱，知道自己的祖先来自中国，但他们大多都已越化为当地的京族了。

如今在会安自认为是华人的已很少，基本听不到汉语了。不过，会安至今仍保留有大量的华人古迹及建筑。目前会安城中华人建筑是数量最多、规模最大、保存最为完好的古建筑群。华商建立的各式会馆分布在秋盆河沿岸，其中规模较大的有闽商建立的福建会馆（现茅庙-金山寺）、粤商建立的广肇会馆、潮州商人建立的潮州会馆、海南商人建立的琼府会馆等。除了华商会馆，还有明末清初流落到会安的明乡人在会安设立的会馆，如明乡萃先堂、明乡佛寺等建筑。这些保存完好的华商会馆建筑也向世人展现着当时华商在会安进行商品贸易的繁华景象。⑤中国传统的建筑，彩色的鸳鸯瓦、木色的围栏、方正的天井，把小城装点得古色古香，别有情趣。

---

① 现已改称阮太学街。

② 古时称日本街。

③ 越南社会科学院历史研究所. 越南古都市 [M]. 越文版. 河内：越南社会科学院，1989：221.

④ 越南社会科学院历史研究所. 越南古都市 [M]. 越文版. 河内：越南社会科学院，1989：223.

⑤ 熊世平.（越南）文化遗产 [M] // 古小松，等. 越南文化. 北京：科学出版社，2018：281—282.

结束语

　　古代会安是海上丝绸之路上的重要驿站，东西方商品在此中转，中华文化、印度文化、西方文化在此交流，促进了彼此的融通，也推动了当地的发展。大航海航线开通后，即安南后黎朝后期之后的会安留下了很多古迹及建筑，也有很多古籍记载，人们对 15 世纪以后的会安已有所了解和认知。而 15 世纪以前，会安已是古占婆国的重要港口，那时会安的状况，其地位作用等还有待人们的深入探讨。

试析越南电子支付的发展现状和前景

对外经济贸易大学　尹　驰[①]

【摘　要】 随着互联网的发展和应用，电子商务及相应的电子支付也快速发展，渐渐成为人们生活中不可或缺的支付手段。相对于传统的支付手段，电子支付为人们提供了更为便利和舒适的支付体验，但也存在许多不足。越南作为一个经济快速发展的国家，电子商务也在蓬勃发展，网上支付、移动支付、电话支付等多种支付形式的出现加快了整个产业发展的步伐，推动了越南经济的发展。本文将分析电子支付在越南的发展历程和现状，展望电子支付在越南的发展前景，希望能够为研究越南现代支付方式提供不一样的视角，为促进中越贸易发展提供参考。

【关键词】 电子支付；越南；电子商务

一、电子支付概况

电子支付是指消费者、商家和金融机构之间使用安全电子手段把支付信息通过信息网络安全地传送到银行或相应的处理机构，用来实现货币支付或资金流转的行为。

20世纪90年代，互联网迅速普及，逐步从科研机构走向家庭和企业。互联网的功能也从单纯的信息共享渐渐成为大众化信息传播手段，电子商业贸易活动也应运而生。互联网既降低了成本，也产生了更多的商业机会，电子商务技术从而得以发展，成为互联网应用中不可缺少的一部分。电子支付依托着电子商务的平台，给商家、消费者的网上交易提供保障和便利。随着电子商务的发展，电子支付也在不停地升级，网上支付、移动支付、电话支付等各种形式的出现，加快了整个产业的发展，与此同时也面临着许多

[①] 尹驰，女，汉族，对外经济贸易大学外语学院2019级硕士研究生，研究方向为亚非语言文学区域国别研究。

挑战。

二、越南电子支付

(一) 越南电子支付现状

越南主要的电商平台有 Shopee, Lazada, Thegioididong, Tiki, Adayroi, Sendo。根据 Google 和 Temasek 关于线上市场的数据调查报告，越南在 2018 年时，已经成为东南亚第三大线上市场，电商收入预期能达到 28 亿美元，超过马来西亚、新加坡和菲律宾。这个数字估计到 2025 年能够达到 150 亿美元。根据 Statista 的报告分析，到 2023 年，越南网上购物的用户预计能达到 5 亿。根据越南工商部发布的《2018 年越南电子商务市场报告》的内容，越南已经成为继中国、美国、英国、日本、德国之后的全球第 6 大电商市场。由此可见，越南逐渐成为吸引各国投资者的电子商务市场。然而，越南电商市场仍然还有很多潜力未被完全开发，与之相伴的电子支付也还有很大的进步空间。

从 2010 年至今，各种现代化支付手段以一种势不可挡的姿态进入消费者的生活，电子支付方式不断丰富和发展。除了 VISA, MasterCard, Paypal 之外，还有许多运用了现代科技的支付方式，比如扫码支付、近场通信支付、销售终端系统、网上银行、移动手机支付等。越南常见的电子支付方式如下：

信用卡和借记卡：自 1996 年越南市场第一次发行银行卡以来到 2016 年，48 家银行卡的发行量达到了 1.06 亿，比起 2010 年底，六年间翻了三四倍。其中借记卡占比 90.66%，信用卡占比 3.53%，储蓄卡占比 5.81%。现在除了存取款、转账等业务，各个银行也积极发展银行的电子业务，比如电子货币、网购、缴纳各项费用等。

电子转账：使用电子通信设备将现金从一方转到另一方，在越南比较常见的是 Mobipay，因为其具有"中间"性质。比起其他的支付方式来说，其优势并不是很突出。因此电子转账的功能在越南并不普及。

电子钱包：越南的电子钱包最早出现于 2008 年，现在也有很多企业对电子钱包进行开发。最近几年电子钱包在越南发展迅速并且普及度较高，比如 MOMO, Viettel Pay 等，使用电子钱包只需要创建账户，在里面存上一定量的钱（通过银行转账或者电话充值卡的方式）。电子钱包可以让使用者通过手机来管理和操作。因为其便利性，电子钱包在越南，尤其在年轻人中，较受欢迎。但是根据越南国家银行的数据，现在市场上主要只有 Payoo, MoMo, Mobivi, Ngân Lượng 等 9 种电子钱包。虽然 38 家银行加入了电子钱包的建设，但整体仍处于较为初级的阶段。

手机支付：由于近年来智能手机的快速发展，平均每个越南人持有一至两部智能手机。在接下来的几年里，手机将会成为一个更为普遍的支付工具。消费者可以更为便利地实现手机支付。越南现在有 37 家银行提供手机支付业务，手机可以通过手机银行来实现交易，能更显著地提升消费者的使用感。

银行转账：是通过银行将款项从付款单位划到收款单位的支付方式，可以通过银行直接交易，或者通过 ATM 进行交易。因为银行转账在收到货物前就要完成转账行为，所以在选择这个方式时，要选择有威信力的公司和企业，在商业活动中具有一定风险。

国际银行卡支付：越南主要的国际支付系统有 VISA、MasterCard、American Express、Diners Club/Discover（美国）、Union Pay（中国）。国际支付系统的完善有助于越南发展旅游业，促进外国的个人和企业在越南的消费和投资，为越南更好地融入全球化进程提供条件。

然而越南还有相当一部分人使用货到付款的功能。在越南，近 90%的消费者更喜欢使用现金，网购时比起使用电子支付更愿意选择货到付款的支付形式，这也在一定程度上反映了越南消费者的支付习惯和消费观，以及越南电子支付的发展、普及情况。网购作为一种非常便利的电子购物方式，却在结账时面临"非电子化"的挑战，这要求越南在普及网购的同时，也要加快电子化支付进程的发展要求。

越南国家银行的统计数据显示，2019 年第一季度，移动支付笔数及网络支付笔数猛增。网络支付笔数同比增长近 70%，金额增长 13.4%；移动支付笔数同比增长 97.7%，金额增长 232.3%。从数据中可以看出，越南移动支付和网络支付发展迅速，但此前越南的移动支付和网络支付笔数的基数不大，相较于这些年蓬勃发展的电子支付大环境，越南电子支付发展相对滞后和缓慢。并且移动支付的笔数和金额比起网络支付增速要快，这也是现代社会发展的一个趋势。手机在现代人生活中扮演的角色越来越重要，手机拥有的便捷性使得各行各业纷纷瞄准智能手机市场。电子支付移动化是电子支付的大势所趋，也是电子支付的未来。

越南的人口结构中，青年人占比较多。青年人对于网络和电子支付的接受度较高，拥有较强的购买欲和消费能力，是越南使用电子支付人群中的主力军。但是如何在巩固原有的青年人客户群体的同时，在其他不同年龄层中普及网购和电子支付，这就要求简化程序和加大宣传。简化网购和电子支付程序，需要技术开发上的支持，如何能够为消费者提供更加智能、便利、安全的支付环境，满足不同人群的诉求，是电子商务工作者的首要工作。其次，加大宣传和普及电子支付力度，使电子支付能够走进中老年人的生活，使"智能化"惠及更广大人民群众，提高电子支付效能。

越南电子支付占总支付的比重逐年上升。越南工商部发布的报告显示，越南在2018年电子支付的比重上升，"无纸化"支付得到更加深入的推进。然而越南"无纸化"支付的推进速度相对于其拥有的巨大潜能和市场，仍然无法发挥出应有水平，纸质货币在现实生活的支付活动中，仍然处于主导地位。

越南电子支付在跨国贸易中占有相当重要的地位。越南依托世界全球化发展，以及东盟的区域发展的地缘优势，要利用好《全面与进步跨太平洋伙伴关系协定》和与欧盟签署自由贸易协定和投资保护协定的机会，发展好和地区及其他国家的电子商务往来，进一步推进越南电子支付的"国际化"，提高越南在经济上融入国际社会的速度和效率，使电子支付更好地服务于越南经济。

电子支付相关的基础设施建设也在不断完善，截至2017年，越南有53个组织发行并且使用银行卡，POS 机也飞速普及。根据越南国家银行统计数据表明，截至 2016 年 12 月底越南全国有 17472 个 ATM 机，有超过 26427 个 POS 机。这大大方便了使用银行转款和刷卡结账的商户和民众，加快推广越南电子支付进程。然而越南支付服务的基础设施分布不均匀，地区间、城乡间差异较大。ATM 机、POS 机在城市数量较多，集中于超市、商业中心、商店、酒店等，山区和农村人民在使用 ATM 机和 POS 机时面临着许多不便。

（二）越南电子支付相关法律保障

2010年，《越南国家银行和信用组织法》关于相应转变支付行为的提议得到补充。除此之外，一些相关的其他规定，比如《电子交易法》《防洗钱法》等，也为建设越南早期电子商务的系统和完善相关法律法规，提供重要参考和保障。

2012年《关于使用非现金支付的决议》中指出，要促进以电子支付代替现金的发展要求，包括使用电子支付手段，使用第三方电子支付服务，并且要组织、领导、监管支付系统。该文件的出台，体现了越南在宏观上对电子支付的普及和推动所起的积极作用，明确了国家对于电子支付领域的重视，对于电子支付的相关领域的发展提出了要求。各地依据《关于使用非现金支付的决议》，也颁发不少适合于本地区具体发展状况的政策，体现了越南发展电子支付的必要性和迫切性，能够更有效率地引导和监督越南电子支付的发展。该决议的"地方化"，能促使各个地方的非现金支付符合当地发展状况，因地制宜地走出属于自己的电子支付之路。在这个过程中，要充分发挥好国家统筹全局、协调各方的功能，贯彻落实国家的政策，发挥社会主义制度的优越性。

2017年5月，中国与越南签署了《电子商务合作谅解备忘录》，建立了良好的电子商务交流合作机制，是越南开展跨境电商建设的重要举措。中国与越南同为电子商务大国，中国是越南友好邻国，也是越南坚实的合作伙伴，拥有巨大的市场。越南加强与中国的电子商务合作，不仅能够促进两国电子支付的发展，也能为越南和其他国家、世界的电子支付的发展提供重要借鉴和参考。

（三）越南电子支付发展的优势和限制

越南革新开放之后，经济发展速度让世界瞩目，也为电子商务和电子支付的发展提供了必要条件。越南的电子支付种类多样，形式多元，越南消费者和经营者可以有多种选择，有利于促进消费，并且促进电子支付的发展。越南政府也通过颁布相应的政策法规，不断丰富越南电子支付的内容，保障电子支付发展的环境稳定，支付安全。越南人口结构呈"年轻化"的特点，年轻人是社会消费的主要力量，也是智能化和电子化进程中的主导群体，更容易接受电子支付这一支付形式。越南积极发展跨境电子贸易、跨境电商，使用电子支付，能够提高效率、降低成本、增强合作。互联网和多种多样的电子设备在消费者中扮演越来越重要的角色，如何运用现代支付手段进行交易，保障交易安全、信息安全，提高电子支付在农村和山区的普及率，也是越南国家银行关心的问题。越南国家银行在电子支付上，为越南电子支付的发展提供了强有力的保障并且积极丰富电子支付内容。这使电子支付的优势惠及普通民众，能够有效促进本国人民使用电子支付手段，促进消费，拉动内需，活跃各个经济要素。

但我们也要看到，越南许多民众仍然保留传统的现金支付习惯，电子支付的快捷性、安全性、优越性没有得到体现，越南应该加大电子支付多样化的宣传和普及力度，使电子支付的优点真正惠及人民。除了消费者不习惯使用电子支付方式，就经营者，尤其是一些规模较小的经营者而言，仍有许多经营者因为种种原因选择现金交易，而不是更为直观的电子支付方式。我们还应当意识到电子支付是一个服务链条，越南应该要提高服务链条上各个环节的服务意识，使电子支付更好地为促进越南经济增长提供帮助。越南过分依赖国外的第三方支付平台，本国的第三方支付平台缺乏竞争力，缺乏相应的技术水平。越南相关技术人员还很匮乏，难以建立自主开发、富有竞争力的第三方支付平台。越南本土第三方支付平台在面临着世界上许多发达国家体量巨大、发展成熟的第三方支付平台时，发展压力之大不言而喻。越南几个大的电商平台都是国外开发的电商平台，不是越南本土的电商。其背后的大投资者多来自国外。这样虽然能够在某种方面上促进越南电子商务的发展，但是也受限于外国资本，对外国资本依赖过强，不利于本国电商和电子支付发展。越南电子商务发展的局限，限制了电子支付的发展步伐，电子支付是依托于电子商务进行发展的，无法超出电子商务的发展来实现"超前发展"。

三、越南电子支付的发展前景

在过去的几年里，电子商务稳定发展，增速快、增幅大。电子商务不仅仅面对国内市场，面向国外市场的开发也尤为显著。我们有理由相信，在未来几年里，越南电子支付能够保持快速稳健的发展势头。但是越南电子商务缺乏自主能力，在贸易和技术上依赖国际市场，依存度高。当今社会是信息化、电子化的时代，如果想要在激烈的国际贸易中增强自身竞争力，就务必要加强发展电子商务。而电子支付依托着电子商务的发展而发展，电子支付的发展与电子商务的发展密不可分。如何通过完善电子支付来促进电子商务的发展，从而为越南经济的发展做出贡献，是非常重要的课题。在这样的大背景下，越南电子支付的未来应该会有以下几个特点：

（一）加强电子支付领域人才培养

科学技术是第一生产力，而人才是科学技术发展的核心。越南须加强人才培养。越南电子支付领域相对人才匮乏，缺乏专业性和技术性，为电子支付的技术人员设置的培训机构数量少，水平较低，本国高素质人才流失严重。如何使本国高素质人才"回流"，提高电子支付行业薪资和平台吸引力，是越南电子支付产业"自主化"的重要前提。另外，电子支付具有服务性质，在这个过程中所有的从业人员都致力于为使用电子支付的人提供更好的服务。但是越南相关服务人员水平欠缺，意识不强，使越南电子支付服务体系仍然存在较大进步空间。

（二）越南电子支付发展环境将得到改善

随着越南加快国际化的进程，越南的电子商务和电子支付环境也将继续改善。越南应完善越南的经济环境、营商环境和电子商务发展环境，为越南电子支付提供良好稳定的发展环境。尤其要提高电子支付的安全性，加强对于企业、个人、平台的正确引导，建立健全电子支付安全机制。越南国家银行提议，将外资在本地电子支付公司中的持股比例限制为49%，而目前越南对外资电子支付公司的所有权没有限制。此举在鼓励外资的同时，也确保了本国电子支付行业拥有更大自主权，如果该提议通过，越南电子支付行业应当会发生巨大的改变。因此，越南应加强与境外优秀的电子支付平台合作，积极吸引外资，但优先发展和完善本国电子支付应当是重中之重。越南应利用好全球化背景下的条件和机会，稳定国内外环境，开拓更大市场，与全球各个国家和地区积极进行经济合作，加快越南融入全球化的步伐。与越南巨大的市场潜力相比，越南的电子商务显然还未能有与其相适应的发展水平。越南政府还应加强政策支持，加大执行力度，完善相关法律法规，通过减税、补贴等手段，鼓励经营者使用电子货币，推进越南普及"无纸化"支付进程。

（三）工业 4.0 发展助力电子支付发展

当今世界正处于工业 4.0 发展大潮中，越南也迫切需要抓住工业 4.0 的机会，实现经济结构转型和产业升级。在工业 4.0 发展的大背景下，越南的经济也将迎来前所未有的发展势头。工业 4.0 必定会促进互联网产业化的发展和电子技术的进步和普及，从而推动越南电子支付产业的发展。越南电子支付将借力经济、技术，打出高质量发展的组合拳。

四、结语

越南在过去几年中，电子支付发展迅速且稳定，各种电子支付方式极大地丰富了人们的支付行为，但也存在着许多不足。电子支付的发展相较于迅猛发展的越南经济和电子商务来说，总体有些滞后，如果越南在接下来的时间里，有针对性地改善电子支付发展环境，加快培养高水平从业人员，完善相关法律法规，加强宣传力度，一定能够使电子支付在促进越南电子商务和经济发展的进程中，发挥更大的作用和潜力。

参考文献

［1］吴崇伯，姚云贵. 东盟的"再工业化"：政策、优势及挑战［J］. 东南亚研究，2019（4）：50—71，154—155.

［2］BỘ CÔNG THƯƠNG. Báo cáo Thương mại Điện tử Việt Nam 2014 [EB/OL]. (2014-05-11) [2019-11-01]. https://www.moit.gov.vn/tin-chi-tiet/-/chi-tiet/bao-cao-thuong-mai-%C4%91ien-tu-2014-104770-22.html.

［3］CHÍNH PHỦ. Nghị định số 101/2012/NĐ-CP ngày 22/11/2012 của Chính phủ về Thanh toán không dùng tiền mặt [EB/OL]. (2012-11-12) [2019-11-01]. http://vanban.chinhphu.vn/portal/page/portal/chinhphu/hethongvanban?class_id=1&_page=1&mode=detail&document_id=164943.

［4］CHÍNH PHỦ. Nghị định số 80/2016/NĐ-CP sửa đổi, bổ sung một số điều của Nghị định số 101/2012/NĐ-CP ngày 22/11/2012 của Chính phủ về Thanh toán không dùng tiền mặt ban hành ngày 1/7/2016 [EB/OL]. (2016-07-01) [2019-11-01]. http://vanban.chinhphu.vn/portal/page/portal/chinhphu/hethongvanban?class_id=1&_page=1&mode=detail&document_id=185464.

［5］CHÍNH PHỦ. Nghị định về thương mại điện tử [EB/OL]. (2013-05-16) [2019-11-01]. https://thuvienphapluat.vn/van-ban/Thuong-mai/Nghi-dinh-52-2013-ND-CP-thuong-mai-dien-tu-187901.aspx.

［6］CHÍNH PHỦ. Nghị quyết số 36a/NQ-CP về Chính phủ điện tử được Thủ tướng Chính phủ ký ban hành ngày 14/10/2015 [EB/OL]. (2015-10-14) [2019-11-01]. http://vanban.chinhphu.vn/portal/page/portal/chinhphu/hethongvanban?class_id=2&_page=1&mode=detail&document_id=181767.

［7］Dương Hồng Phương. Từng bước hoàn thiện khuôn khổ pháp lý cho quản lý hoạt động thanh toán qua ngân hàng [J/OL]. (2013-03-06) [2019-11-01]. https://www.sbv.gov.vn/webcenter/portal/vi/menu/rm/apph/tcnh/tcnh_chitiet?leftWidth=20%25&showFooter=false&showHeader=false&dDocName=CNTHWEBAP01162515258&rightWidth=0%25&centerWidth=80%25&_afrLoop=6434077163306297#%40%3F_afrLoop%3D6434077163306297%26centerWidth%3D80%2525%26dDocName%3DCNTHWEBAP01162515258%26leftWidth%3D20%2525%26rightWidth%3D0%2525%26showFooter%3Dfalse%26showHeader%3Dfalse%26_adf.ctrl-state%3Dawfubqxjr_95.

［8］NGÂN HÀNG NHÀ NƯỚC VIỆT NAM. CHỈ THỊ VỀ VIỆC TĂNG CƯỜNG ĐẢM BẢO AN NINH AN TOÀN TRONG THANH TOÁN ĐIỆN TỬ VÀ THANH TOÁN THẺ [EB/OL]. (2017-01-10) [2019-11-01]. https://thuvienphapluat.vn/van-ban/tien-te-ngan-hang/Chi-thi-03-CT-NHNN-ve-dam-bao-an-ninh-an-toan-trong-thanh-toan-dien-tu-va-the-nam-2017-346953.aspx.

［9］NGÂN HÀNG NHÀ NƯỚC VIỆT NAM. THÔNG TƯ HƯỚNG DẪN VIỆC MỞ VÀ SỬ DỤNG TÀI KHOẢN THANH TOÁN TẠI TỔ CHỨC CUNG ỨNG DỊCH VỤ THANH TOÁN [EB/OL]. (2019-03-08) [2019-11-01]. http://vbpl.vn/nganhangnhanuoc/Pages/vbpq-toanvan.aspx?ItemID=44187.

［10］Vũ Văn Điệp. Tổng quan về thanh toán điện tử tại Việt Nam [J/OL].

(2017-01-20) [2019-11-01]. http://www.tapchicongthuong.vn/bai-viet/tong-quan-ve-thanh-toan-dien-tu-tai-viet-nam-51078.html.

工业 4.0 背景下越南经济发展导向及其对我国投资和出口的启示

对外经济贸易大学 廖婕妤[①]

【摘　要】 21 世纪，世界悄然迈入工业 4.0 时代。新兴的科学技术给各国带来了巨大的机遇，同时也给各国尤其是各发展中国家造成了不小的压力。越南作为一个新兴经济体，将"工业化、现代化"作为国家的发展目标。近几年来，越南政府十分重视在第四次工业革命下本国的经济发展与改革创新，出台了许多相关政策以期能充分利用工业 4.0。本文将围绕"工业 4.0"这一关键词探讨越南经济的政策导向、发展现状和前景展望，为我国对越投资和出口提出探索性建议，希望为推动中越两国经贸关系的发展提供参考。

【关键词】 工业 4.0；越南；投资出口

一、工业 4.0 的概念和世界的发展趋势

（一）工业革命的发展历程及工业 4.0 的概述

工业 4.0 通常又被称为第四次工业革命，在此之前人类经历了三场技术性变革。第一次工业革命发生在 18 世纪 60 年代到 19 世纪中期，其标志是蒸汽机的出现，因此又被称为蒸汽机革命。蒸汽机直接影响了纺织业、机器制造业的发展，并被应用在了汽车、火车等交通工具上。第二次工业革命发生于 1870 年到 20 世纪初期，也被称为电气革命。电力在生产和生活中开始得到广泛应用，使工业领域发生了根本性变革，为接下来世界的进步和发展奠定了基础。第三次工业革命又被称为计算机革命，时间从 20 世纪中期到

[①] 廖婕妤，女，汉族，对外经济贸易大学外语学院 2019 级硕士研究生，研究方向为亚非语言文学越南区域国别研究。

21 世纪为止。计算机技术大幅度提高了生产力,使信息传输变得便捷,国际间的联系越发紧密起来。[1]

如今,人类已经迈入了第四次工业革命即工业 4.0 时代。"工业 4.0"这一概念最早由德国提出。早在 2006 年,德国联邦政府就通过了名为《未来项目:"工业 4.0"》的战略文件,旨在提高德国作为经济技术强国的核心竞争力。2013 年,在德国举办的汉诺威工业博览会展会期间,"工业 4.0"的概念大受关注。

现在随着各国研究的深入,"工业 4.0"这一概念已经不仅仅是德国的发展战略了,世界各国都正在积极地参与。从工业革命的发展历程我们可以看出,每一次工业革命完成所需的时间越来越短,世界正在发生快速而又深刻的变革。正因如此,第四次工业革命给世界各国都带来了压力。发达国家希望发挥已经积累的经验和技术,充分利用工业 4.0 在全球经济增长中继续保持已有的优势甚至是扩大自身的优势;发展中国家则希望能够把握住这次历史性的机遇,缩小与发达国家的差距,在国际上占有一席之地。

(二)越南在前三次工业革命进程中的发展状况

尽管第四次工业革命才刚刚起步,但前三次工业革命的积累或多或少也会影响到一国在这场战斗中的发展。越南作为一个发展中国家,前三次工业革命中打下的基础较为薄弱。

第一次工业革命发生时,越南处于封建王朝末期,封建统治岌岌可危。当时,越南仍以传统的小农经济为主,尚未意识到在遥远的西方已经开始了一场轰轰烈烈的技术性革命,更不清楚这场革命的重要性,在懵懵懂懂中错失了第一次工业革命。第二次工业革命时期,越南沦为法国殖民者的原料产地并提供了大量的廉价劳动力。尽管当时法国购置了机器并输向越南,但法国并不是想发展越南的工业,而是借此为自己谋取更大的利益。第三次工业革命时期,越南处于连绵的战乱之中,国内的经济处于困难甚至停滞状态,连战争所需物资都需要他国进行援助,因此也未能搭上这辆发展的快车。

随着南北统一和国内局势的逐步稳定,越南开始大力发展经济。自 1986 年革新开放以来,越南的经济增长逐渐稳定。近几年来,其取得的经

---

[1] 明科. 工业革命 4.0 是什么[N]. 越南质量报,2018-10-02.

济成就在世界尤其是东南亚地区备受瞩目。但越南主要依靠劳动密集型和资源密集型产业来拉动增长，如纺织、电子组装和采矿业等。经济发展中的科技含量低，处于国际产业链下游，新兴产业布局尚待形成。在工业 4.0 的大浪潮下，越南政府也意识到了工业 4.0 对越南未来持续发展经济的重要性，针对工业 4.0 出台了不少相关政策，以期本国能够对工业 4.0 加以充分利用来保持稳定的经济发展。

二、越南应对工业 4.0 的政策导向

越南把发展科学技术，提高教育水平作为国策，认为它们是拉动现代生产的关键动力。目前越南致力于提高本国的科技潜力，建设革新创新体制来发挥个人、组织和企业的创造力。政府鼓励并为企业的创新研究提供支持。接下来可以通过这几年具体的文件和指令来了解越南应对工业 4.0 的政策导向。

越共十二大开始，科学技术的重要地位进一步凸显。越共十二大明确提出了大力发展科学技术的目标：奋斗到 2020 年，越南的科学技术达到东盟一些前列国家的发展水平；到 2030 年，国内部分领域达到世界先进水平。发展和应用科学技术在各个领域的投资中处于优先地位。[①] 为了更好地实现这一目标，2017 年 5 月 4 日越南政府又颁行了 16 号指示。指示要求各部门、各行业和各地方集中指导并落实各项方针任务，保证在基础设施和信息技术人才方面有实质性的进展。指示还提出了发展数字化基础设施，优先发展智慧工业、智慧农业、智慧旅游、智慧城市等。[②] 越南政府颁布 16 号指示旨在更加具体和切实地指导企业参与工业 4.0，抓住工业 4.0 带来的机遇，削弱其造成的消极影响。

2018 年，越南政府举办了"在第四次工业革命背景下制定具有突破性的发展愿景和战略"高级论坛。本次会议是为越南在第四次工业革命中明确

---

① 越南共产党. 第十一届中央委员会第十二次全国代表大会政治报告 [N]. 越南共产党电子报，2016-03-31.

② 越南政府信息门户. 政府总理 16 号指示：增强参与第四次工业革命的能力 [EB/OL]. (2017-05-04) [2019-10-15]. http://vanban.chinhphu.vn/portal/page/portal/chinhphu/hethongvanban?class_id=2&mode=detail&document_id=189610.

行动方向和制定国家战略提供服务。在论坛上，越南提出了在工业 4.0 中为每个部门和行业制定具体政策的目标。除此之外，论坛期间还举行第四次工业革命大趋势、智慧城市、智慧生产、智慧农业、金融领域的新进展 5 场专题研讨会，增进了越南对第四次工业革命的了解。在本次高级论坛前夕，时任越南总理阮春福表示："政府将集中为数字经济、智慧产业发展完善有关体制、机制、政策和法律。在行政手续改革中大力应用信息技术，建设电子政府、提供在线公共服务。建设配套的基础设施。集中投资现代化配套设施，与国家信息基础设施系统互联互通。"①

2019 年，越南计划投资部公布了第四次工业革命国家战略草案，提出拟于 2025 年以前成立 5 家市值 10 亿美元的科技公司，至 2030 年增至 10 家。根据草案，到 2025 年，用于研发的社会总投资额预计占 GDP 的 1.5%，届时在工业领域优先发展产业的专利数量方面，越南将跻身全球前 30 强。此外，越南计划于 2025 年成立至少 5 家公司，到 2030 年成立 10 家公司，其使用工业 4.0 技术或新一代技术如 5G、物联网、人工智能、数据分析等生产的产品和提供的服务能够出口至七国集团（即美国、英国、德国、法国、日本、意大利和加拿大）。越南期望到 2025 年，20%的公司可使用工业 4.0 技术，并计划到 2030 年将这个比例提升至 40%。在工业领域优先发展产业中，能够应用至少一种工业 4.0 技术的企业，在 2025 年比例将达到 25%，到 2030 年达到 50%。技术转型优先发展的领域包括公共管理、公共设施、医疗保健、教育、制造业、农业、物流、贸易、信息技术、金融等。越南力争国家创新能力能得到提高。②

可以看到，近几年来越南政府十分重视第四次工业革命。在政府出台的相关文件和政策中，既有整体目标也有具体规划。工业 4.0 已经被纳入了越南国家战略之中，政府鼓励企业积极学习和研究第四次工业革命中的先进技术，政府还利用体制、政策、法律等为企业的发展提供便利。

---

① 秋华. 越南关于第四次工业革命的突破性愿景和战略[N]. 越南之声广播电台，2018-07-13.

② 驻越南经商参处. 越南第四次工业革命国家战略草案设立宏伟目标[EB/OL].（2019-08-09）[2019-10-15]. http://www.mofcom.gov.cn/article/i/jyjl/j/201908/20190802889232.shtml.

三、工业 4.0 背景下越南的经济发展

（一）总体情况

工业是越南经济发展中重要的经济部门，近年来对越南 GDP 的增长做出了巨大的贡献。2018 年，工业的增长速度达到了 8.79%。越南工业产品的出口也比较强劲，货物出口额达到了 2447 亿美元。①越南的工业产业结构朝着积极的方向转变，加工和制造业所占份额增加，采矿业比例下降。比如电子产业、通信信息、能源和设备制造等，这些为越南工业持续健康发展打下了基础。越南国内也形成了一批有潜力的工业企业。比如说生产和组装汽车的 VinGroup；在钢铁和金属领域的 Lien Hoa, Pomina 等。这些较大规模的国内企业为越南工业的进一步发展释放出了有利信号。

越南农业保持稳定并且有转型的趋势。2018 年，越南在出口农产品方面列东南亚排名第二，共有 18 家农业加工厂建成并投入运营；为 1400 多种产品建立了 10096 条食品安全链，组织了多个农产品推广论坛。时任总理阮春福表示在农业发展中要重视科学技术的应用，优先考虑发展和应用高科技和生物技术，充分利用第四次工业革命、人工智能和大型数据库的成果，应密切关注天气和灾害的发展，积极应对自然灾害。②目前越南很多应用农业高科技的模式取得了成功。如越南后江省已经采取了多方面的措施从化学农业改变为有机农业，应用现代科技于农业生产以保护环境和改善当地农民的生活。这是越南在农业上应用工业 4.0 技术的尝试。

（二）越南应对工业 4.0 的优势

第四次工业革命中的绝大部分技术都是在数字化的基础上发展起来的，体现了信息技术的重要性。工业中许多物联网应用，如外科手术机器人、无

---

① 越南统计局. 总观越南 2018 年经济社会情况 [EB/OL]. （2018-12-28）[2019-10-15]. https://www.gso.gov.vn/default.aspx?tabid=382&idmid=2&ItemID=19041.

② 驻越南经商参处. 越南总理提出越南应成为前 15 大农业发达国家 [EB/OL]. （2019-01-07）[2019-10-20]. http://vn.mofcom.gov.cn/article/jmxw/201901/20190102824385.shtml.

人驾驶汽车等都需要高速数字化的帮助。尽管越南是一个发展中国家，但越南在通信领域的发展势头良好。越南的优势在于，其移动用户的密度远远超过了东盟地区收入水平相似的国家。目前，越南的 4G 覆盖率已经达到了 95%。同时，越南目前已经展开了 5G 建设。

越南在 IT 领域的劳动力呈现年轻化趋势，教育情况也相对较好，这是有利于工业 4.0 发展的基础。IT 公司高度评价越南的劳动力，这已成为众多越南 IT 公司扩大业务，以及众多外国公司在越南建立研发中心的重要因素。但越南仍缺乏具备管理能力的工程师。近年来，越南的创新生态系统得到大力发展，拥有大批量的大型 IT 公司，许多龙头企业已经投资工业 4.0 技术，主要集中在云计算和数据分析领域。①

2019 年，政府总理正式批准建立越南国家创新中心。国家创新中心的目标是吸引 40 家大型科技公司，以及 150 家初创公司/中小型企业和 15 家风险投资基金。初期国家创新中心将会致力于网络安全、数字内容、智能制造和智慧城市等领域的建设。② 国家创新中心正式建成后将会为越南提供更多的智力支持。

（三）越南在工业 4.0 背景下发展经济的困境

目前限制越南发展的主要有以下三个原因：

一是总体创新能力仍然有限，劳动者素质不高。尽管越南当前工业发展势头良好，但越南参与第四次工业革命的能力不高。在科学技术方面，越南的先进技术发展水平相对低下并且各项技术发展不均衡。尽管越南政府一直在鼓励创新，但由于越南的科学技术较为薄弱，难以短时间内提高。在人才培养上，目前越南以素质较低的劳动力为主，国内的高等教育尚未能满足工业 4.0 发展的要求，导致缺乏一批具有创新能力的研究人员。

二是企业所做的准备不足。尽管越南在国家层面意识到了应该加快追赶

---

① 驻越南经商参处. 越南第四次工业革命国家战略草案设立宏伟目标［EB/OL］.（2019-08-09）［2019-10-20］. http://www.mofcom.gov.cn/article/i/jyjl/j/201908/20190802889232.shtml.

② 越南人民军队. 政府总理正式批准成立国家改革创新中心［N］. 越南人民军队网，2019-10-04.

工业 4.0 的步伐，但在具体实施上，越南的大部分企业还没有做好应对第四次工业革命挑战的准备。越南工商部的调查显示，绝大部分的越南工业企业还没有达到第四次工业革命的要求。85%的企业正徘徊在第四次工业革命之外，13%的企业正处于起步阶段，只有 2%的企业具备参与第四次工业革命的基本能力。在考察的企业中有五分之四的企业还没制定应对工业 4.0 的计划，其中三分之一的企业提到不知道应该怎么做。同时，该调查还显示，工业 4.0 中的先进技术在越南企业中的应用程度还比较低。根据数据排行，只有大数据计算和设备的数字联通应用率较高，在 10%以上；其他技术的应用率还比较低。规模和企业所有制也会对企业在工业 4.0 中的参与度造成差异。其中，大型企业参与第四次工业革命的比例相对较高。拥有设备、规模、工业技术的国有企业，工业技术的使用率也比外资企业和私人企业高。①

三是产业结构有待优化。越南的产业结构给越南经济的转型升级造成了阻碍。越南以一些比较简单、机械的劳动密集型产业为主，这类产业积极主动对接工业 4.0 的能动性不高。一是其参与工业 4.0 的难度比其他产业大，工业 4.0 对这些企业也提出了很高的要求；二是一旦这类企业转型升级，越南大量劳动者将会面临失业的风险。毫无疑问，工业 4.0 将会影响到越南几乎所有的行业，但影响最大的是纺织和电子组装这类劳动密集型产业。②

四、给中国投资出口带来的启示

（一）投资

中国和越南之间贸易往来密切，两国之间进出口贸易额总量巨大。目前

---

① 越南工贸部. 评价越南工业领域中的企业应对第四次工业革命的准备［EB/OL］.（2019-02）［2019-10-28］. https://www.vn.undp.org/content/dam/vietnam/docs/Publications/Full%20report%20on%20IR4.0%20Readiness%20final%20VN%208%20Jan%2019-formated.pdf.

② 越南工贸部. 评价越南工业领域中的企业应对第四次工业革命的准备［EB/OL］.（2019-02）［2019-10-28］. https://www.vn.undp.org/content/dam/vietnam/docs/Publications/Full%20report%20on%20IR4.0%20Readiness%20final%20VN%208%20Jan%2019-formated.pdf.

中国是越南最大的贸易伙伴，越南是中国在东盟内最大的贸易伙伴。但就投资来讲，中国对越南投资与中越之间的进出口贸易额并不相匹配。根据越南计划投资部外国投资局，2018 年共有 112 个国家和地区在越南投资，排名前三是日本、韩国和新加坡，占比分别为 24.2%、20.3%和 14.2%。[1]中国在越南投资的领域主要是劳动密集型产业如纺织和鞋类等。但随着越南劳动力成本的上升，越南这一优势也会渐渐丧失。同时随着越南国家第四次工业革命战略的推进，越南对外国投资优惠政策也会产生倾向性。

根据越南最新颁布的 50 号中央决议，越南政府将会为符合越南发展趋势、靠近先进国际标准的外国投资来完善体制和政策。决议表示要有选择地主动吸引高质量、有成效、高技术的外国投资，环境保护是重要的评判标准。政府会优先批准具有先进技术、清洁技术、管理现代、附加值高，可以与全球产业链互联互通的项目。在高新技术领域外国投资可以享受税收和土地优惠等。[2]

在越南的政策导向下，中国企业可以适当地调整对越的投资结构，在越南布局一些新兴产业。以韩国三星为例，三星在越南不仅开办了大规模的生产工厂，还在越南设立了研发中心，同时三星拟购买越南的第二大高科技公司 CMC Technology Group 25%的股份，两家公司将在人工智能、物联网、云计算和信息安全等领域开展合作。越南支持具有科学技术的外国投资者来越南投资，因此中国一些中高端产业一方面可以利用当前越南的政策来减少企业成本，另一方面还可以利用越南的区位优势，将自己的影响力辐射至东南亚。

---

[1] 越南计划投资部外国投资局. 2018 年吸引外资情况［EB/OL］.（2018-12-25）［2019-11-01］. https://dautunuocngoai.gov.vn/tinbai/6108/Tinh-hinh-thu-hut-Dau-tu-nuoc-ngoai-nam-2018.

[2] 越南共产党电子报. 政治局第 50 号中央决议［EB/OL］.（2019-08-20）［2019-11-01］. http://tulieuvankien.dangcongsan.vn/he-thong-van-ban/van-ban-cua-dang/nghi-quyet-so-50-nqtw-ngay-2082019-cua-bo-chinh-tri-ve-dinh-huong-hoan-thien-the-che-chinh-sach-nang-cao-chat-luong-hieu-qua-5629.

（二）出口

中国出口到越南的商品以日用品和生产原料为主，产品附加值低。随着越南在第四次工业革命中的参与度不断提高，越南国内对于工业 4.0 先进技术相关的机器和设备的需求也在不断增长。中国应瞄准越南的需求来进行出口产业结构的调整。将中高端产业链的产品如自动化机器人和机械设备出口至越南。一方面是这些产业的附加值高，企业从单位商品中赚取的利润更多；另一方面是越南目前对中高端产品的需求在不断上升，企业可以在越南扩大自己的出口市场。

五、结论

越南正努力将本国的经济发展由劳动和资源拉动转向由技术拉动。可以看出，目前越南经济发展中第四次工业革命的作用还不突出，越南依然还是以传统的模式发展经济。尽管越南政策层面上一直鼓励企业参与工业 4.0，但企业层面的执行并不到位，这是越南目前发展存在的一个问题。

中越两国经贸上的往来密切，越南的经济发展导向以及政策也是我们需要关注的。随着越南政策的调整，传统领域的投资和出口也会受到一定的影响。如何利用当前中国的优势和越南的政策更好地服务对越投资和出口，这是一个值得思考的问题。

参考文献

［1］明科．工业革命4.0是什么［N］．越南质量报，2018-10-02．

［2］秋华．越南关于第四次工业革命的突破性愿景和战略［N］．越南之声广播电台，2018-07-13．

［3］越南共产党电子报．政治局第 50 号中央决议［EB/OL］．（2019-08-20）［2019-11-01］．http://tulieuvankien.dangcongsan.vn/he-thong-van-ban/van-ban-cua-dang/nghi-quyet-so-50-nqtw-ngay-2082019-cua-bo-chinh-tri-ve-dinh-huong-hoan-thien-the-che-chinh-sach-nang-cao-chat-luong-hieu-qua-5629．

［4］越南共产党．第十一届中央委员会第十二次全国代表大会政治报告［N］．越南共产党电子报，2016-03-31．

［5］越南工贸部．评价越南工业领域中的企业应对第四次工业革命的准备［EB/OL］．（2019-02）［2019-10-28］．https://www.vn.undp.org/content/dam/vietnam/docs/Publications/Full%20report%20on%20IR4.0%20Readiness%20final%20VN%208%20Jan%2019-formated.pdf.

［6］越南计划投资部外国投资局．2018年吸引外资情况［EB/OL］．（2018-12-25）［2019-11-01］．https://dautunuocngoai.gov.vn/tinbai/6108/Tinh-hinh-thu-hut-Dau-tu-nuoc-ngoai-nam-2018．

［7］越南人民军队．政府总理正式批准成立国家改革创新中心［N］．越南人民军队网，2019-10-04．

［8］越南统计局．总观越南2018年经济社会情况［EB/OL］．（2018-12-28）［2019-10-15］．https://www.gso.gov.vn/default.aspx?tabid=382&idmid=2&ItemID=19041．

［9］越南政府信息门户．政府总理16号指示：增强参与第四次工业革命的能力［EB/OL］．（2017-05-04）［2019-10-15］．http://vanban.chinhphu.vn/portal/page/portal/chinhphu/hethongvanban?class_id=2&mode=detail&document_id=189610．

［10］驻越南经商参处．越南第四次工业革命国家战略草案设立宏伟目标［EB/OL］．（2019-08-09）［2019-10-15］．http://www.mofcom.gov.cn/article/i/jyjl/j/201908/20190802889232.shtml．

［11］驻越南经商参处．越南总理提出越南应成为前15大农业发达国家［EB/OL］．（2019-01-07）［2019-10-20］．http://vn.mofcom.gov.cn/article/jmxw/201901/20190102824385.shtml．

浅谈东南亚数字经济发展及与中国合作展望

四川外国语大学　崔欣然[①]

【摘　要】数字经济作为实现区域一体化的技术支撑和发展基础，在当前新冠病毒肺炎疫情对传统线下经济造成巨大冲击的情况下，更显出其重要性。东南亚一直是数字经济发展的热点地区之一，疫情过后数字经济的发展进程必然也将进一步加快。而中国作为亚洲数字经济规模第一的国家，必然也会通过与东南亚地区的合作进而带动该地区数字经济的进一步发展。中国与东南亚国家在数字经济方面的合作也是打造"人类命运共同体"，促进互联互通的重要举措。本文将分类分析不同东南亚国家的数字经济发展现状，为中国与东南亚国家未来在数字经济方面的合作提供参考。

【关键词】数字经济；东南亚地区发展；中国与东南亚合作展望

区域一体化作为增强区域治理能力的基础，强调区域内各国家需全面加强政治、经济、文化、外交等方面的合作配合和区域联结，其中，经济一体化又是区域一体化以及加强国家间内在联系的推动力，只有在区域高度一体化的基础上才能让区域治理更具成效。区域联结可以通过一套公共政策参数和指标体系来进行衡量，如《东盟互联互通总体规划 2025》（MPAC2025）就提出通过提升可持续的基础设施、数字革新、无缝物流、优化流程和人员流动五个方面来增进东盟物理性的、机制上的和人际间的区域联结。由此，数字经济就成为实现上述五个方面的技术支撑和发展基础。

数字经济是一个经济系统，在这个系统中，数字技术被广泛使用并由此带来了整个经济环境和经济活动的根本变化。数字经济也是一个信息和商务活动都数字化的全新的社会政治和经济系统。企业、消费者和政府之间通过

[①] 崔欣然，女，汉族，四川外国语大学越南语专业本科在读生，主要研究方向为东南亚地区经济、文化发展状况，中越关系。

网络进行的交易迅速增长。数字经济主要研究生产、分销和销售都依赖数字技术的商品和服务。数字经济的商业模式本身运转良好，因为它创建了一个企业和消费者双赢的环境。尤其是在当前新冠病毒肺炎疫情对传统线下经济造成巨大冲击的情况下，数字经济正改变着我们的生活，使我们在生活和工作中进一步依赖远程医疗、远程办公、电商配送等数字化技术与模式。东南亚一直是数字经济发展的热点地区之一，预计疫情过后，5G 等数字技术产业化、金融法律等传统产业的数字化进程将进一步加快。而中国作为亚洲数字经济规模第一的国家，必然也会通过与东南亚地区的合作进而带动该地区数字经济的进一步发展。中国与东南亚国家在数字经济方面的合作也是打造"人类命运共同体"、促进互联互通的重要举措。本文将分类分析不同东南亚国家的数字经济发展现状，为中国与东南亚国家未来在数字经济方面的合作提供参考。

一、高收入国家——以新加坡为例

上海社科院主编的《全球数字经济竞争力发展报告（2019）》显示，新加坡位列全球第二。从其竞争力内部结构看，新加坡数字创新竞争力得分超越美国；数字治理竞争力得分也远超中国，新加坡在数字治理竞争力上的强势表现是其能反超中国位居第二的重要原因。（见表1）

表 1　全球数字经济国家竞争力评价结果与排名（2018 年）（单位：分）

排名	国家	数字产业	数字创新	数字设施	数字治理	总得分
1	美国	65.99	80.18	69.73	87.85	75.94
2	新加坡	38.35	82.18	52.19	71.12	60.96
3	中国	71.34	51.52	56.97	49.66	57.37
4	英国	32.13	65.37	34.76	74.17	51.61
5	芬兰	16.62	85.54	33.50	64.79	50.11
6	韩国	20.84	68.48	44.72	65.40	49.86
7	日本	21.32	73.45	39.48	63.81	49.51
8	荷兰	21.98	63.62	35.80	76.16	49.39

（续表）

排名	国家	数字产业	数字创新	数字设施	数字治理	总得分
9	澳大利亚	26.07	60.56	37.61	70.08	48.58
10	德国	30.59	70.87	29.63	59.92	47.75
11	瑞典	18.82	69.71	38.17	63.69	47.60
12	丹麦	17.11	64.59	37.50	67.20	46.60
13	挪威	16.77	71.85	39.80	56.00	46.11
14	加拿大	20.52	59.17	33.37	71.30	46.09
15	以色列	24.99	72.97	23.99	59.14	45.27
16	法国	29.23	62.83	25.97	61.86	44.97
17	奥地利	17.45	65.85	30.43	64.31	44.51
18	瑞士	17.97	69.99	32.79	53.57	43.58

资料来源：网络。

（一）智慧城市建设

新加坡是最早推出智慧国家发展蓝图的国家。新加坡开展智慧城市建设以来，重点推进政务、医疗和交通等领域智慧化建设，成为全球范围内智慧城市建设的典范。新加坡基础设施先进，现已在全岛部署了7500多个WirelessSG热点，相当于每平方千米就有10个公共热点，专业的数据中心产业园正在建设中。利用ICT技术，为新加坡的贸易与物流行业提供无缝的连接，实现新加坡空运货品程序的无纸化；打造了新加坡强大的综合医疗信息系统，而这也为本次疫情的快速对接提供了强有力的技术支持。可以看到，智慧城市正在实现新加坡生活方式的智能化，为人们的工作和生活减负。

（二）电子商务

新冠病毒肺炎疫情使得越来越多的新加坡人开始在网上购买商品，各种在线服务的需求大幅增长。

交付时间成为在线服务公司的一大难题。在新加坡居民因恐慌而发生的抢购潮期间，RedMart 和亚马逊的 Prime Now 服务的交付时间比平时更长。Lazada 首席执行官 James Chang 表示，Lazada 已经提升了交付能力，但仍面临巨大挑战。

2019 年，新加坡的互联网经济 GMV[①]在 120 亿美元左右，在线购物平均订单价值比东南亚其他地区高出三到四倍，加上当下的新冠病毒肺炎疫情以及新加坡政府采取的居家隔离政策，预计新加坡的在线购物趋势将继续增长。

（三）数字支付

2020 年 2 月 11 日，总部位于英国的渣打银行已与澳大利亚金融科技初创公司 Assembly Payments 成立合资企业，为全球电子商务行业提供支付解决方案。

新的合资公司将向全球商家推出支付服务以支持商家扩大规模，并解决他们在管理风险、欺诈、整合、报告和对账等方面面临的挑战。

随着世界向基于电子平台的电子商务迈进，对下一代工具和金融包容性的需求不断增长，支付方式已成为许多企业和公司战略投资的重点区域，特别是实时、快速的付款方式和大宗交易。这家新的合资企业将可以为企业客户提供高吞吐量的内向和外向支付服务，帮助全球电商商家扩大规模并解决问题。

同时，总部位于新加坡的东南亚"超级独角兽[②]" Grab 获得超过 8.5 亿美元的融资。其中，日本三菱日联金融集团（MUFG）投资约 7.06 亿美元，日本网络解决方案和系统集成服务提供商 TIS 投资约 1.5 亿美元。本轮融资将用于为东南亚消费者和中小型企业提供创新贷款、保险和财富管理产品及解决方案，也将用来开发东南亚地区的数字基础设施。

（四）小结

新加坡作为东南亚地区唯一的高收入国家，其数字经济发展迅速，在国

---

① GMV: Gross Merchandise Volume，即网站成交金额。
② "独角兽"：估值超过 10 亿美元的初创公司。

际上极具竞争力。新加坡将智慧城市建设作为数字经济发展的重要内容，积极与欧美发达国家寻求合作。新加坡非常重视数字经济人才的培养，是数字经济教育的先行者，注重全新数字技能的劳动力培养以解决数字经济发展面临的人才短缺问题，这些经验都值得中国借鉴与参考。

二、中等偏上收入国家——以马来西亚和泰国为例

（一）马来西亚

2020 年 1 月以来，新冠病毒肺炎疫情以席卷之势迅速传播至世界各地，引发全球性的公共卫生安全危机，马来西亚亦受到不小的影响，这也在一定程度上影响了马来西亚数字经济的发展。与此同时，2 月以来，马来西亚再次遭遇政局动荡，希盟政府倒台，穆希丁政府随之上任。虽然新政府的经济政策尚不明朗，但在当前全球经济不稳定的形势下，预计马来西亚政府将大概率延续前任政府政策，继续大力扶持数字经济产业发展，其前景依然可期。

1. 电子商务

受新冠病毒肺炎疫情和全球经济恐慌情绪蔓延的影响，马来西亚线下经济发展基本停滞，而电子商务却因此得到迅速发展。疫情使"宅经济"异军突起，食品、美容、保健品以及日常用品等网购销售量均有上升趋势，尤其防疫用品如口罩、消毒液、洗手液、消毒纸巾等，交易量激增 200%—500%。

同时，阿里控股、东南亚领先的电子商务平台 Lazada 近期改变传统买卖模式，推出增强现实的"魔镜"（Augmented Reality Mirrors）技术，除了让买家可直接"试穿"衣服，节省排队时间之余，也省下原本预留充当试衣间的空间。自从 2018 年 9 月的卖家峰会后，入驻马来西亚 Lazada 平台的卖家数目增长了 97%。其中吉兰丹州的增长率达 137%，增长率位居全马第一，第二、三位依次是纳闽（121%）和吉打（116%），皆有着显著的增长率。

2. 数字流媒体

2020年2月29日，中国腾讯视频海外版WeTV正式官宣，腾讯视频已在泰国、印尼、越南、印度和马来西亚等多个国家和地区落地，为东南亚观众带来丰富多彩的视频内容节目。

目前，中国流媒体正在加速出海步伐，成为各视频网站新的发展趋势。过去，中国的电视内容主要以内容出口为导向，以输出电视剧和综艺节目为主；如今，内容成为平台在新市场获取用户的关键卖点，而拥有6亿多人口的东南亚就成了中国流媒体的新目标。由于国内竞争激烈且国内视频行业VIP付费市场天花板临近，需要国际市场作为新的增长点，而东南亚市场因地理位置临近和历史上文化的交流，具有审美相近、消费习惯相近、经济发展水平较高的优势。以马来西亚为例，2018年马来西亚人均GDP接近1.12万美元，高于同期中国大陆人均GDP 9800美元，这一数字介于中国沿海一二线城市之间，说明马来西亚民众有足够的购买力和经济实力用于文化消费。

3. 数字基础设施

自2019年以来，在以美国为首的西方国家"围追堵截"下，华为5G科技在全球发展遇到一定阻碍。世界范围内关于是否允许华为参与当地5G网络建设这一问题议论纷纷，许多国家目前仍持观望态度，但马来西亚依然一如既往为华为发声，并计划与华为展开密切合作。

尽管马来西亚意识到了外界的担忧，但未来马来西亚仍将按照自己制定的安全标准来选择5G合作伙伴，不会拒绝与某一家特定公司进行合作，也就是说，马来西亚坚持为华为"开绿灯"，此外，马来西亚计划在2020年4月进行5G频谱招标，总金额达到52.2亿美元。

早在2019年10月，马来西亚就已与华为签订5G发展合同；马来西亚新5G展会上，华为再度受邀参展。5G技术对于马来西亚的经济发展具有强大推动力。目前，政府已确定9个5G技术重点发展领域，包括农业、教育、娱乐、保健、制造、石油及天然气、智能城市、智能交通及旅游。根据马来西亚经济研究院（MIER）的研究，马来西亚未来应增加对于通信基础设施的投资，以达到成为高收入国家的目标。

4. 小结

在许多发达国家纷纷加强外商投资审查、海外并购整体趋势趋于谨慎的形势下，中国企业的投资地域偏好转向明显。马来西亚也希望搭乘中国数字经济发展快车，欢迎来自中国数字化领域及基建能源行业的投资。随着越来越多的中国高科技企业纷纷落户马来西亚，马来西亚数字经济快速发展并在全球保持着较高的竞争力。此外，马来西亚东海岸铁路项目的重启也将释放大量基建需求，其中自然也包括数字基础设施建设的需求。2019年10月，马来西亚时任财政部部长在2020年度财政预算案中宣布成立"中资特别通道"。凡通过该渠道进入马来西亚的中国投资项目最快可在一个月内获得批准，相信这一消息也将大力推动具有高价值、高科技和高影响力的中资企业落地马来西亚，促进双边数字经济合作。

（二）泰国

1. 数字支付

2020年中期，泰国将在与东盟各成员国间的跨境支付服务中使用标准化二维码技术，旨在通过该地区的数字化平台提升金融交易。

泰国《2020年电子支付路线图》以跨境支付和汇款为重点，旨在通过数字化平台促进整个东盟的金融交易活跃度，并进一步推进东盟一体化。在此指引下，泰国各银行都已经制定了用于二维码支付的区域互通性标准，可实现不同地域的跨行支付。

2. 跨境电商

中通快递在泰国曼谷的转运中心已启动试运营，标志着中通在泰国正式起网。目前，中通泰国已建成曼谷、孔敬、彭世洛、素叻他尼4个转运中心。

中通（泰国）将以此次起网试运行为契机，在基础设施投入、网络运营、市场开拓上持续加码，推进中通在泰国服务网络的全面完善，为泰国当地客户提供优质的快递服务。

资料显示，中通快递近年已先后在柬埔寨、缅甸、老挝、越南、泰国布局快递网络，将快递加盟制发展至东盟重要国家。

与此同时，阿里巴巴集团在泰国东部经济走廊自由贸易区（EEC）设立分销中心后，中国卖家可在无需支付进口税的情况下在该中心海外仓中存放热销产品，将大大缩短中国产品向泰国客户的交付周期。

然而，中国产品的快速交付将对泰国本土企业带来巨大压力。面对来自中国的产品日益激烈的竞争，本地中小企业必须调整其商业模式，创造独特的产品和服务来占领细分市场，以避开与跨境电商进口产品的正面直接竞争。

3. 数字基础设施

由于 5G 时代的到来，2020 年将成为泰国的主要转折点，从商业应用来看，5G 将应用到数字经济领域。而 5G 技术广泛应用的前提是政府、工业部门以及人民之间的密切合作。政府部门应促进相关项目立项和投资建设；工业部门应对基础设施和 5G 生态系统开发提供支持；民众则应增进对 5G 新技术的了解。

4. 小结

泰国的数字经济虽发展迅速，但与同区域的新加坡和马来西亚相比仍有一定差距。因而最近几年，泰国政府也已在大力扶持数字经济发展，着力于加强与中国在政策和技术层面的合作，同时也从人民福祉出发，加强与中国电商企业交流与沟通，搭乘中国"一带一路"倡议顺风车，助力本国数字经济发展。

三、中等偏下收入国家——以越南和菲律宾为例

（一）越南

在新冠病毒肺炎疫情下，越南数字经济行业却呈蓬勃发展态势，中资企业赴越投资前景可期。根据谷歌、淡马锡及贝恩公司公布的 2019 年"东南亚数字经济体"报告，越南数字经济规模达 120 亿美元，增速与印度尼西亚一道领跑东南亚地区。报告显示，2019 年越南数字经济规模达 120 亿美元，至 2025 年有望突破 430 亿美元大关，其中，电子商务是发展速度最快的领域，年均增速为 30%，2018 年约达 80 亿美元，预计 2020 年至少达

100亿美元。（见图1）

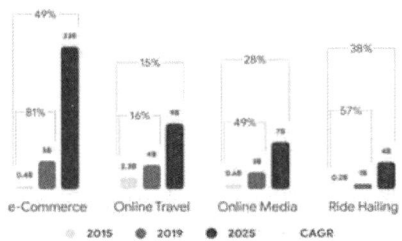
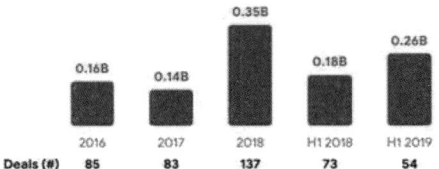

图1　越南数字经济发展现状及展望

资料来源：*E-conomy SEA 2019*, https://www.prnasia.com/mnr/temasek_2019.shtml.

1. 数字经济相关行业

新冠病毒肺炎疫情在世界范围内迅猛发展，多国经济陷入衰退。越南确诊病例也持续增加，服务业及农产品出口等行业遭遇寒冬。疫情笼罩下，人们的生活甚至企业运转纷纷转至线上，越南数字经济相关行业得到迅猛发展。

越南工贸部统计数据显示，受新冠病毒肺炎疫情的影响，越南首都河内各市场的营业额下降50%—80%。同时，部分企业从线上购物中获得的营业额收入却增长了20%—30%。Shopee, Tiki, Lazada等电子商务平台的订单量猛增。各家零售商也推出疫情期间的营销活动，将在超市出售的商品放到网上售卖。

同时，越南的外卖行业也因为疫情期间的隔离措施而得到发展。居民担心外出用餐增加感染风险，餐馆也为了减少聚集而停止堂食，餐饮、外卖行业由此迎来了新的发展机遇，经营模式也得到改造升级。有着"东南亚独角兽"之称的Grab旗下的GrabFood在应用程序中正式上线非接触式配送服务。Grab还鼓励消费者使用Moca电子钱包或信用卡结算以减少客户与餐馆的非必要接触。越南也是继印尼、新加坡、菲律宾和泰国后Grab应用此种支付方式的第五个国家。

数字经济相关行业在疫情影响下的越南经济发展中起到稳定器的作用，增强了经济在疫情冲击下的韧性和弹性，一定程度上保障了居民的生活需求，维系了产业链的运转，此次疫情也将成为越南数字经济相关行业发展的催化剂。

2. 数字支付

新冠病毒肺炎疫情持续蔓延，越南国家银行建议民众减少现金的使用以降低感染风险。包括电子钱包在内的无现金支付方式因而受到大众欢迎。越南无现金支付仅占总支付手段比例的14%，这意味着越南数字支付市场仍有很大发展空间。

2020年3月，Cimigo市场调研发布了一项关于越南电子钱包的调查报告。该项调研对胡志明市和河内市至少使用过一个电子钱包应用程序的505位用户进行了采访。研究表明，Momo, Moca和Zalopay是越南两大主要城市最受欢迎的三款电子钱包应用程序。这三款电子钱包App用户数占电子钱包总用户数的90%以上。越南电子钱包主要被用于转账和手机充值以及公用事业账单、食品配送和租车费用上。电子钱包用户每天的交易频率为1.6—2.2次，每个用户通过电子钱包平均交易23万—27.4万越南盾（约合10—11.91美元）。

可以看出，越南大城市电子钱包支付的使用频率和交易额较高，前景可期。如果中资企业有意愿涉足越南数字支付领域，需注意：由于支付行业品牌黏性等特点，一个对于当地民众而言全新的中资品牌去开拓海外市场可能面临壁垒。

3. 电子商务

受新冠病毒肺炎疫情影响，越南中小企业经营运转困难重重，但它们仍在困境中寻找到了机遇，例如通过电子商务平台出口产品。

阿里巴巴因而成为越南中小企业出口的渠道之一。通过阿里巴巴搭建的平台，卖家有机会向 190 多个国家和地区的约 2.6 亿买家推销自己的产品。越南纺织、鞋类、农产品和手工业等行业的许多企业表示，由于该渠道的拓展，2019 年出口量已实现大幅度增长。

越南拥有人力资源丰富（人口近 1 亿）、互联网用户比例高（60%）、经济发展相对平稳、外国直接投资多等巨大优势，并且在纺织服装、室内陈设和餐饮等行业也具有优势。阿里巴巴越南网站有望在 5 年内拥有 10000 家越南中小企业。

过去，中小企业由于国际化能力有限，很难通过传统渠道向其他地方的消费者宣传其产品，现在，企业利用电子商务平台，就能以低成本轻松进入全球市场。尤其是在当前形势下，中小企业生存困难，电商平台助力其在线拓展市场的作用显得尤为重要。

4. 小结

近几年，数字经济在越南发展迅速，越南政府也在大力培养数字经济人才和扶持数字经济相关产业发展。同时，越南在数字经济发展方面与中国加强沟通和合作，并于 2017 年 5 月同中国签署了《关于成立电子商务合作工作组的谅解备忘录》，进一步扩大了与中国的跨境电子商务合作。然而，数字经济的爆发式发展不仅给越南带来机遇，也带来了不少挑战。除了体制、法律等问题之外，网络信息不安全的风险还存在，对人力资源结构产生的影响也是一个不小的挑战。越南政府必须提供大力支持，持开放态度化解企业的困难，尤其是协助中小型企业集中促进革新创新。克服数字经济中的挑战任重道远，要求多方面的努力与决心，然而，如果抓好机会，数字经济一定会成为越南跨越"中等收入陷阱"的重要动力。

(二)印度尼西亚

East Ventures 发布了《2020 印尼数字竞争力指数(EV-DCI)报告》,该报告旨在分析印尼 34 省及 24 大城市数字经济的增长状况,同时对印尼数字经济发展所面临的机遇与挑战进行分析。(见图 2)

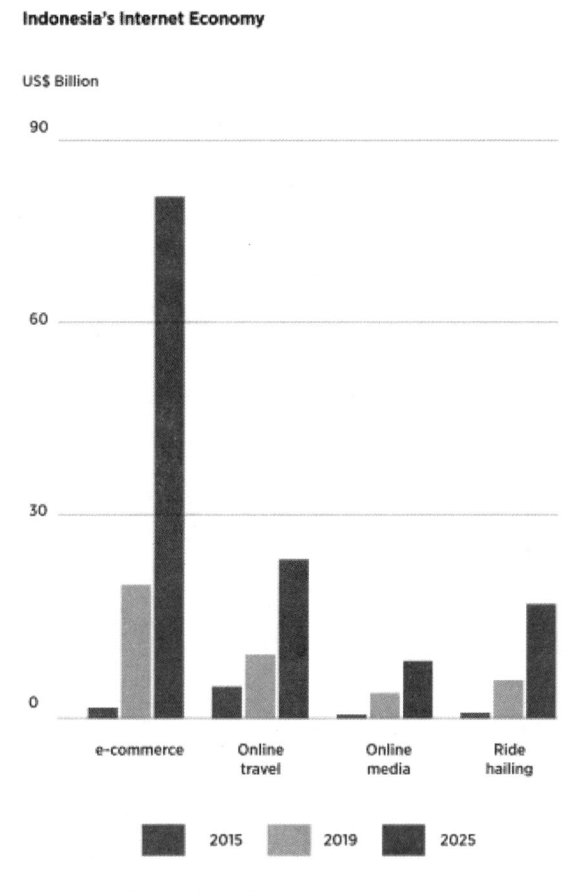

图 2　印度尼西亚数字经济现状

资料来源:*East Ventures Digital Competitiveness Index 2020*, https://east.vc/.

在该报告的各项指标中,印尼国家整体在信息技术及利用方面的平均得分相对较高。这表明印尼的智能手机占有率和互联网普及率增长显著,民众在日常生活中也较多接触使用互联网。印尼在基础设施方面也获得较高得分，这主要是由于移动数据网络在印尼全国范围内分布较以前更为广泛。报告同时指出，印尼各地之间数字经济发展差异非常大。例如，数字竞争力指数（EV-DCI）排名第一的城市（雅加达）与排名第二的城市（万隆）之间存在巨大差距。同时，印尼爪哇岛各省的数字竞争力指数相对其他地区较高。该报告描绘了印尼"数字鸿沟"的图景，而印尼是全球发展速度最快的数字经济体之一。印尼城市地区快速发展的数字生态系统，与城市以外地区的不一致，表明印尼的数字化之旅才刚刚开始。

1. 电子商务

近期，在经过新一轮融资后，JD.ID（京东印尼）的估值已超过 10 亿美元，成为印尼第 6 只"独角兽"。此前，CB Insight 的数据显示，东南亚 8 家"独角兽"公司中有 5 家来自印度尼西亚，分别是网约车公司 Gojek、印尼电商 Tokopedia、旅游服务商 Traveloka、"印尼版淘宝"Bukalapak，以及 2019 年 10 月跻身"独角兽"行列的电子支付钱包 OVO。

JD.ID 是京东合资的电商网站，由京东持有多数股权，其余股份则由当地最大的投资公司 Provident Capital 所拥有。目前京东印尼（JD.ID）采用了本土化运营模式，且以自营模式为主，第三方卖家入驻为辅。目前 JD.ID 无论是在产品丰富度还是卖家数量上都还未能撼动 Lazada 和 Shopee 在印尼市场的统治地位。不过京东在印尼搭建有自有仓库，也配备了较完善的售后服务，同时开设二手交易平台，可以让卖家将消费者退货回印尼京东仓库的全新商品在二手平台销售，减少卖家的经济损失。

2. 技术人才储备

2020 年，印度尼西亚政府正式向国会提出《创造就业综合法案》（Omnibus Law Cipta Lapangan Kerja）草案，旨在简化经商程序，吸引外资，增加就业机会，助力电商初创企业发展。

该法案提出，被归类为"初创企业"的雇主在征聘外国员工时不必再向中央政府提交计划申请。而以前的劳动法只允许公司在"雇用外国工人作为外交和领事雇员的外国代表"才可不向政府申请。

尽管印尼拥有 5 家"独角兽"公司，但其本地技术人才却极为缺乏，根据咨询公司 A. T. Kearney 的统计数据，印尼平均每年每百万人中仅能培养

278名软件工程师,而马来西亚或者泰国每年每百万人中至少能够产生1000位以上的软件工程师。

《创造就业综合法案》是印尼总统佐科全力推行的法案。自2014年佐科上任以来,印尼国内生产总值的增幅一直在5%左右,远低于其7%的目标。印尼的经济增长率2019年降至5.02%,为近3年来最低。2020年,受新冠病毒肺炎疫情影响,印尼经济将面临更大的下行压力。因此,此项法案如果通过,对于佐科的执政生涯来说可谓是浓墨重彩的一笔。但该法案在印尼国内并不受欢迎,民众认为该法案会严重伤害本地劳工权益,并表示政府要吸引外资也不应以牺牲本地劳工权益为代价。

3. 小结

印尼数字经济近年来发展迅速,根据谷歌、淡马锡及贝恩公司公布的2019年"东南亚数字经济体"最新报告,印尼数字经济增速与越南一同领跑东南亚,但也要认识到,印尼数字经济发展速度不均,区域间发展程度差异较大。

此外,技术人才短缺也是制约印尼数字经济发展的关键因素之一。印尼的高等教育体系尚不能培养出合格的IT人才则是造成技术人才短缺的主要原因之一。这也意味着尽管印尼互联网的普及率增长显著,网民基数大,但只有少数人主动尝试将自己从事的工作与互联网紧密联系起来,利用数字技术改善自己的工作环境。

因此,印尼政府下一步应统筹数字经济在全国各地区均衡发展,同时加强高等教育建设,以便充分利用印尼的人口红利。

四、与中国合作展望

可以从以上分析中看到,目前,东盟数字经济发展并不充分,国家间发展程度不均。虽然东盟已成为世界主要的制造和贸易中心之一,但数字经济价值仅占GDP的7%。然而,东盟国家目前劳动适龄人口数量巨大,约为4.38亿人,年轻一代受教育程度也逐渐提升,接受新鲜事物的能力日益提高。随着5G技术的推广和中国-东盟数字经济合作的发展,未来东盟地区的数字经济将迸发出更大活力,也将给双方关系的深化提供助力。

2020年,中国将加快5G网络、数据中心等新型基础设施建设,新基建成为新一轮数字经济发展的重点。中国在 5G 建设方面加大投资和建设力度,不仅带动了国内产业链上下游的许多企业,也惠及东南亚诸如越南、马来西亚等国家。

中国在数字经济方面有优势,东盟有需求,双方合作前景无限。接下来,中国与东盟还将举办一系列与数字经济合作有关的论坛及会议,如原定于 2020 年 4 月(因疫情原因举办日期待定)在昆明举办的 2020 中国-东盟数字经济年会暨东南亚-中国(昆明)数字经济科技产业合作论坛;同时,中国与南亚、东南亚也在加紧建设"南亚、东南亚数字经济产业试验区",旨在推动区块链产业化应用、物联网安全芯片产业化和人工智能系统的应用研发及服务等方面的发展,并进一步带动旅游服务业、信息服务业和外贸服务业发展。可以看出,中国已在一定程度上成为东南亚科技创新企业的战略投资者、新技术新模式的传授者和下一代数字基础设施的建设者。

随着"一带一路"倡议的持续推进,中国和东盟之间的合作日趋深化,各项事业都取得了积极进展。2020 年也将成为中国与东盟国家在数字经济领域合作的起飞之年。东南亚数字经济的蓬勃发展以及中国不断深化东盟"10+3"合作机制,积极促进中国企业赴东南亚投资,尤其是加大电子商务等数字经济领域的投资将成为加深东亚与东南亚区域联结,推动区域一体化,以及促进东亚与东南亚地区区域治理的强大"引擎"和助推器,相信未来会有更多的中国数字经济企业赴东盟国家"开疆拓土",更多的合作业态在东盟国家落地生根。今后,"货通天下"将不再只是一个梦想,数字经济让一切成为可能。

参考文献

[1]黄日涵.数字经济促进中国与东盟互联互通[J].世界知识,2020(4):62—64.

[2]韦倩青.新加坡数字经济发展经验对广西的启示[J].广西经济,2019(9):45—47.

[3]赵爱玲.马来西亚希望搭乘中国数字经济快车[J].中国对外贸易,2019(12):76—77.

试论列宁新经济政策对越南经济体制革新的影响

广西民族大学　陈海丽[①]

【摘　要】 越南把马列主义、胡志明思想作为党的思想基础与行动指南。列宁新经济政策对越南经济体制的革新产生了重大的影响。这些影响集中体现在对产权制度的调整和对非正式制度的积极应用方面,具体包括在保证国有经济控制力的基础上发展多种所有制;保护非公有制经济并促进商业经济的发展;鼓励农民加入合作社等。在充分总结列宁新经济政策的成功经验基础上,越南结合本国国情不断进行经济体制改革的理论和实践创新,完善社会主义定向市场经济,促进经济快速发展。

【关键词】 列宁;新经济政策;越南;经济体制

列宁新经济政策一直以来是我国马克思理论学界研究的热点。研究成果主要集中在列宁新经济政策的思想来源、具体内容、时代意义和局限性以及对邓小平理论的形成、我国改革开放政策的影响方面。然而,关于列宁新经济政策对越南经济体制的影响研究却不多。不可否认,列宁新经济政策对中国、越南、古巴等社会主义国家进行经济改革发挥了重要的借鉴作用。越共七大正式把马列主义和胡志明思想作为党的思想基础与行动指南。列宁新经济政策成为马列主义教育体系不可或缺的重要组成部分。本文结合越南社会主义定向市场经济体制的发展历程,探讨列宁新经济政策对越南经济体制的影响和启示,一方面挖掘列宁思想在社会主义国家建设过程的时代价值,另一方面有助于深入了解越南社会主义定向市场经济体制的逻辑生成。

[①] 陈海丽,女,汉族,广西民族大学国际教育学院讲师,在读博士,研究方向为越南文化与国情。

本文系广西民族大学研究生创新项目"越共十二大以来社会主义定向市场经济体制的新发展"(编号 gxun-chxpb202005)课题阶段性成果。

一、列宁新经济政策出台的背景及内容

（一）新经济政策出台的背景

1. 解除国内外敌对势力的围攻

1917年俄国十月革命胜利后，建立了世界上第一个社会主义国家。就在苏共把重心转移到生产管理上，开始社会主义建设探索之际，第二年就遭受国外十四个国家的武装干涉和国内白匪军联合围攻。为了保护苏维埃新生政权，打破国内外敌对势力的围攻，苏共在1918—1921年实行"战时共产主义"政策，主要从两个方面施行。在经济生产活动上，实行全民普遍义务劳动制；对小企业进行国有化改革；禁止进行日用必需品的私人贸易；取消货币和核算制；对农民实行余粮征集。在对经济的管理和物品分配上，国家直接代替企业制定产、供、销计划，实行统一管理；实行产品实物供应及主要消费品配给制。以上措施有效缓解了国内外敌对势力的各种围攻，扭转国内战争的颓势，巩固了新生政权和革命的果实。

2. 应对国内经济和政治危机

实施"战时共产主义"解决了战时之需后，其超越生产力水平的交换和分配方式弊端日益显现，苏俄面临不断出现的社会经济问题和政治危机事件。加上1920年遭遇自然灾害，天灾人祸的严峻背景下，粮食大幅度减产、工场因缺少原料无法正常运转、工农关系日益紧张。工业、农业都陷入困境。1921年与1913年相比，工业产值只有1913年的14%，绝大多数铁路不能运行，交通基本陷于瘫痪；农业总产量减少一半。农民对余粮征集制普遍不满，有些地方甚至出现农民暴动。[1](P49)再不及时改变旧的体制措施将很有可能危及政权的稳定。

3. 探索符合本国的社会主义建设需要

列宁逐渐认识到，在一个小农占优势的国家里，希望凭借革命的一腔热情和新生的政权力量将俄国"直接过渡"到马克思、恩格斯所描绘的社会主义社会，没有社会化生产的物质经济为基础，是违背社会发展客观规律的。由此，列宁提出："向纯社会主义形式和纯社会主义分配直接过渡，是我们力所不及的。如果我们不能实行退却，即把任务限制在较容易完成的范围

内，那我们就有灭亡的危险。"[2](P720) 可见，列宁意识到马克思主义"直接过渡"理论的局限性，从而创造性地运用马克思主义，想到通过"间接过渡"的方式进行符合本国国情的社会主义建设。

（二）新经济政策的内容

1921年3月，俄共（布）十大决定用粮食税代表余粮征集制。这一重大决定标志着从"战时共产主义"转向了"新经济政策"的轨道上。国内学者普遍认为：实施列宁新经济政策分为两个阶段：第一阶段为1921年3月到1921年10月是国家资本主义的商品交换阶段；第二阶段为1921年秋到1929年底，是国家调节商业，利用商品货币关系建设社会主义的阶段。列宁的新经济政策思想主要集中在他的几篇文章和信件中，包括《论粮食税》《农民问题提纲初稿》《关于巩固和发展农业的措施》《俄共（布）第十次代表大会文献》和《关于以实物税代替余粮征集制》等，体现了列宁对社会主义建设道路的认识在不断深化。[3](P14) 列宁在上述文章和信件中，系统阐述了新经济政策的主要内容。在农业方面，用粮食税代替余粮征集制减轻压在农民肩上的最大负担。在经济体制管理上，发展多种所有制和多种经济成分；利用市场机制促进城乡经济共同协调发展，并大力鼓励商业发展；加强与资本主义国家的经济交流。实践证明，新经济政策思想对越南开启以经济革新为首的社会主义建设带来了很大的影响。

二、新经济政策对越南经济体制革新的影响

（一）改变单一所有制模式，发展多种所有制

1921年4月，列宁在《论粮食税》中提到，实行新经济政策后，"在这个制度内有资本主义的和社会主义的成分、部分和因素"，"俄国现有各种社会经济结构成分究竟是怎样的。问题的全部关键就在这里"。[4](P196) 列宁认为，"战时共产主义"是"革命办法"，"最彻底、最根本地摧毁旧事物"，而新经济政策是一种改良主义的办法，"所谓改良主义的办法，就是不摧毁旧的社会经济结构——商业、小经济、小企业、资本主义，而是活跃商业、小企业、资本主义"[4](P245) 标志着"战时共产主义"所建立的单一所有制将被

多种所有制所取代。换言之,新经济政策不是消灭私有制为目的,相反还鼓励与资本主义加强交流,鼓励资本主义的积极参与。随后,列宁指出:"在俄国至少有五种不同的体系、结构或经济制度,从下往上数就是:第一,宗法式经济,这是一种自给自足或者处于游牧或半游牧状态的农民经济,这种经济在我国到处都有;第二,小商品经济,这是一种在市场上出卖产品的经济;第三,资本主义经济,这就是资本家和不大的私人资本的出现;第四,国家资本主义;第五,社会主义。"[4](P148-149)

越南的社会主义建设刚开始是仿效斯大林的高度集中的经济政治体制,属于传统的苏联社会主义模式。越南 1975 年实现南北统一后,为了使南方经济走上社会主义方向的道路,使南北方的经济早日趋同实现社会主义,越共在第四次代表大会上提出:"为了建立经济上的集体自主权,须取消资本主义私有制,改造农民和手工业者的个体所有制,通过适当的方法与步骤,确立两种形式的社会主义所有制:全民所有制和集体所有制;必须大力发展并壮大国营经济;建立集体经济,进行农业合作化并使农业走向社会主义大生产。"越南党和政府机械地照搬北方的发展模式、政策、措施到南方,对南方进行了大规模的社会主义改造。南方各省的合作化运动于 1978 年全面展开。越南政府不顾南方长期处于殖民统治、实行的是资本主义经济制度、资本主义商品经济发展程度较高的特点,提出在五年内基本完成南方的社会主义改造。由于当时越南不根据本国的实际情况,盲目效仿苏联,遵循"越大越好,越公越好"的原则,导致整个社会经济陷入困境,改革迫在眉睫。

越共六大是越南革新开放的开端。1986 年越共六大对越南所处的社会发展阶段有了较为清醒的认识,指出越南处于向社会主义过渡时期的初级阶段。在所有制结构方面,根据越南当时的国情进行了分类,将现存在经济成分分为社会主义经济成分和其他经济成分。社会主义经济成分包括国营经济和集体经济,以及与之关系密切的家庭经济;其他经济成分有小商品生产经济(手工工匠、个体经商者和从事个体服务行业者)、私人资本主义、多种形式的国家资本主义(最高形式为公私合营)、西原和其他山区部分少数民族自给自足的自然经济和家庭经济。显然,越南提出的小商品经济、国家资本主义的经济成分直接借鉴和参考了列宁在新经济政策的观点和举措。自越共六大以后,越南不再采取单一的社会主义公有制形式,确立了多种所有制共同发展的经济模式。

随着革新开放的不断推进,越南对所有制的认识日益深化。越共八大继续重申越南存在五种经济成分,只是个体经济成分改称为个体、小业主经济,并对国家资本主义的具体形式做了规定,一种是国营经济与国内私人资本主义合营联营,另一种是国营经济与外国资本主义合作联营。越共八大进一步指出:"多种成分的经济政策具有长远的战略意义,具有从小生产走向社会主义的规律性,具有动员人民建设经济、发展生产力的巨大作用。"

2001年越共九大再一次对所有制结构做出了调整,由原来的五种所有制经济成分重新划为六种所有制经济成分,即国有经济、集体经济、国家资本主义经济、个体经济和小业主经济、私人资本主义经济和外国投资经济。在坚持公有制经济主体地位的前提下,充分利用其他经济形式以促进国民经济的发展。多种所有制经济共同发展的格局,将贯穿越南社会主义的整个过渡时期。可见,越南对列宁新经济政策关于所有制调整有了更深入的认识,不是盲目追随,而是根据本国实际不断进行创新性发展。

(二)保护非公有制经济,促进商品经济发展

马克思主义者的传统观点认为社会主义不应该存在市场经济,市场是与社会主义本质相违背,与私有制一样都是要被消灭的。列宁意识到在生产力水平低下、经济落后的苏(俄)完全取消商品货币关系、忽视市场的作用只会使经济陷入毫无发展动力的困境。于是列宁提出在保证苏维埃政权稳定和根本利益的前提下,保护非公有制经济的正当经营,并利用商品、市场的激励机制来恢复和发展深陷危机的苏(俄)经济。他指出:"我们已经意识到,如果不以恢复自由贸易和自由工业作拐棍,我们就不能迅速提高大工业的生产率以满足农民的需要。"[4](P301) 在此思想指导下,新经济政策以恢复商品货币关系,利用市场机制的激励机制来调动生产者积极性为目标,做出以下规定:农业方面鼓励发展小农经济,允许农民在缴税后自由出售余粮;商业方面实行国家资本主义;允许私人经营企业,甚至允许将部分已经国有化的企业退还给原企业主经营。

越南借鉴了列宁新经济政策对非国有经济的鼓励政策。越共六大以后陆续颁布了一系列法律法规鼓励和保护非公有制经济的发展。1988年1月,越南正式颁布了第一部《外国在越南投资法》,1990年又对该法进行了第一

次修改。1988年3月，越南颁布了《发展家庭第二产业和私营企业的规定》，宣布国家允许并保护私人企业有财产继承与合法收入的权利。从1989年起，国家允许将不盈利的商业、服务业和加工制造业中的国营小企业转卖给私人。1990年12月，越南在第八届全国代表大会八次会议通过了《私人企业法》，规定了私人企业主的权利和义务，通过法律法规形式保护私有经济的发展。

自越共六大以来，越南肯定了所有依法活动的经济成分都是社会主义定向市场经济的组成部分，在法律上平等、长期发展，进行良性合作和竞争，体现对不同经济成分发展保持平等性原则。尤其在越共十大，首次明确了私人经济的地位，"私人经济具有重要作用，是经济发展的动力之一"。越共十届六中全会通过《继续完善社会主义定向市场经济的决议》，鼓励将股份制、混合所有制作为企业主要的所有形式，在一些重要领域形成由国家控股的多种所有成分的经济集团；在法律允许的范围内，鼓励私人企业平等参与竞争；鼓励私人经济与国有企业联营。越共十二大提出"创造一切有利条件大力发展越南企业，尤其是私营企业，以此作为发展自主经济及提高竞争力的动力"。越共十二届五中全会通过了《关于促进私人经济发展成为社会主义市场经济体制重要动力的决议》，提出"私人经济是经济发展的重要动力；国有经济、集体经济和私人经济是发展独立自主经济的核心"；越共十三大明确"外资经济是国民经济的重要组成部分，在融资、现代技术应用、现代管理方式和扩大出口市场方面发挥巨大作用"，"鼓励外资经济按照社会经济发展战略、规划和计划发展"。越共对非公有制经济从禁止私有经济到允许多种经济共同发展，从只强调国有经济和集体经济的地位，到逐步明确不同经济成分的地位并鼓励不同经济共同发展政策调整历程，一方面反映了越南关于非公有制经济的认识不断深入，另一方面表明了越南社会主义定向市场体制在坚持越共领导、法权国家管理的基础上正日趋完善。

（三）坚持公有制是社会主义经济的基础

为了保护革命的成果，保证国家的性质不改旗易帜，列宁提出苏维埃政权容许非公有制经济发展是有条件的，必须与公有制经济发展联系起来。列宁提出国营企业在商品生产和商品流通中发挥引导作用。俄国当时有不少人缺乏对非公有制经济的正确认识，片面认为资本主义的发展会改变国家的性质，无法维护苏维埃政权。列宁指出："既然工人国家掌握了工厂、铁路，那么这种资本主义对于我们就是不可怕的。""只要我们掌握着所有国营企业，只要我们精确而严格地权衡轻重，那么租让是没有什么可怕的。在这种情况下发展起来的资本主义是在监督之下和计算之中的。"[5](P151)

在列宁思想的影响下，越共六大借鉴了中国经济革新的实践，正式拉开了经济革新的序幕。越共六大提出："社会主义经济包括国营和集体经济，国营经济和集体经济在国民经济中处于决定性地位。其他经济成分通过多种过渡经济形式与其他社会主义成分的经济联合起来，进行改造和利用，其中国营经济处于主导地位。"越共七大以后，国有经济代替了国营经济的概念，强调国有经济为主导。自越共九大正式确立了社会主义定向市场经济体制以后，坚持国有经济主导地位的提法在每一届党代会上都得到重申；越共十大把国有经济和集体经济作为国民经济的坚实基础，并大力发展股份制以广泛利用社会资金。可见，越南逐步通过生产经营和所有制的社会化，让国有资本参与到国民经济的各个领域，实质是扩大了公有制的范围，进一步巩固公有制的地位和作用，为社会主义建设打下坚实的物质基础。

随着越南对国有企业股份制改革的不断深入，国有经济在国民经济的比重逐步下降。越共十一大不再把"主要生产资料公有制"作为越南社会主义的基本特征，而代之以"与之相适应的进步生产关系"。这无疑是越南对马列主义理论的大胆创新。目前越南非国有经济的比重从 2010 年的 36.1%上升到 2020 年的 45.7%。[6]网上不乏对越南能否坚持社会主义方向产生怀疑的论调。关于国有经济的主导地位的理解，早在越共十大就指出："国有经济的主导地位并不体现在国有企业的数量多少以及对 GDP 贡献比重的高低上，而体现在国有经济是确定社会主义方向、调节宏观经济以及为不同经济成分共同发展创造条件的重要物质力量。"[6]这个指导思想在后面的历次大会中都得到了继承，国有企业根据市场机制积极推动股份化改革，提高国有企业管理能力和生产经营效益，而且革新力度越来越大。尤其是越共十二届五中全会通过了《关于推进国有企业重组和提高其经营效益决议》，进一步加快了国有企业股份制改革的步伐，把重点放在提高股份制改革价值、国有资本撤资，而不是大幅减少改制企业的数量。[7]根据越共十三大报告统计：自 2011 年到 2019 年阶段，679 家国有企业实现了股份制改革；越南国有经济投资比重从 2010 年的 38.1%减少至 2020 年的 30.97%（目标是 31%—34%）。[8]可见，越南在今后将通过进一步提高国有企业的控制力和主导力保证经济体制的社会主义的方向。

（四）引导小农经济纳入合作经济

列宁在《论合作制》中指出："在生产资料公有制的条件下，在无产阶级对资产阶级取得了阶级胜利的条件下，文明的合作社工作者的制度就是社会主义的制度。"[4](P771)由此肯定了合作制在社会主义经济建设中的地位，鼓励农民积极参与到合作社这种新型合作经营组织中。新经济政策之所以在农村取得成功主要源于大胆创新农民产权方式。首先，给予农民土地使用权。相比"战时共产主义"政策在农村实行共耕制、集体农庄、农业公社等公共经营模式，合作社虽然在生产经营的不同环节，实行不同模式的联合，但其经营方式主要是以一家一户家庭经营为基础，赋予农户一定的经营独立性、自主性。这种经营方式实质上是承认农民拥有土地的实际占有权（使用权），极大地保护了农民土地自主经营权益。其次，给予小农拥有对余粮的占有、使用和收益权。列宁认识到俄国是一个经济文化比较落后的农业大国，小农经济是普遍存在的经济基础，与小农经济相匹配的小农意识是难以接受"战时共产主义"在农村推行共耕制、农业公社、集体农庄等公共经济取代小农经济的举措。基于对本国小农意识社会根源的深刻认识，列宁提出以实物税代替余粮征集制，让农民缴纳规定的实物税以后，可以自由处理剩余粮食，甚至可以拿到市场上出售。这一产权方式的改革无疑增加了小农参与生产的积极性，同时也较好地改善了工农之间的关系。

俄国十月革命胜利后的五年，列宁认为存在于苏联的合作社有一些是资产阶级性质的，有些是国家资本主义性质的，当然也有一些是社会主义性质的合作社。[9](P200)列宁对合作社性质划分的双重标准极大影响了越南的合作制政策。越南借鉴了列宁新经济政策的合作社思路，从小农利益出发，以小农所能接受的形式，给予农户一定的产权保障，将小农联合起来，发展规模化、市场化的新型农业。1945 年越南北方解放后，越共逐步将农民引上集体生产道路，组织农民建立互助组。1955 年 8 月，越南共产党二届八中全会决定建设农业合作社试点。但由于不遵守自愿原则，一味强调自上而下建设，强调统一行政命令进行管理，合作社运行效果不高。1975 年，越南实现国家统一，废除一切原有的土地制度，允许私人拥有土地，保障农民和国内资本家的土地私有权，为家庭联产承包责任制的顺利推行奠定了基础。1979 年越共四届六中全会决定实行家庭承包责任制。越南从刚开始是推行"三五"承包制，即合作社把农作物生产过程分为两个部分，社员负责耕种、施肥、收割三个环节，其余的整地、种子、肥料、灌溉和防虫害五个环节由合作社负责。但由于"三五"承包制只是改变管理方式，而没有触动所有权改革，因此农业生产效益不高，甚至在 1988 年出现严重的饥荒。在此背景下，越共及时做出关于农业生产承包的"10 号决议"，规定土地属于社会主义公有，取消土地归集体所有；实现土地彻底承包到户，农户拥有土地长期稳定的使用权，10—15 年不变。此外，农民在完成交纳承包合同的农业税后，可以自由支配产品，允许在市场自由销售。由于明确了所有权、使用权和收益权等产权关系，不但极大地提高了农民的积极性，而且促进合作社经济与家庭经济的协调发展，极大地提升了农业农村的生产力。自从贯彻"10 号决议"以后，越南粮食的生产获得了快速增长，很快扭转了国内供应粮食不足的问题，而且还对外出口，为越南成为世界出口大米大国的地位奠定了坚实基础。[10](p157)

越南从粮食产量不足到今天世界出口大米屈指可数国家转变过程，既有列宁新经济政策思想的烙印，也有结合自身革新实践的不断经验总结和创新。越共十三大明确提出要不断巩固发展集体经济和合作经济；加强合作社之间的联系，形成协会和合作社联盟。在此指导思想下，越南政府很快通过了《关于 2021—2025 年全国各地完善新型合作社》的决议，体现了政府发展新型合作社的政策倾向和重视。可见，越南从互助组、合作社到新型合作社以及合作社联盟的发展思路无疑是在对列宁新经济政策的借鉴和进一步发展。

三、新经济政策思想对越南经济体制革新的当代启示

（一）重视非正式制度的作用

制度不仅包括正式制度也包括非正式制度。正式制度指通过国家、组织所形成的强制性实施的行为规范。非正式制度主要指社会的风俗、习惯以及

人们的信念。只有两者相容的情况下，才能实现旧制度下无法实现的利益、效益最大化。较之于正式制度需要靠强制性力量作为后盾不同，非正式制度源自内在的心理约束，有更高的稳定性。[11](P87)列宁改变"战时共产主义"政策，在农村以实物税代替余量收集制，通过合作制的自愿原则吸引小农参与社会主义改造；在城市大力发展商品经济激发人们的积极性等措施既是正式制度的作用，也可以说是利用非正式制度的特点进行大胆创新。"战时共产主义"之所以在后期阻碍经济发展，在很大程度上源自没有意识到非正式制度的作用。农村以小农经济为主，与之相对应而形成的小农意识，是难以接受建立在物质水平高度发达基础上所形成的公有意识的。

基于对非正式制度作用的认识和判断，越共在历次大会都强调要发挥文化建设的作用。2021年越共十三大提出以"团结、民主、自律、创新、发展"为方针，并确定了未来十年国家发展任务之一就是"促进人的全面发展，建设具有民族特色的先进越南文化，使文化真正成为国家发展和保卫祖国的内生驱动力"，"激发爱国传统、民族自豪感，坚定建立繁荣幸福国家的信念与渴望"[8]。注重民族自信心的塑造和先进文化的建设，大力进行爱国主义价值观的宣传、在全国范围发起全民团结建设文化生活运动等举措无不表明越南对非正式制度作用的日益重视。

（二）结合自身实际大胆创新，不盲目照搬经验

列宁新经济政策之所以能在制度设计方面突破了马克思关于未来共产主义社会制度的局限性，对苏维埃政权建立之初实施的"战时共产主义"政策进行创新并取得有效成果，是建立在对当时国内外环境因素的正确判断和对正式制度与非正式制度作用的深刻认识基础上的。尽管不完全与传统的马克思主义观点相一致，但实践证明新经济政策符合当时俄国的实际情况，有利于制度创新从而迸发社会活力，促进经济社会的发展。1921年4月，列宁在给阿塞拜疆等共和国的共产党员的信中说："不要照搬我们的策略，而要独立地仔细考虑我们的策略为什么具有那些特点以及它的条件和结果，不要在你们那里照抄1917—1921年的经验，而要运用它的精神实质和教训。"[12](P117)列宁的告诫清楚地表明其他国家在社会主义建设过程中可以吸收和借鉴列宁新经济政策的相关理论和经验，但需要根据本国情况，不能轻

易照搬。基于对以上观点的深刻领悟，越南在进行经济革新过程中，也曾提出与传统的马列主义思想有差异的观点。例如越共十一大没有把主要生产资料公有制作为社会主义的基本特征，逐渐淡化公有制的提法，就曾引起不少讨论和质疑。随着革新开放进程的不断深入，越共领导下的社会主义定向市场经济体制革新取得了引人瞩目的成果，逐渐打消了外界的疑虑，由此证明了越南的经济体制革新是完全符合越南本国国情，是对马列主义的创造性转化和运用。

总之，列宁新经济政策对"战时共产主义"产权制度的创新和对非正式制度的重视，以及灵活运用马克思主义理论等内容对越南建立和完善社会主义定向市场经济产生了深刻影响。不可否认，越南的经济革新借鉴了大量中国改革开放的成功经验，但也汲取了列宁新经济政策思想的火花，去充实本国社会主义建设的火种，从而减少在社会主义建设道路探索过程的羁绊。越南理论界认为，越南革新事业有许多地方是与列宁新经济政策重合的。由此不难理解为何越南把列宁主义作为党的思想基础与行动指南之一的原因。不断挖掘列宁新经济政策的时代价值，更多地借鉴列宁新经济政策的成功经验是越南进行经济体制革新区别于中国的最大特点。

参考文献

［1］唐士润．列宁的新经济政策与改革［M］．成都：成都科技大学出版社，1992．

［2］列宁．列宁选集：第4卷［M］．北京：人民出版社，1995．

［3］刘铮．列宁"新经济政策"思想对社会主义建设道路的探索［J］．当代经济研究，2020（8）．

［4］列宁．列宁全集：第41卷［M］．北京：人民出版社，1986．

［5］列宁．列宁全集：第42卷［M］．北京：人民出版社，1987．

［6］越共中央主席团对越共代表关于十大文件讨论意见的总结［EB/OL］．（2015-09-04）［2021-02-01］．https://tulieuvankien.dangcongsan.vn/ban-chap-hanh-trung-uong-dang/dai-hoi-dang/lan-thu-x/ban-trinh-bay-cua-doan-chu-tich-ve-y-kien-thao-luan-cua-cac-dai-bieu-doi-voi-cac-van-kien-dai-hoi-x-cua-1534．

［7］范氏祥云. 2016—2020 年国企股份制改革：现状与若干建议［J］. 越南共产党杂志，2020（8）.

［8］十二届中央执行委员会关于越共十三大全国代表大会的政治报告草案［EB/OL］.（2020-10-02）［2021-02-01］. https://nhandan.com.vn/tin-tuc-su-kien/bao-cao-chinh-tri-cua-ban-chap-hanh-trung-uong-dang-khoa-xii-tai-dai-hoi-dai-bieu-toan-quoc-lan-thu-xiii-cua-dang-621155/.

［9］蒋玉珉. 合作经济思想史论［M］. 合肥：安徽人民出版社，2006.

［10］古小松. 越南经济［M］. 广州：世界图书出版广东有限公司，2016.

［11］卢现祥. 新制度经济学［M］. 北京：北京大学出版社，2021.

［12］列宁. 列宁全集：第 43 卷［M］. 北京：人民出版社，1987.

越南对外贸易发展现状及前景展望

对外经济贸易大学 聂槟 尚锋[①]

【摘　要】 近5年来，越南克服国际环境的种种不利因素，较好地完成了既定的发展方向和任务，实现了对外贸易领域的较快发展。进出口贸易额大幅增长，出口成为亮点，帮助越南连续5年实现贸易顺差。对外贸易机遇与挑战并存，呈现出口增速高于进口增速、出口商品结构不断改善、进口商品以服务于生产和出口为导向、进出口主要依赖单一市场、外资企业担任越南对外贸易的主角、外贸依存度持续高企等特点。受贸易保护主义、新冠病毒肺炎疫情等因素影响，越南对外贸易的发展将面临更多不确定性，但越南与主要贸易伙伴的双边经贸关系将保持良好发展势头，中国作为越南第一大贸易伙伴的地位无可撼动。

【关键词】 越南对外贸易；出口增长；贸易平衡；贸易伙伴；新冠病毒肺炎疫情

自1986年全面革新开放以来，越南实行出口导向型发展战略，大力发展对外贸易，积极融入国际经济。经过30多年的发展，越南对外贸易取得了显著成绩，进出口贸易额持续增长，出口更是表现亮眼，成为拉动越南经济增长的一大动力，帮助越南从贸易逆差国转变为贸易顺差国。越南与中国、美国、韩国、东盟、欧盟、日本等主要贸易伙伴的双边经贸关系不断发

---

① 聂槟，女，汉族，对外经济贸易大学外语学院教授、博士，对外经济贸易大学区域国别研究院东盟国家研究中心副主任，主要研究方向为越南语言文化与政治经济；尚锋，男，汉族，对外经济贸易大学外语学院讲师，中国社会科学院研究生院在读博士，对外经济贸易大学区域国别研究院东盟国家研究中心兼职研究员，主要研究方向为越南对外关系。本文为北京市社会科学基金项目"'一带一路'背景下越南涉华舆情与北京企业海外利益保护研究"（批准编号：18ZGB002）的阶段性成果。

展，中国连续 16 年成为越南第一大贸易伙伴，中越双边贸易实现了互利共赢。

本文将以 2016—2020 年越南对外贸易发展的具体数据为依据，分析越南对外贸易发展的总体情况和呈现特点，探究越南与各主要贸易伙伴的双边经贸关系，并结合当前的国际形势，展望越南对外贸易的发展前景。

一、近 5 年越南对外贸易发展导向和总体情况

2016 年 1 月，越南共产党召开第十二次全国代表大会，在随后公布的《2011—2015 五年经济社会发展任务落实评价与 2016—2020 五年经济社会发展方向任务报告》中，肯定了越南在对外贸易领域取得的成绩，包括出口额快速增长、加工产品占出口商品比重上升、贸易平衡不断改善等，同时也提出了 2016—2020 期间越南对外贸易的发展方向和任务，包括：善用国际承诺，扩大和多样化进出口市场；大力推动出口，适当控制进口，进一步改善贸易平衡；提高商品质量，发展越南自有品牌；充分利用各贸易协定，发展出口，努力实现出口额年均增速 10%等[①]。

2020 年 10 月，越南公布《2016—2020 五年经济社会发展任务落实评价与 2021—2025 五年经济社会发展方向任务报告草案》，认为 2016—2020 年期间越南对外贸易成绩显著，进出口贸易额大幅增长，出口额年均增速超过预期，贸易平衡连续 5 年实现顺差，进出口商品结构持续改善，出口市场得以扩大和多样化，多种出口工业产品质量提升，进口市场也进一步多样化[②]。

---

① 越南通讯社网. 2011—2015 五年经济社会发展任务落实评价与 2016—2020 五年经济社会发展方向任务报告［EB/OL］.（2016-03-26）［2021-03-15］. https://www.vietnamplus.vn/bao-cao-ket-qua-thuc-hien-nhiem-vu-phat-trien-kinh-te-xa-hoi-2011 2015/377721.vnp.

② 越南人民报网. 2016—2020 五年经济社会发展任务落实评价与 2021—2025 五年经济社会发展方向任务报告草案［EB/OL］.（2020-10-20）［2021-03-15］. https://nhandan.vn/tin-tuc-su-kien/bao-cao-danh-gia-ket-qua-thuc-hien-nhiem-vu-phat-trien-kinh-te-xa-hoi-5-nam-2016-2020-va-phuong-huong-nhiem-vu-phat-trien-kinh-te-xa-hoi-5-nam-2021-2025-621157/.

我们从越南统计总局、越南海关总局、越南计划投资部和历年《越南进出口报告》等各渠道收集了 2016—2020 年越南对外贸易领域重要数据，通过比较分析，认为近 5 年来，越南克服世界经济增速放缓、贸易保护主义抬头、全球贸易局势趋紧、新冠病毒肺炎疫情蔓延等种种不利因素，较好地完成了既定的发展任务，实现了对外贸易领域的较快发展。

2016—2020 年期间，越南货物贸易进出口总额从 2015 年的 3277.6 亿美元增长到 2020 年的 5453.6 亿美元，年均增速 10.8%。其中，出口总额从 2015 年的 1621.1 亿美元增长到 2020 年的 2826.6 亿美元，年均增速 11.9%；进口总额从 2015 年的 1656.5 亿美元增长到 2020 年的 2627 亿美元，年均增速 9.8%；5 年均实现顺差，顺差额从 2016 年的 25.2 亿美元上升到 2020 年的 199.6 亿美元。各年贸易额和增长情况详见表1：

表1 2016—2020 年越南货物贸易进出口额变化和贸易平衡状况（金额单位：亿美元）

年份	进出口总额	增长率	出口总额	增长率	进口总额	增长率	贸易平衡
2016	3507.4	7%	1766.3	9%	1741.1	5.1%	+25.2
2017	4251.2	21.2%	2140.2	21.2%	2111	21.2%	+29.2
2018	4801.7	12.9%	2434.8	13.8%	2366.9	12.1%	+67.9
2019	5172.6	7.7%	2641.9	8.5%	2530.7	6.9%	+111.2
2020	5453.6	5.4%	2826.6	7%	2627	3.8%	+199.6

数据来源：越南海关总局。"+"表示越南顺差。

从出口商品结构来看，越南加工工业产品出口占比持续上升，从 2016 年的 80.3%上升到 2020 年的 85.2%，农产品和水产品、燃料和矿产的出口占比则逐渐下降，其中农产品和水产品的出口占比从 2016 年的 12.6%降至 2020 年的 8.9%，燃料和矿产的出口占比从 2016 年的 2%降至 2020 年的 1%。对比越南 2016 年和 2020 年的前十大出口商品[1]，可以发现，电话及零

---

[1] 越南 2016 年前十大出口商品分别为：1.电话及零件（343.2 亿美元，占比 19.4%）；2.纺织品服装（238.4 亿美元，占比 13.5%）；3.计算机、电子产品及零件（189.6 亿美元，占比 10.7%）；4.鞋类（130 亿美元，占比 7.4%）；5.机械、设

件保持越南第一大出口商品的地位;计算机、电子产品及零件从第三大出口商品变成第二大出口商品,占比从 10.7% 上升到 15.8%;机械、设备、工具及零配件从第五大出口商品变成第四大出口商品,占比从 5.8% 上升到 9.6%;木材和木制品、运输工具及零配件的排名也分别前进了一位;纺织品服装、鞋类、水产品的排名和占比均有所下降;钢材、塑料制品进入前十大出口商品榜单;咖啡、箱包、帽子和雨伞掉出榜单。这些数据表明,越南出口商品结构有了积极转变。

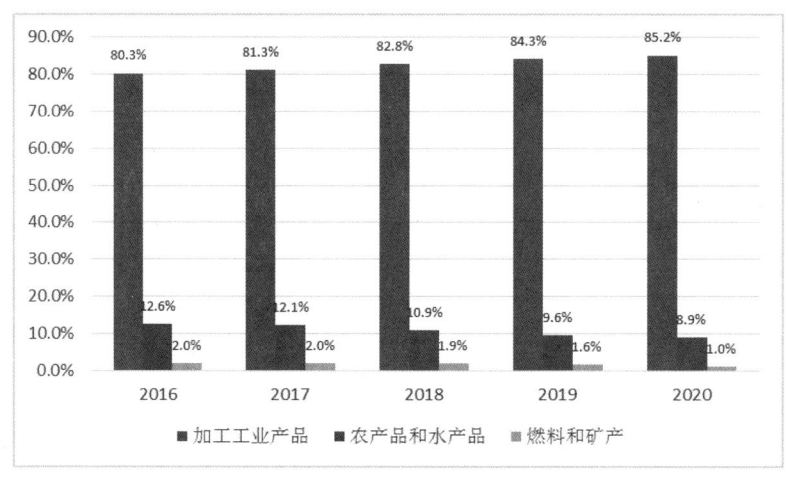

图 1　2016—2020 年越南出口商品结构变化

数据来源:《越南进出口报告》(2016、2017、2018、2019、2020)。

备、工具及零配件(101.4 亿美元,占比 5.8%);6. 水产品(70.5 亿美元,占比 4%);7. 木材和木制品(69.7 亿美元,占比 3.9%);8. 运输工具及零配件(60.6 亿美元,占比 3.4%);9. 咖啡(33.4 亿美元,占比 1.9%);10. 箱包、帽子和雨伞(31.7 亿美元,占比 1.8%)。2020 年前十大出口商品分别为:1. 电话及零件(511.8 亿美元,占比 18.1%);2. 计算机、电子产品及零件(445.8 亿美元,占比 15.8%);3. 纺织品服装(298.1 亿美元,占比 10.6%);4. 机械、设备、工具及零配件(271.9 亿美元,占比 9.6%);5. 鞋类(167.9 亿美元,占比 5.9%);6. 木材和木制品(123.7 亿美元,占比 4.4%);7. 运输工具及零配件(90.9 亿美元,占比 3.2%);8. 水产品(84.1 亿美元,占比 3%);9. 钢材(52.6 亿美元,占比 1.9%);10. 塑料制品(36.5 亿美元,占比 1.3%)。

从进口商品结构来看，2016—2020 年期间，越南进口商品导向明确，服务于国内生产、消费的必需品和服务于加工、出口的商品进口额不断增长，例如计算机、电子产品及零件进口额从 2016 年的 278.7 亿美元增长到 2020 年的 639.7 亿美元，成为越南第一大进口商品；机械、设备、工具及零配件进口额从 283.7 亿美元增长到 372.5 亿美元，电话及零件进口额从 105.6 亿美元增长到 166.5 亿美元。但自新冠病毒肺炎疫情爆发以来，越南纺织服装业遭受巨大冲击，行业相关商品进口额大幅下降。例如 2020 年，越南布匹进口比上一年下降 10.5%，纺织皮革原辅料下降 8.3%，棉花下降 11.3%，纤维和纱线下降 17.1%。对比越南 2016 年和 2020 年的前十大进口商品①，可以看到，计算机、电子产品及零件排名上升，成为第一大进口商品，占比从 16%上升到 24.4%；机械、设备、工具及零配件排名下降，变成第二大进口商品，占比从 16.3%下降到 14.2%；电话及零件仍为第三大进口商品，占比略有上升；布匹仍为第四大进口商品，占比有所下降；塑料原料、塑料制品、其他常见金属排名上升；钢材、纺织皮革原辅料排名下降；化工制品进入前十大进口商品榜单；成品油掉出榜单。

从出口市场来看，经过 5 年的发展，越南对亚洲、美洲、欧洲、大洋洲、非洲等各大洲市场的出口额均实现增长，其中对亚洲出口从 2016 年的 852.8 亿美元增长到 2020 年的 1402.5 亿美元，增幅 54.5%；对美洲出口从

---

① 越南2016年前十大进口商品分别为：1. 机械、设备、工具及零配件（283.7 亿美元，占比 16.3%）；2. 计算机、电子产品及零件（278.7 亿美元，占比 16%）；3. 电话及零件（105.6 亿美元，占比 6.1%）；4. 布匹（104.8 亿美元，占比 6%）；5. 钢材（80.2 亿美元，占比 4.6%）；6. 塑料原料（62.6 亿美元，占比 3.6%）；7. 纺织皮革原辅料（50.7 亿美元，占比 2.9%）；8. 成品油（49.4 亿美元，占比 2.84%）；9. 其他常见金属（48.1 亿美元，占比 2.76%）；10. 塑料制品（44 亿美元，占比 2.5%）。2020 年前十大进口商品分别为：1. 计算机、电子产品及零件（639.7 亿美元，占比 24.4%）；2. 机械、设备、工具及零配件（372.5 亿美元，占比 14.2%）；3. 电话及零件（166.5 亿美元，占比 6.3%）；4. 布匹（118.8 亿美元，占比 4.5%）；5. 塑料原料（84 亿美元，占比 3.2%）；6. 钢材（81 亿美元，占比 3.1%）；7. 塑料制品（72.7 亿美元，占比 2.8%）；8. 其他常见金属（60.5 亿美元，占比 2.3%）；9. 化工制品（57.4 亿美元，占比 2.2%）；10. 纺织皮革原辅料（53.8 亿美元，占比 2.1%）。

473.8 亿美元增长到 901.7 亿美元，增幅 90.3%；对欧洲出口从 378.4 亿美元增长到 447.1 亿美元，增幅 18.2%；对大洋洲出口从 33.9 亿美元增长到 44.7 亿美元，增幅 31.9%；对非洲出口从 27.4 亿美元增长到 30.6 亿美元，增幅 11.7%。尽管对各大洲市场的出口额均实现增长，但出口占比有升有降，其中对亚洲市场出口占比从 2016 年的 48.3% 上升到 2020 年的 49.6%，对美洲市场出口占比从 26.8% 上升到 31.9%，对欧洲市场出口占比从 21.4% 下降到 15.8%，对大洋洲市场出口占比从 1.9% 下降到 1.6%，对非洲市场出口占比从 1.6% 下降到 1.1%。在对各贸易伙伴出口方面，从 2016 年到 2019 年，美国、欧盟、中国一直是越南前三大出口市场，但 2020 年中国超越欧盟，成为越南第二大出口市场。美国作为越南第一大出口市场，占比从 2016 年的 21.8% 上升到 2020 年的 27.3%，出口中国占比从 12.4% 上升到 17.3%，出口欧盟占比从 19.3% 下降到 12.4%[①]。数据表明，2016—2020 年期间，越南对亚洲市场出口规模最大，对美洲市场出口增速最快，越南出口主要依赖美国、中国、欧盟等各大贸易伙伴。

从进口市场来看，2016—2020 年期间，越南自各大洲市场的进口额均实现增长，其中自亚洲进口从 2016 年的 1407.6 亿美元增长到 2020 年的 2127.2 亿美元，增幅 51.1%；自美洲进口从 145 亿美元增长到 218.5 亿美元，增幅 50.7%；自欧洲进口从 134.3 亿美元增长到 191.4 亿美元，增幅 42.5%；自大洋洲进口从 28.2 亿美元增长到 53.2 亿美元，增幅 88.7%；自非洲进口从 26 亿美元增长到 36.7 亿美元，增幅 41.2%。在进口占比上，各大洲占比略有变化，但总体持平，其中自亚洲市场进口占比从 2016 年的 80.9% 上升到 2020 年的 81%，自美洲市场进口占比保持不变，仍为 8.3%，自欧洲市场进口占比从 7.7% 下降到 7.3%，自大洋洲市场进口占比从 1.6% 上升到 2%，自非洲市场进口占比从 1.5% 下降到 1.4%。在自各贸易伙伴进口方面，从 2016 年到 2020 年，中国、韩国、东盟一直是越南前三大进口市场。中国作为越南第一大进口市场，占比从 2016 年的 28.7% 上升到 2020 年的 32.1%，排名第二的韩国占比从 18.4% 上升到 18.5%，位列第三的东盟占

[①] 英国于 2020 年 1 月 31 日正式退出欧盟，越欧双边贸易统计自 2020 年起不再包括越南与英国的进出口数据，这是越南对欧盟出口额和出口占比下降的原因之一。

比从 13.7%下降到 11.6%。数据显示，2016—2020 年期间，越南自各大洲市场进口额均大幅增长，但主要依赖亚洲市场的趋势未变，尤其是依赖亚洲市场中的中国、韩国、东盟等各大贸易伙伴。

分析表明，近 5 年来，越南对外贸易的确成绩显著。这一成绩由多种因素促成，其中两个因素尤其值得注意：一是越南大力吸引外资。2016 年至 2020 年，越南各年度吸引外国直接投资总额分别达到 243 亿美元、358.8 亿美元、354.6 亿美元、380.2 亿美元和 285.3 亿美元。外资企业在推动越南对外贸易规模扩大方面发挥了重要作用。以 2020 年数据为例，外资企业出口额达到 2028.9 亿美元，占越南出口总额的 71.8%；进口额达到 1690.1 亿美元，占越南进口总额的 64.3%。同时，利用外资还推动了越南进出口商品结构的改善和对外贸易方式的多样化。二是越南积极签署和推进各项经贸协定。从 2016 年至 2020 年，越南大力推进《越南-欧盟自由贸易协定》（EVFTA）、《越南-欧盟投资保护协定》（EVIPA）、《越南-韩国自由贸易协定》（VKFTA）、《越南-英国自由贸易协定》（UKVFTA）、《区域全面经济伙伴关系协定》（RCEP）、《全面与进步跨太平洋伙伴关系协定》（CPTPP）等各项经贸协定，并充分利用协定中的便利条件，发展与各贸易伙伴的双边经贸关系，推动越南对外贸易，尤其是出口规模的扩大，开拓进出口市场。

此外，越南对外贸易也在发展中面临诸多挑战，包括：外贸依存度居高不下；进出口市场多元化程度不足；对外贸易过于依赖外资企业，内资企业产品竞争力有限；大部分出口商品没能建立自有品牌，难以通过非物质要素来实现附加值；生产规模小而分散，未能满足国际市场要求；配套工业发展缓慢，无法满足出口企业对产品和零部件的需求，存在供应链风险；全球贸易形势复杂多变，各国不断采取新形式贸易保护措施，对越南的预警能力和应对措施提出更高要求等。

二、越南对外贸易特点分析

通过数据分析，我们认为，近 5 年来越南对外贸易主要体现了以下几个特点：

（一）出口增速高于进口增速

2016—2020 年期间，越南货物贸易出口增速除 2017 年与进口增速持平外，其余年份均高于进口增速，这与越南"大力推动出口，适当控制进口，进一步改善贸易平衡"的发展导向一致，也帮助越南成功扭转了 2015 年贸易逆差的局面，自 2016 年起连续 5 年实现贸易顺差，且顺差额不断扩大，为提高外汇储备、稳定汇率、控制通货膨胀和实现宏观经济平稳运行做出了重要贡献。

（二）出口商品结构不断改善

2016—2020 年期间，在越南的出口商品中，加工工业产品出口占比不断上升，农产品和水产品、燃料和矿产的出口占比则逐年下降。在加工工业产品中，纺织品服装、鞋类、箱包、帽子和雨伞等劳动密集型产品的出口位次和出口占比下降，计算机、电子产品及零件、机械、设备、工具及零配件等技术密集型产品的出口位次和出口占比上升，电话及零件保持越南第一大出口商品的地位。这些变化表明，越南出口商品结构不断改善，部分加工工业产品，尤其是技术密集型加工工业产品质量提升，得到国际市场的认可。

（三）进口商品以服务于生产和出口为导向

2016—2020 年期间，越南加大进口计算机、电子产品及零件、机械、设备、工具及零配件、电话及零件、布匹、塑料原料、钢材、塑料制品、其他常见金属、化工制品、纺织皮革原辅料等服务于国内生产、消费的必需品和服务于加工、出口的商品，同时严格控制进口 9 座以下整车等不鼓励进口的商品，体现了以服务于生产和出口为导向，既满足了国内生产和消费的需求，推动了出口的发展，又帮助越南改善了贸易平衡，连续 5 年实现顺差。

（四）进出口主要依赖单一市场

扩大和多样化进出口市场是 2016—2020 年期间越南对外贸易的发展方向和任务，从近 5 年的发展情况来看，尽管越南对亚洲、美洲、欧洲、大洋洲、非洲等各大洲市场的进口额和出口额均实现增长，但越南进出口明显更依赖亚洲市场，2020 年亚洲市场的进口占比和出口占比已上升至 81%和 49.6%。在对各贸易伙伴进出口方面，这种单一市场依赖性更为明显，前三大进口市场中国、韩国、东盟的总占比从 2016 年的 60.8%上升到 2020 年的 62.2%，第一大进口市场中国占比不断上升，2020 年达到 32.1%；前三大出口市场美国、中国、欧盟的总占比从 2016 年的 53.5%上升到 2020 年的 57%，第一大出口市场美国占比不断上升，2020 年达到 27.3%。可以说，受经济社会发展水平、地理位置等因素影响，越南进出口市场多样化进展缓慢，这既是越南对外贸易的一大挑战，也是其今后进一步发展的方向。

（五）外资企业担任越南对外贸易的主角

2016—2020 年期间，越南外资企业进出口额持续增长，从 2016 年的 2262.1 亿美元增长到 2020 年的 3719 亿美元，占越南货物贸易进出口总额的比重也从 2016 年的 64.5%上升到 2020 年的 68.2%。其中，出口额从 1239.3 亿美元增长到 2028.9 亿美元，占比从 70.2%上升到 71.8%；进口额从 1022.8 亿美元增长到 1690.1 亿美元，占比从 58.7%上升到 64.3%。2016—2020 年越南外资企业货物贸易进出口情况详见表 2：

表 2　2016—2020 年越南外资企业货物贸易进出口额变化和贸易平衡状况（金额单位：亿美元）

年份	进出口额	占比	出口额	占比	进口额	占比	贸易平衡
2016	2262.1	64.5%	1239.3	70.2%	1022.8	58.7%	+216.5
2017	2785.6	65.5%	1521.9	71.1%	1263.7	59.9%	+258.2
2018	3153.6	65.7%	1736.8	71.3%	1416.8	59.9%	+320
2019	3267.3	63.2%	1812.3	68.6%	1455	57.5%	+357.3
2020	3719	68.2%	2028.9	71.8%	1690.1	64.3%	+338.8

数据来源：越南海关总局。"+"表示越南外资企业顺差。

可以看出，外资企业是越南对外贸易的主角，为越南进出口贸易额增长做出了巨大贡献。同时，外资企业在进出口中保持大额顺差，助力越南改善了贸易平衡。

（六）外贸依存度持续高企

自越南实行出口导向型发展战略以来，其外贸依存度一直居高不下。2016—2020 年期间，随着越南对外贸易进一步发展，外贸依存度更是持续走高，从 2016 年的 171.4% 上升到 2020 年的 201.1%（详见表 3）。高企的外贸依存度是把双刃剑，在推动越南经济实现较快较好发展的同时，也有可能加剧经济波动性，影响国家经济安全。面对新冠病毒肺炎疫情继续蔓延，全球贸易形势复杂多变的格局，高企的外贸依存度将加大越南外贸行业的压力，给越南经济发展带来隐忧。

表 3　2016—2020 年越南对外贸易依存度

	2016 年	2017 年	2018 年	2019 年	2020 年
出口依存度	86.3%	95.8%	100.4%	101.8%	104.2%
进口依存度	85.1%	94.5%	97.6%	97.5%	96.9%
外贸依存度	171.4%	190.3%	198%	199.3%	201.1%

数据来源：2016—2019 年数据来源于《越南国情报告（2020）》。2020 年数据根据越方进出口数据制作，GDP 指数以 2712 亿美元为准。

三、越南与主要贸易伙伴的双边经贸关系现状

（一）越南-中国双边经贸关系

在"一带一路"和"两廊一圈"对接的推动作用下，近年来越南与中国经贸关系发展迅猛。两国贸易额在突破千亿美元大关基础上保持增长势头，双边进出口平衡不断改善，贸易结构趋于优化，中国对越投资向制造业倾斜。

越南-中国双边经贸关系迅猛发展，实现逆势增长。尽管受到新冠病毒肺炎疫情的不利影响，双边贸易仍保持高速增长。近 5 年的双边货物贸易数据显示（见表 4），2016—2020 阶段双边贸易额从 719 亿美元增至 1331 亿美元，年均增长率 15.1%。2020 年，在新冠病毒肺炎疫情影响下，双边贸易额仍然实现 13.9% 的增长，中国连续 16 年成为越南第一大贸易伙伴。越南-中国双边贸易呈如下特点：在多个不利因素叠加影响的大背景下，两国贸易

规模逆势增长,双向贸易均有较大增幅,越中贸易逆差保持在一定水平。原因主要在于:一是随着中国日益重视发展实体经济和技术研发,产品国际竞争力日益提升,能够更好地满足越南市场的需求。二是中美贸易战致使大量企业将生产基地从中国迁往越南,但其整个价值链无法同步迁移,因此中间品进口需求上升。三是两国高层近年来重视贸易平衡问题,体现为《中越联合声明》《中越联合公报》中推动越南农产品、乳制品等对华出口的相关意向。投资方面,受中美贸易战影响,中国制造业向越南转移产能以寻求发展空间。截至 2020 年 12 月底,中国对越直接投资协议金额累计 184.6 亿美元,项目总数 2123 个,居对越投资伙伴国第 7 位[①]。近年来,中国加大对越南在能源、制造业等领域的投资力度,南方电网、金宇轮胎、赛伦集团等在越投建大型项目。

表4 2016—2020年越南-中国双边货物贸易进出口额和贸易平衡状况

年份	越南进口		越南出口		贸易盈余		贸易总额	
	总额(亿美元)	增长率(%)	总额(亿美元)	增长率(%)	总额(亿美元)	增长率(%)	总额(亿美元)	增长率(%)
2016	499.3	0.8	219.7	28.2	-279.6	13.7	719	7.8
2017	582.3	16.6	354.6	61.4	-227.7	18.6	936.9	30.3
2018	654.4	12.4	412.7	16.4	-241.7	-6.1	1067.1	13.9
2019	755	15.4	414	0.3	-341	-41.1	1169	9.5
2020	842	11.5	489	18.1	-353	-3.5	1331	13.9

数据来源:越南海关总局。

---

① 越南与主要贸易伙伴的外国直接投资数据是笔者根据越南计划投资部年度报告整理。数据来源:Bộ Kế hoạch và Đầu tư. Báo cáo tình hình đầu tư trực tiếp nước ngoài năm 2020 [EB/OL]. (2020-12-28) [2021-04-07]. http://www.mpi.gov.vn/Pages/tinbai.aspx?idTin=48566&idcm=208.

(二)越南-美国双边经贸关系

美国是越南最大的货物贸易出口市场。尽管受到美国退出 TPP、新冠病毒肺炎疫情等负面因素影响,但在中美贸易战带来的贸易转移效应推动下,越美双边贸易规模仍逐年攀升。自 2019 年起,美国超过韩国跃升为越南第二大贸易伙伴。同时,美国对越投资主要由跨国公司驱动,以制造业和服务业为主。

越南-美国双边经贸关系发展迅速,美国对越南商品需求强劲。受中美贸易战影响,越南对美出口自 2018 年以来增长明显。近 5 年的双边货物贸易数据显示(见表5),2016—2020 阶段双边贸易额从 471.7 亿美元增至 908 亿美元,年均增长率 17.2%。美国是越南第二大贸易伙伴和第一大出口市场。越南-美国双边贸易呈如下特点:两国贸易规模增长迅猛,其中越南对美出口上升明显,越南顺差不断扩大。中美贸易战升级是越南对美出口大幅增长的主要原因。在贸易转移效应的作用下,美国对越南商品的需求大幅上升,以填补中国输美商品减少带来的空缺。同时,大量企业瞅准商机,将生产部门从中国转移至越南,寻求对美出口渠道。受新冠病毒肺炎疫情影响,2020 年越南自美进口有小幅下降,主要由于生产停滞造成原料进口下滑。在投资方面,根据越南美国商会,目前约有 600 家美国企业在越南从事生产经营活动,主要投资领域有高科技、金融、旅游以及其他服务业。

表5 2016—2020 年越南-美国双边货物贸易进出口额和贸易平衡状况

年份	越南进口		越南出口		贸易盈余		贸易总额	
	总额(亿美元)	增长率(%)	总额(亿美元)	增长率(%)	总额(亿美元)	增长率(%)	总额(亿美元)	增长率(%)
2016	87.1	11.7	384.6	14.9	297.5	15.8	471.7	14.3
2017	92	5.6	416	8.2	324	8.9	508	7.7
2018	127.5	38.6	475.3	14.3	347.8	7.3	602.8	18.7
2019	143.7	12.7	613.5	29.1	469.8	35.1	757.2	25.6
2020	137	-4.7	771	25.7	634	35.0	908	19.9

数据来源:越南海关总局。

(三) 越南-韩国双边经贸关系

越韩双边贸易不断发展，韩国已成为越南主要的贸易逆差来源国之一。自2009年建立战略合作伙伴关系以来，越韩两国不断巩固在贸易、投资、官方开发援助和劳务输出方面的合作。作为越南最大的外国直接投资来源国，韩国拥有在越南市场常年深耕的积累优势，是中国企业在越南投资的主要竞争对手。

近年来，越韩双边贸易增速放缓，越南自韩进口呈下降趋势。近5年的双边货物贸易数据显示（见表6），2016—2020阶段双边贸易额从434.5亿美元增至660亿美元，年均增长率13.5%。越南-韩国双边贸易呈如下特点：两国贸易规模增长明显放缓，越南对韩贸易逆差总体保持较高水平，韩国成为越南第二大贸易逆差来源国。原因主要在于：一是在越投资生产出口工业制成品的韩企对母国的中间品需求旺盛。二是韩国市场规模有限，越南出口优势产品如木材、水产、纺织品服装等在韩国市场已经趋于饱和。三是受中美贸易战影响，中韩两国商品在越竞争日趋激烈，越南自韩进口有所下降。2020年受新冠病毒肺炎疫情影响，与生产要素流动相关需求降低，移动电话、纺织品、成品油等商品的贸易额均有大幅下降。在投资方面，韩国是越南最大外资来源国。截至2020年12月底，韩国对越累计投资项目达到8983个，协议金额706.5亿美元。目前约有7000家韩国企业在越南开展投资，雇用70多万名劳动者，对越南出口活动的贡献率约为30%。

表6 2016—2020年越南-韩国双边货物贸易进出口额和贸易平衡状况

年份	越南进口		越南出口		贸易盈余		贸易总额	
	总额（亿美元）	增长率（%）	总额（亿美元）	增长率（%）	总额（亿美元）	增长率（%）	总额（亿美元）	增长率（%）
2016	320.3	15.9	114.2	27.9	-206.1	-10.2	434.5	18.8
2017	467.3	45.9	148.2	29.8	-319.1	-54.8	615.5	41.7
2018	475	1.6	182	22.8	-293	8.2	657	6.7
2019	469.3	-1.2	197.2	8.4	-272.1	7.1	666.5	1.4
2020	469	-0.1	191	-3.1	-278	-2.2	660	-1.0

数据来源：越南海关总局。

（四）越南-东盟双边经贸关系

自2015年东盟经济共同体正式成立以来，越南与东盟国家不断加强双边经济纽带。2020年越南担任东盟轮值主席国，积极推动《区域全面经济伙伴关系协定》（RCEP）在年内签署。更高层次、更大范围的区域一体化协定为越南-东盟双边经贸关系提升注入新的活力。

越南与东盟双边贸易总体增速下降。近5年的双边货物贸易数据显示（见表7），2016—2020阶段双边贸易额从413.5亿美元增至536亿美元，年均增长率5.5%。越南-东盟双边贸易呈如下特点：双边贸易总体增速放缓，越南对东盟贸易总体保持逆差。造成越南-东盟贸易增长趋缓的原因主要有：越南与东盟国家地理位置毗邻，产业结构相似，经济发展水平相近（除新、马、泰之外），因此越南与东盟国家的双边贸易互补性有限。同时，东盟国家（除新加坡外）整体处于生产价值链的中低端，对区域外价值链上游的中间产品存在一定依附性，因此容易受到国际经济形势变动的影响。2020年受新冠病毒肺炎疫情影响，消费者出行需求降低并增加对必需品的储备，因此越南在增加大米出口的同时减少整车进口。在投资方面，新加坡是越南第三大外资来源国，能源、制造业和房地产是东盟对越投资的主要领域。

表7 2016—2020年越南-东盟双边货物贸易进出口额和贸易平衡状况

年份	越南进口		越南出口		贸易盈余		贸易总额	
	总额（亿美元）	增长率（%）	总额（亿美元）	增长率（%）	总额（亿美元）	增长率（%）	总额（亿美元）	增长率（%）
2016	238.8	0.2	174.7	-3.8	-64.1	-13.1	413.5	-1.5
2017	280.2	17.3	216.8	24.1	-63.4	1.1	497	20.2
2018	318	13.5	248	14.4	-70	-10.4	566	13.9
2019	321	0.9	252	1.6	-69	1.4	573	1.2
2020	304.6	-5.1	231.4	-8.2	-73.2	-6.1	536	-6.5

数据来源：越南海关总局。

（五）越南-欧盟双边经贸关系

近年来，越南-欧盟双边关系取得较大进展，双边合作机制化水平迈上新台阶。2019 年双方正式签署《越南-欧盟自由贸易协定》（EVFTA）与《越南-欧盟投资保护协定》（EVIPA），这是欧盟与一个中等收入国家签署的最全面协议，将为双边贸易带来新的发展机遇。

目前来看，越南-欧盟双边贸易增势不强，自贸协定红利尚未充分释放。近 5 年的双边货物贸易数据显示（见表 8），2016—2020 阶段双边贸易额从 450.7 亿美元增至 498 亿美元，年均增长率 4.2%。越南-欧盟双边贸易呈如下特点：贸易规模增幅趋缓，其中越南对欧出口在疫情前已经下降，越南贸易顺差逐年缩减。越欧贸易增长疲软的原因主要在于：一是中美贸易战外溢竞争压力，越南商品在欧盟市场面临更多挑战。二是欧盟对越南出口农产品采取严格检验标准，面临非关税壁垒。三是在疫情前全球市场初级产品价格水平总体呈下降趋势。受新冠病毒肺炎疫情影响，2020 年越南-欧盟双边贸易的消费品和资本品进出口额普遍下降，同时越南对欧盟药品进口需求明显上升。另外，英国于 2020 年 1 月 31 日正式退出欧盟，因此越欧贸易统计自 2020 年起将不再包含越英贸易数据。在投资方面，荷兰是欧盟中累计对越投资最多的国家，法国、卢森堡、德国等也是欧盟中对越投资的主要国家。

表 8　2016—2020 年越南-欧盟双边货物贸易进出口额和贸易平衡状况

年份	越南进口		越南出口		贸易盈余		贸易总额	
	总额（亿美元）	增长率（%）	总额（亿美元）	增长率（%）	总额（亿美元）	增长率（%）	总额（亿美元）	增长率（%）
2016	110.6	5.8	340.1	9.9	229.5	12.0	450.7	8.9
2017	120.9	9.3	383.3	12.7	262.4	14.3	504.2	11.9
2018	138.9	14.9	417.9	9.0	279	6.3	556.8	10.4
2019	149	7.3	415.5	-0.6	266.5	-4.5	564.5	1.4
2020	146.7	-1.5	351.3	-15.5	204.6	-23.2	498	-11.8

数据来源：越南海关总局。

(六)越南-日本双边经贸关系

作为越南最大的官方开发援助(ODA)提供国,日本十分重视发展对越经贸往来。2020年10月,新任日本首相菅义伟首访越南,两国签署包括《农业合作中长期愿景》在内的12项双边经贸合作文件。

在贸易方面,越日双边贸易总体增长势头良好。近5年的双边贸易数据显示(见表9),2016—2020阶段双边货物贸易从297.1亿美元增至396亿美元,年均增长率6.9%。越南-日本双边贸易呈如下特点:双边贸易增长较为平稳,贸易平衡性是越南与各主要贸易伙伴中最好的。主要原因在于:越日双边贸易互补性较强,日本对产自越南的纺织品服装、鞋类、加工食品、水产等需求强劲,越南则主要进口服务于国内工业生产的机械设备、电子产品和生产原料等。2020年,受疫情影响,越南对日出口大幅下降,但同时,越南自日进口逆势增长,这主要是由日本在越企业加大生产领域投资来驱动的,进口增幅较大的产品均属于生产设备和原材料类。在投资方面,日本是越南第二大外资来源国。然而,近年来日本对越投资持续下滑,主要是因为越南人力资源水平难以承接日企转移的产能。

表9 2016—2020年越南-日本双边货物贸易进出口额和贸易平衡状况

年份	越南进口		越南出口		贸易盈余		贸易总额	
	总额(亿美元)	增长率(%)	总额(亿美元)	增长率(%)	总额(亿美元)	增长率(%)	总额(亿美元)	增长率(%)
2016	150.3	4.6	146.8	3.8	-3.5	-52.2	297.1	4.2
2017	165.9	10.4	168.4	14.7	2.5	171.4	334.3	12.5
2018	190	14.5	188.5	11.9	-1.5	-160.0	378.5	13.2
2019	195	2.6	204	8.2	9	700.0	399	5.4
2020	203	4.1	193	-5.4	-10	-211.1	396	-0.8

数据来源:越南海关总局。

四、越南对外贸易前景展望

作为世界上增长最快的新兴经济体之一,近年来越南在发展对外经济合作上亮点频频,成为深受外界关注的消费市场和投资对象。然而,在贸易保护主义愈演愈烈、新冠肺炎疫情尚未得到有效控制的背景下,越南对外贸易的发展将面临更多不确定性。

贸易保护主义抬头、全球贸易缩减与区域自贸安排给越南对外贸易发展带来双重影响。一方面,受到美国政府奉行贸易保护政策和中美贸易摩擦的影响,2019年全球货物贸易量已下降0.1%,而新冠疫情则令全球贸易形势雪上加霜。根据WTO发布《全球贸易数据与展望》年度报告,2020年全球贸易缩水5.3%[①]。尽管当前越南外贸规模逆势增长,但从长期看,全球贸易缩水必然引起需求下滑,越南也不会毫发无伤。另一方面,CPTPP、RCEP、EVFTA等区域自贸协定的签署与生效,为越南对外贸易带来新的契机。其中,作为全球规模最大的自由贸易协定,RCEP将为越南扩大市场、加大出口力度、参与区域内新价值链、加大招商引资力度等敞开机遇大门。同时,削减进口关税也给越南电信产品、信息技术产品、纺织品服装、鞋类与农产品等带来新机会。

新冠病毒肺炎疫情引起流动阻隔对越南生产生活带来不利影响。新冠病毒肺炎疫情爆发以来,各国纷纷采取限制人员流动措施,导致全球原材料供给短缺,中间产品停产,企业的生产链和资金链断裂,全球经济进入衰退,严重影响各国的生产经营和社会民生。2021年上半年,受德尔塔毒株影响,包括越南在内全球多地出现疫情反弹,防控形势异常严峻,全球人员和物资流动再次遭遇寒流。自4月底以来,越南国内疫情迅速恶化,单日新增病例破万。河内市、胡志明市、平阳省、同奈省等经济发展重点地区相继采取社会隔离措施,导致外企工厂出现货物断供,外资巨头意图撤离越南[②]。因此,越南控制疫情的速度和能力将成为决定经济增长前景的重要因素。

---

① WTO. World Trade Statistical Review 2021 [EB/OL]. (2021-04-02) [2021-06-08]. https://www.wto.org/english/res_e/statis_e/wts2021_e/ wts21_toc_e.htm.

② 和讯网. 外资巨头或撤离,越南经济可能要倒退30年,无法成为世界工厂?[EB/OL].(2021-08-24)[2021-08-25]. http://news.hexun.com/2021-08-24/204226301.html.

越南与主要贸易伙伴的经贸关系将保持良好发展势头。首先，越南将继续推动农产品向逆差贸易伙伴的出口，推动贸易杠杆向平衡倾斜。通过与中国、韩国、日本等国举行高层会晤，越南已成功签署一系列相关合作文件，为果蔬和乳制品出口打开销路。未来越南将继续在水产、林产等优势领域发力，进一步推动与中韩等国贸易平衡。第二，越南将继续奉行"多元化进出口市场"的策略，避免承受单一国家的影响。通过参与跨洲的区域自贸协定，越南已逐步打通向欧洲、南美等地区的贸易渠道，将形成更为多样化的对外贸易格局。最后，越南将继续优化营商环境，出台吸引外资政策，全面融入国际经济。外资企业对越南经济增长起到举足轻重的作用，通过引进高技术外国投资，越南旨在加快推动产业结构升级，提升自身在全球价值链中的位置，向越共十三大提出的"2045年成为发达国家"的目标加速迈进。

参考文献

［1］谢林城．越南国情报告：2017［M］．北京：社会科学文献出版社，2017：155—187．

［2］谢林城．越南国情报告：2018［M］．北京：社会科学文献出版社，2018：194—224．

［3］谢林城．越南国情报告：2019［M］．北京：社会科学文献出版社，2020：227—261．

［4］解桂海．越南国情报告：2020［M］．北京：社会科学文献出版社，2021：257—288．

［5］Bộ Công thương. Báo cáo xuất nhập khẩu Việt Nam năm 2020 [EB/OL]. (2021-04-19) [2021-05-15]. https://congthuong.vn/stores/customer _file /phuonglan/042021/19/Sach_XNK_2020.pdf.

［6］Bộ Kế hoạch và Đầu tư. Báo cáo tình hình đầu tư trực tiếp nước ngoài năm 2020 [EB/OL]. (2020-12-28) [2021-04-07]. http://www.mpi. gov.vn/Pages/tinbai.aspx?idTin=48566&idcm=208.